Tilman Spengler
Ich als Elite

I.

Nicht jeder weiß, wie man sich bewegt, wenn der Kaiser von Japan zum Essen in den Kunaicho-Palast eingeladen hat. Daher gibt es einen Zeremonienmeister, der dem Gast auf einem Magnettäfelchen den Raum erklärt und den Ablauf des Geschehens. Die Geladenen werden durch schwarze Knöpfe dargestellt, der Kaiser, der Kronprinz und der jüngere Bruder des Kronprinzen durch einen grünen, einen gelben und einen roten Knopf. Ein schönes, ein ruhiges, ein würdiges Bild. Eine Herrschaftsszene wie von einem Hofmaler festgehalten.

Wenn aber nun Bewegung entsteht, das kommt ja vor bei solchen Anlässen, wenn, sagen wir, der grüne Knopf ein paar Schritte nach Nordnordwest wandert, so erfordert das vom Besucher die vollste Konzentration. Folgen die schwarzen Knöpfe? Vielleicht in einem respektvollen Abstand? Verlagern sich Gewichte? Geben sie dem Raum eine neue Symmetrie? Nichts dergleichen! Sie bleiben zunächst einmal auf ihrer alten Position. Tun einfach so, als wäre nichts geschehen. Warten ab, bis jener grüne Knopf zum Stillstand gekommen ist. Ziehen an ihrer Zigarette oder nippen weiter Sherry. Danach beobachten sie, wie sich der gelbe und der rote Knopf verhalten. Und erst wenn dann eine Person kommt, die *nicht* durch einen Knopf repräsentiert wird, ein einfacher Hofbeamter vielleicht oder der Chef des Protokolls, und wenn der – aber *nur* der – einem bedeutet, den eigenen Platz zu wechseln – und *keine* Sekunde früher oder später –, also dann heißt es auch für den schwarzen Knopf: Los jetzt!

Ich kann diesen Ablauf hier mitteilen, weil ich selber einmal zu den schwarzen Knöpfen gehörte. Ein Auserwählter. Ziemlich exklusiv, selbst wenn man zusammenrechnet, wieviele Mittagessen ein japanischer Kaiser in seiner Amtszeit geben kann. Und wer vor mir schon einmal Knopf war.

Immerhin erhalte ich ein Andenken, eine in Zellophan verpackte Zigarre, auf deren Deckblatt eine goldene Chrysantheme eingeprägt ist. Von ihrem Schicksal wird noch die Rede sein.

2.

Meine Karriere als Knopf kennt Höhen und Tiefen. Mehr Tiefen vermutlich als Höhen, doch das unterscheidet mich gewiss nicht von anderen Zeitgenossen. Allerdings kommen mir meine Abstürze besonders steil vor. Genau eine Woche nach jenem bewegenden Mittagessen im Palast sitze ich in einem Regionalzug von München in die Oberpfalz. Alle Regionalzüge sind auf unverwechselbare Weise furchtbar, ganz gleich zu welcher Tages- und Jahreszeit, doch jene, die des Winters von München in die Oberpfalz fahren, sind besonders furchtbar. Meiner macht keine Ausnahme. Zu dem üblichen Beiwerk, der viel zu weit aufgedrehten, laut pochenden Heizung, dem gräulichen, angespeichelten Kaugummi, das auf der Kopfstütze klebt, dem Geruch verschwitzter Jogginganzüge, gesellt sich diesmal noch das Gejohle einer Schulklasse auf dem Rückweg von einer pädagogischen Exkursion sowie die Erscheinung eines vielleicht dreißigjährigen, glatzköpfigen und talggesichtigen Mannes, der in unregelmäßigen Abständen in meiner Abteiltür auftaucht. Dieser Mann fixiert mich kurz, schließt für einen Moment die Augen, zieht dann ein Fläschchen Jägermeister aus der Manteltasche, schraubt es auf, saugt am Stutzen, deutet mit dem Fläschchen auf mich und sagt mit unverkennbarem Vorwurf: »Dou bist da Broada vom Ochsenwirt. I sogs doch.«

Anfangs antworte ich noch begütigend, nein, ich habe keinen Bruder, dann schaue ich nicht mehr hoch. Das hält ihn von seinen Auftritten nicht ab.

Der Zug bewegt sich sehr schleppend.

Ich habe mich auf diese Reise begeben, um in einer Buchhandlung meinen neuen Roman vorzustellen. Das Buch ist seit einigen Wochen auf dem Markt, ohne besonders aufzufallen. Es scheint in einer diffusen Menge gleich- oder ähnlichgesichtiger Neuerscheinungen untergetaucht und dort von niemandem außer seinem Schöpfer so recht vermisst zu sein.

Eine gute Freundin hat mir geraten, den Titel, wie sie es nannte, »identifikatorisch« mit mir zu besetzen. Gemeint ist damit, dass ein bislang gestaltloses Buch durch seine Assoziation mit einer unverwechselbaren Gestalt, also der meinen, so hochgestemmt werden könne, dass es aus dem Schlick des Sortiments herausragt. »Die Städte vom Land aus erobern«, hat die Freundin den Vorgang genannt. In ihrer bewegten Studentenzeit ist sie eine Zeitlang dem Zauber der chinesischen Revolution erlegen.

»In der Oberpfalz?«, fragte ich ungläubig. Dennoch machte ich mich auf den Weg.

Kurz bevor der Zug in F. zum Stillstand kommt, mustert mich noch einmal der Glatzköpfige, Talggesichtige und sagt triumphierend: »I sogs doch. Dou bist da Broada vom Ochsenwirt.«

Der Leseabend wird übrigens ein Erfolg. Obwohl der Heimatdichter im Publikum sitzt. Weniges ist bei einer Lesung auf dem Lande so heikel wie das Zusammentreffen mit dem Lokalgott. Ob man wirklich zu den Erlesenen gehört, entscheidet sich durch den Gesichtsausdruck dieser Instanz. Meist spricht sie Dialekt, ist schwerhörig und führt einen Knotenstock wie Hermann Löns. Wie gesagt, am heutigen Abend habe ich das Glück, auf einen geneigten Meister zu treffen. Nach der Veranstaltung, wir sitzen beim Pressack, schenkt er mir sein Buch, und ich schenke ihm das meine. Die kleine Tafelrunde klatscht. »Ich kann nur hoffen«, sagt der Buchhändler zum Abschied, »dass es Ihnen morgen in Bayreuth nicht schlechter ergeht als bei uns. In Bayreuth weht ein eisiger Wind.«

Es tut wirklich nichts zur Sache, aber meine Herberge heißt tatsächlich »Beim Ochsenwirt«.

3.

In Bayreuth zähle ich zur erweiterten Elite, allerdings nur in der Festspielzeit. Ich könnte somit auch von einer Teilzeitelite sprechen. Das hängt mit meiner Lebensgefährtin zusammen, in deren Begleitung ich es bei den Generalproben bis in die vierte Reihe schaffe. Weiter vorn hockt nur, wen das Protokoll aus genetischen oder stammespolitischen Gründen in noch engerem Abstand zu Richard Wagner einstuft. Bedenkt man allerdings, dass niemand von Rang in der ersten Reihe sitzen will, die Hierarchie also von der zweiten angeführt wird, liegen unsere Plätze schon gewaltig weit vorn. Man muss schließlich an all die Reihen denken, die sich hinter dem eigenen Rücken hochwölben.

Leider ist das Publikum, das auf dem Hügel zu den Generalproben zugelassen wird, von seiner sozialen Zusammensetzung her betrachtet eher gemischt. Die Eintrittskarten für diese Veranstaltung werden nämlich verschenkt. Mitwirkende Künstler bedenken interessierte Kollegen, Freunde oder ihre Schneider, sofern diese Musikverständnis an den Tag legen. Ein wenig Elite des Herzens, ein wenig Elite des Sachverstands. Vom äußeren Erscheinungsbild her führt das zu einer dem sonstigen Festspielbetrieb widersprechenden Uneinheitlichkeit in Mode und Physiognomien.

Dafür ist dieses Publikum natürlich sehr viel kenntnisreicher als die Besucher der offiziellen Vorstellungen. Das bedeutet: Die Gäste konzentrieren sich auf Bühne und Orchestergraben, weniger auf das Pausengeschehen. Die Verteilung der Sitze wird nicht nach protokollarischen Erwägungen diskutiert, die Wahrnehmung orientiert sich stattdessen allein nach der Akustik und dem Blick auf die Bühne. Wer genau in Reihe zwei, drei oder vier sitzt, ist den Besuchern der Generalproben ziemlich schnuppe. Ein neutraler Betrachter würde die Zuhörer als künstlerisch abgelenkt bezeichnen. Zugang zu ihrem Kreis finden nur Erwählte, die sich in Urteilssprüchen wie den folgenden bewähren können:

»Der alte Klüppel hat ›Sieh, Brünnhilde bittet‹ damals auf *einem* Atem gespielt. *Mäßig langsam,* dennoch auf *einem* Atem. Das nenne ich eine Bassklarinette …«

»Die Tarnkappen-Akkorde klangen vorgestern übrigens ziemlich unsauber …«

»… aber die zweite F-Tube hört man nirgendwo souveräner, wo ist der her? Auch aus Karlsbad?«

»Die Geigenstelle vor ›Selige Öde …‹ war bei Böhm einfach inniger …«

»Gegen Böhm ist der Barenboim ein Sinopoli …«

Natürlich verschieben derartige Äußerungen die traditionellen Zuordnungen von Rang und Stand. Die schonungslos vorgetragenen Detailkenntnisse aus dem Orchesterwesen bewirken eine Umwertung der gesellschaftlichen Positionen, die an die gröbsten Exzesse der Leistungsgesellschaft gemahnt. Zur alten Ordnung finden wir auf dem Hügel erst zurück, wenn wieder die große Garderobe das Bild beherrscht.

4.

Den Glatzköpfigen, Talggesichtigen treffe ich zwei Tage später wieder. In Würzburg betritt er unser Zugabteil. Begleitet wird er von einer vielleicht fünfzigjährigen, auffällig geschminkten Dame, die ihn – wie es scheint liebevoll – »Debbala« nennt. Wenn Debbala mich wiedererkennt, so lässt er sich das nicht anmerken. Überhaupt hat sich sein Wesen merklich verändert. Der leicht verdruckste, manchmal auch ein wenig angriffslustige Ausdruck, mit dem er mich auf der Fahrt in die Oberpfalz angestarrt hat, ist verschwunden, stattdessen strahlt Debbala eine heitere Würde aus, eine stumm angedeutete Überlegenheit, eine rätselhafte Siegeszuversicht.

Kein Fähnchen von Jägermeister oder anderen Flachmännern, sein Atem verbreitet allenfalls den süßlichen Hauch eines Kaugummis mit Himbeergeschmack.

Der Herr, der mir am Fenster gegenüber sitzt, senkt kurz seine Zeitung zur Begrüßung, mustert den neuen Gast, so als sei der ihm von irgendwoher bekannt, doch nicht bekannt genug, hebt dann die Zeitung wieder hoch.

Seit Nürnberg weiß ich, dass dieser Herr in der Registratur eines Kreditunternehmens arbeitet und dass er sich früher einmal, wie er sagte, »in Beratung begeben« hat, um seiner Schüchternheit Herr zu werden. Vor öffentlichen Auftritten hat er aber nach wie vor eine Heidenangst. Als ich ihm von meinen Lesereisen erzähle, mischen sich in seinem Gesicht Schauder und Bewunderung.

»Da, setz dich her, Debbala«, sagt seine Begleiterin und weist auf den freien Platz am Gang. Sie trägt ein nilgrünes Kostüm aus Schurwolle, auf dem linken Revers der Jacke, nur halb verdeckt von einem mit buntem Federvieh bedruckten Seidenschal, glitzert eine Brosche aus Strass. Die

Füße stecken in Pumps aus matt schimmerndem blauen Brokat, den Kopf bedeckt ein Turban aus Sämischleder, in welchen eine rosa Feder gesteckt wurde. Der Aufzug wirkt gleichzeitig ausgefallen und streng.

Eine Viertelstunde, nachdem wir den Bahnhof verlassen haben, zieht Debbala ein Heft aus seiner Manteltasche, das sich beim Aufrollen als ein Adelsroman erweist.

»Tu das weg, Debbala«, sagt die Begleiterin, »du sollst dich jetzt konzentrieren.«

Gehorsam steckt er das Heft wieder ein, hält sich mit Daumen und Zeigefinger die Nase zu und blickt an die Decke unseres Abteils.

»Brav, Debbala«, sagt die Begleiterin.

Draußen zieht der Spessart vorbei. Anmutige Hügel, auf denen das Laub der Bäume brennt, glänzend verklinkerte Eigenheime, rustikale Wagenräder an weißverputzten Garagenmauern, schmucke Kirchtürme mit gut lesbaren Zifferblättern.

Ich habe nicht auf die Uhr geschaut, doch es müssen mindestens drei Minuten vergangen sein, seit Debbala sich die Nase zugekniffen hat. Genauso lang hält er auch schon die Lippen aufeinandergepresst. An seinen Schläfen treten ein paar Adern hervor, davon abgesehen ist keine Auffälligkeit festzustellen.

Mein Gegenüber hüstelt.

Debbalas Begleiterin öffnet den Verschluss ihrer geräumigen Handtasche und entnimmt ihr einen Umschlag, auf dem das Logo einer deutschen Fernsehanstalt sichtbar wird. In diesem Umschlag befindet sich eine hellblaue Klarsichthülle, der einige Blätter entgleiten. Beim Aufheben sehe ich, dass es sich um einen Vertrag handelt.

»Martin Walser«, sagt mein Gegenüber plötzlich, »der muss auch immer im Rampenlicht stehen. Schrecklich. Ein fürchterlicher Offenbarungszwang, nur um immer vorne mit dabeizusein. Krankhaft.« Fast meine ich, einen Vorwurf herauszuhören. Aber will er mich tatsächlich mit dem diesjährigen Träger des Friedenspreises vergleichen, nur weil wir beide öffentlich auftreten, ich in einer kleinen Buchhandlung tief in der Oberpfalz und Walser in der Frankfurter Paulskirche?

Der Gegenüber senkt die Augen zum Boden.

Debbala atmet jetzt wieder normal. Zwischen seinen Händen hält er gut zwei Dutzend Bierdeckel, die er auseinanderzieht wie eine Harmonika.

»Und was soll falsch daran sein, an der Sache mit dem Rampenlicht?«, fragt in diesem Moment seine Begleiterin. »Können Sie mir das bitteschön erklären, meine Herren, was daran falsch sein soll?« Sie wirft uns zornige Blicke zu und wendet dabei so ruckartig ihren Kopf wie eine aufgestörte Henne. »Wer etwas leistet, gehört ganz einfach ins Rampenlicht. Und an der Spitze, sage ich immer, da ist sowieso noch viel Platz. Gell, Debbala?«

Der junge Mann nickt. Er hält offenbar wieder den Atem an, jedenfalls hat sich seine sonst so fahle Gesichtsfarbe ins Rosige gewandelt.

»Fernsehscheinwerferlicht«, ruft die Begleiterin und betont dabei jede Silbe, »darauf kommt es an. Wie mein Debbala. Kann unter Wasser eine Pyramide bauen. Aus Bierdeckeln. Hört auf zu atmen und baut die Pyramide. In einem Wassertank auf der Bühne. Mein Debbala. Steht im Guinness. Alles genau festgehalten und dokumentiert. Im Guiness stehen nur die Allerbesten.«

Bis Frankfurt fällt kein weiteres Wort.

5.

Zur Elite der Empörten, das fiel mir ein, als im Zug der Name des Friedenspreisträgers erwähnt wurde, zu jenem auserwählten Kreis gehöre ich auch nur fallweise. Empörungsberechtigt sind, ausweislich des einschlägigen Artikels in unserem Grundgesetz, natürlich alle Mitbürger, doch zur öffentlich wahrgenommenen Empörung bedarf es eines Postaments für die Erzürnten. Diesen kargen Platz bewahrt und verteidigt sich ein bestimmtes Segment der Meinungselite mit poetischer Hartnäckigkeit. Es ist schwer, dort zu landen, und es bedarf großer Ausdauer und klügster Voraussicht, sich dort zu behaupten.

Vor ein paar Jahren landete ich einmal einen Überraschungscoup, als ich mich milde über den Aufsatz »Bocksgesang« von Botho Strauß empörte. Ich konnte das damals machen, weil ich für kurze Zeit mein eigener Feuilletonchef war, daher selber den Zugang zur Erregung kontrollierte. Dieser kleine Erfolg hätte mich *in postamentibus* ziemlich weit nach oben bringen können, doch leider hatte sich gerade das Zentralparadigma der Empörung dahingehend verschoben, dass damals zur Elite nur gehörte, wer sich nicht über Strauß, sondern über die Kritiker von Strauß erregte. Ein Verleger, mit dem ich mich eigentlich halbwegs gut befreundet glaubte, machte mir heftige Vorhaltungen, in denen der Begriff »Kaderfurzer« noch zu den weniger verletzenden Invektiven zählte.

Das Zentralparadigma der avantgardistischen Empörung entglitt mir in den nachfolgenden Jahren wie ein abgegriffenes Stück Kernseife in der Badewanne: Hatte ich Einwände gegen den plumpen Ausdruck »Moralkeule«, angewandt auf die deutsche Erörterung der Schuldfrage, wurde ich prompt der Niedertracht geziehen, mich nicht tief genug in das denkerische Werk Martin Walsers vertieft zu haben. Bekrittelte ich die Ausführungen Peter Handkes zur Rolle Serbiens im Jugoslawienkrieg, konnte ich gewiss sein, als Bellizist, als Natoknecht, glücklichstenfalls als leichtgläubiges Propagandaopfer von Rudolf Scharping gebrandmarkt zu werden. Einmal glaubte ich, meine Verfolger abgeschüttelt zu haben: das war, als ich Helmut Kohl von der Alleinschuld im Finanzgeschmiere der

CDU freisprach, doch da fiel mir der Altkanzler ganz persönlich in den Rücken.

Ich zog daraus den naheliegenden Schluss, dass der erfolgreiche Vortrag von Empörung Regeln unterworfen ist, die auf eine sehr subtile Art und Weise eine dauerhafte Allianz zwischen inhaltlichen, modischen und personalen Momenten stiften. Bislang hat mich diese Allianz verstoßen, entweder kam ich zu spät oder ich war nicht berühmt genug, und so verharrte ich in jenem traurigen Tross, in welchem ich allenfalls als eine von vielen Unterschriften gegen Tierversuche, Pelzmäntel oder den Verlust der Buchpreisbindung protestieren darf.

6.
Stutzig macht mich auch, dass im pränatalen Bereich genauso wenige Hinweise auf meinen Platz in den Eliten zu finden sind wie in der perinatalen resp. ödipalen Phase. Ich kann mich an dieser Stelle nicht ausbreiten, dennoch sei die Leserschaft versichert, dass ich astrologisch – in welchem Kulturkreis auch immer – ein Fall für Weise aus dem Morgenland bin, dass ich nach Auskunft meiner Analytikerin das »Versagen des mütterlichen Behälters in seiner die ursprüngliche emotionale Erfahrung transformierenden Funktion« so glücklich überstanden habe, dass von der Etablierung eines grausamen Über-Ichs und entsprechender, auf Allmachtsglauben beruhender Verblendung nicht oder nur in Ansätzen die Rede sein kann.

Auch das gehört hierher. Irgendwie.

7.
Drei Tage nach dem Mittagsmahl beim Kaiser von Japan will der Bundeskanzler der Bundesrepublik Deutschland in Peking die Verbotene Stadt, den Palast der letzten Kaiser von China, besuchen. Er hat darum gebeten, diesen Ausflug »ohne Gedöns« absolvieren zu können, gleichsam als einer von vielen Touristen. Kein chinesischer Besucher soll sich durch die Anwesenheit des deutschen Gastes gestört fühlen. Es möge bitte, wurde seitens der Gäste dem chinesischen Protokoll bedeutet, »alles so normal wie nur eben möglich zugehen«.

Zuvor hatten sich für mich Phantasien erfüllt, denen ich bislang nur in kindlichen Anfällen von fiebrigem Größenwahn begegnet bin: Einmal zur Hauptverkehrszeit die Straße des Ewigen Friedens mit mehr als achtzig Stundenkilometern herunterzubrettern, dabei gelassen in die hass- und neiderfüllten Gesichter der zum Halten gezwungenen Verkehrsteilnehmer blicken zu können. Oder einen Geheimdienstbeamten in Zivil spontan und widerstandslos aus dem Saal schieben zu dürfen. Oder einem chinesischen Botschafter einfach so ins Gesicht zu sagen, er solle nicht soviel dummes Zeug über Tibet erzählen. Das sind Höhepunkte in meiner Knopfkarriere. Auch dass ich als Schriftsteller bei jeder Tischrede zu einem literarischen Quartett gefügt werde, das außer dem meinen nur noch die Namen von Thomas Mann, Heinrich Böll und Günter Grass enthält, hat mich nur bei den ersten zwei Malen irritiert.

Und jetzt, fast zum Abschluss unseres Staatsbesuches soll »alles so normal wie nur eben möglich zugehen«. Steht der Knopf vor einem neuerlichen Absturz?

Das Gesicht des ersten Beamten, dem der Wunsch der Gäste vorgetragen wird, verfärbt sich so grün, wie es das landesübliche Epithel zulässt. »Normal?«, wiederholt der Beamte ungläubig. »Wie normale Touristen in der Verbotenen Stadt?« Er schüttelt heftig den Kopf, als könne er nur so die bizarre Zumutung loswerden.

Andere Würdenträger zeigen nicht weniger ausgeprägte Formen der Abwehr. Der Chef der Sicherheitspolizei, dem die große Sonnenbrille und die vielen Pockennarben verbieten, eine andere Gesichtsfarbe als Dunkelbraun zu tragen, knirscht mit dem Nussknackergesicht, flucht still, aber ausdrucksstark in sich hinein und knarzt schließlich: »Normalität ist nicht unsere Stärke.«

Während ich noch überlege, ob ein in allen Weltsprachen so abgegriffener Ausdruck wie ›Nussknackergesicht‹ tatsächlich einer Person gegenüber angemessen ist, die sich in die einsamen Höhen des öffentlichen Sicherheitsdienstes vorgearbeitet hat, setzt sich der Träger dieses Gesichts zu meinem Glück gegen alle Wünsche der fremden Besucher durch. Ihm ist zu verdanken, dass die Staatsgäste durch ehrfurchtgebietend menschenleere Palastanlagen ziehen. Gut, »menschenleer« ist ein wenig übertrieben. Wer sich einsam fühlt, hat immer noch die Kameras der Presse als Handspiegel für die eigene Existenz. Und ein paar Gestalten mit ausgebeulten Sakkos, die sich durch den Hintergrund schleichen.

Dankbar möchte ich zum Abschied dem Nussknackergesicht die chrysanthemengeschmückte Zigarre schenken, die mir beim Empfang des Tenno zugeschickt wurde. Seit jenem Mittag bewahre ich das Andenken in der Brusttasche meines Anzugs auf.

Doch es kommt nicht zu der großen Geste. Schon beim Antasten spüre ich, dass das wertvolle Gut gelitten hat. Es ist zwar noch vorhanden, doch seine Form hat Schaden genommen. Vulgo: Die Zigarre ist gebrochen, bröselt in ihrer Umhüllung. Das kann passieren, erklärt mir später ein Diplomat, wenn man sich zu artig verbeugt. »Wenn einer neu ist in unseren Kreisen«, fügt der Diplomat hinzu, »dann warnen wir ihn. Aber nur, wenn er zu uns passt.«

Heinz Bude
Auf der Suche nach Elite

Wer sich heute bei uns mit Eliten beschäftigt, stößt bald auf das Diktum Adornos: »Elite mag man in Gottes Namen sein; niemals darf man als solche sich fühlen.« Die eigentümliche Dialektik dieser Stelle besteht darin, dass sie die Kritik des Elitebegriffs mit seiner Bekräftigung verbindet. Was nämlich gerne als knappe Erledigung von selbstgerechtem Elitismus zitiert wird, enthält bei genauerem Lesen die Unterstellung eines mysteriösen Seins, das eine wahre Elite auszeichnet. Emporkömmlinge und Neureiche mögen sich als Elite gerieren, nur wer wirklich dazugehört, spricht nicht darüber, aber verhält sich danach. Der Ausspruch also, der gegen Standesdünkel und Herrenmenschentum gerichtet ist, begründet zugleich den Unterschied zwischen einer sich als sich selbst wissenden Elite und einer sich bloß als solche fühlenden Pseudoelite. So behauptet der Elitebegriff ein verborgenes Mehr, das für Außenstehende nicht so leicht erkennbar und für Aufstrebende nur ganz schwer erfüllbar ist.

Dabei ist der Begriff der Elite demokratischen Ursprungs. Die Bezeichnung entsteht im merkantilistischen Frankreich aus dem Bedürfnis des aufsteigenden Bürgertums, dem Adel in Berufung auf Tugend und Leistung seine Stellung streitig zu machen. Nicht die ständischen Kriterien von Blut und Besitz sollen zählen, sondern die Leistung, die jemand in freier und offener Konkurrenz erbringt. Die Zugehörigkeit zur Elite wird, wie man soziologisch sagt, »erworben« und nicht »zugeschrieben«. Der Begriff macht sich im 19. Jahrhundert in der nachrevolutionären Sozialphilosophie breit und wird im frühen 20. Jahrhundert im Gegenzug zur marxistischen oder liberalistischen Geschichtsphilosophie zu einer soziologischen Kategorie und zu einem politischen Schlagwort. So betonen die bekannten Befürworter des Elitebegriffs wie Nietzsche, Sorel, Mosca, Vilfredo Pareto oder Robert Michels den Wechsel der Führungsgruppen und die Egalisierung des Ausleseverfahrens. Etablierte Eliten müssen sich gegen nachdrängende behaupten, und wie die Beispiele von Napoleon oder Henry Ford zeigen, kann ganz nach oben kommen, wer aus relativ einfachen Verhältnissen stammt.

Als Elite kann man daher ganz allgemein Gruppen bezeichnen, die das Ergebnis eines Prozesses von Auslese und Konkurrenz darstellen und deren herausgehobene Stellung sich genau damit rechtfertigt. Es handelt sich auf jeden Fall um eine Minderheit, der vom Rest der Gesellschaft eine gewisse Überlegenheit zugebilligt wird, an die sich bestimmte Erwartungen knüpfen. Die Elite setzt folglich eine Nicht-Elite voraus, die sehnsüchtig oder kritisch, aber doch immer mit gespannter Aufmerksamkeit auf diese führende Gruppe schaut. Nur muss der Behauptung und Unterstellung von »Führung« eine bestimmte Leistungsqualifikation bei den »Führenden« entsprechen. Von Geburt zählt man nicht zur Elite, sondern man kann durch Talent, Engagement und Initiative in sie aufsteigen. Aber woran zeigt sich dann, ob jemand zur Elite zählt?

Die soziologische Elitentheorie hat darauf im Laufe ihrer Geschichte drei begriffliche Antworten gegeben: Elite dürfen sich erstens die nennen, die die bindenden Werte unseres Zusammenlebens besonders glaubwürdig vertreten, oder zweitens diejenigen, die durch hervorragende Leistungen auf ihrem Gebiet zum Wohlergehen aller beitragen, oder schließlich drittens die wenigen, die an den Schaltstellen der Macht sitzen und Entscheidungen von großer Reichweite treffen. Dementsprechend wird zwischen Werteliten, Funktionseliten und Machteliten unterschieden.

Im Begriff der *Wertelite* steckt die Vorstellung einer Krise der Werte. Weil der gesellschaftliche Zusammenhalt durch die Pluralität der Lebensstile und die Multiplizität der Lebenskreise als grundsätzlich gefährdet angesehen wird, braucht es eine davon unberührte Gruppe, die zumindest die »letzten Werte« des Großen und Ganzen verkörpert. Die Fähigkeit zur Wertrepräsentanz hängt nicht von einer bestimmten institutionellen Position ab, sondern hat in erster Linie mit Vorbild und Ausstrahlung zu tun. Allerdings bleibt unerfindlich, woher die besondere Wertsubstanz rührt, die die Erlesenheit einer Wertelite begründet. Denn wenn die Werte im Kampf liegen, kann es keine Position darüber geben. Deshalb bleibt für die Begründung einer Wertelite am Ende nur ein einzigartiges persönliches Kriterium. Elite ist man, wie Arnold Gehlen im klaren Bewusstsein dieser Lage schlussfolgert, durch »Selbstzucht, Selbstkontrolle, Distanz zu sich und irgendeine Vorstellung, wie man über sich hinauswächst«.

Der Begriff der *Funktionselite* entbehrt einer solchen existenzialistischen Dramatik. Nicht die Vorstellung eines prinzipiell gefährdeten, vielmehr die Tatsache des immer schon gegebenen gesellschaftlichen Gesamtzusammenhangs bildet in diesem Fall den Hintergrund des Begriffsverständnisses. Die Differenzierung nach Funktionsbereichen und Leistungsaspekten integriert nach Ansicht der Vertreter eines Funktionsbegriffs der Elite die moderne Gesellschaft viel stärker und dauerhafter als die Bezugnahme auf einen letztlich interpretationsoffenen Werte- und

Normenkanon. Daher wendet sich der Blick von der allgemeinen Wertelite zu den spezifischen Funktionseliten von Wirtschaft, Verwaltung, Politik, Recht, Kultur, Wissenschaft oder Unterhaltung. Die Besten und Klügsten sind jeweils in ihrem Bereich zu finden, weshalb die Rede von einer einheitlichen gesellschaftlichen Elite in Zweifel gezogen werden muss. Freilich führte schon bei Pareto der Versuch, die Erfolgreichen in jedem Bereich zur Elite zu zählen, zu dem eigentümlichen Ergebnis, dass auch die großen Verbrecher und die begehrten Kurtisanen Mitglieder einer Elite sein sollen.

Der Elitebegriff hat im Rückzug auf den wertneutralen Funktionsaspekt zwar den Schleier des Geheimnisses verloren, aber um den Preis einer dem natürlichen Sprachgebrauch widersprechenden Trivialisierung. Von der führenden Elite bleibt der tüchtige Experte übrig, der auf seinem Gebiet herausragende Leistungen erbracht und besondere Meriten erworben hat. Aber die Nicht-Elite wird bei aller Hochschätzung von Fachkenntnis und Titelerwerb nicht jeden Experten als Elite anerkennen, wenn sie sich in ihrer Erwartung getäuscht sieht, zu jemandem hochblicken zu können, in dem sie sich selbst zu erkennen vermag.

Die *Machtelite* schließlich verdankt ihre Position weder erlesener moralischer oder geistiger Qualität noch hoch geschätzter Kompetenz in der Sache, sondern ihrer überlegenen Durchsetzungsfähigkeit gegen den Widerstand anderer. Hier stellt ein konflikttheoretischer Gesellschaftsbegriff die Grundlage dar, der die Widersprüchlichkeit der Interessen und die Ungleichheit der Möglichkeiten zwischen den Individuen und Gruppen im gesellschaftlichen Zusammenleben voraussetzt. Macht ist dann eine Bedingung der Möglichkeit sozialer Ordnung und die Erfahrung von Macht eine unausweichliche Bedingung sozialer Teilhabe. Die Machtelite bietet daher eine Anschauung dafür, wie Beziehungen hergestellt, Netze geknüpft und Überlagerungen vollzogen werden. Man hat eine Vorstellung strategisch einflussreicher Leute, die quer zu den verschiedenen Wertsphären und Teilsystemen agieren und dem Lauf der Dinge eine Richtung geben.

Macht verkörpern heute in erster Linie Leute wie Bill Gates und Jürgen Schrempp. Sie stehen für die Gründer großer Unternehmen und die Vorstände multinationaler Konzerne, die mit ihren Investitionsentscheidungen und Produktentwicklungen die Lebenschancen vieler Einzelner bestimmen. Ihre Gegenspieler sind zumeist die kaum bekannten Verwaltungsspitzen, die aber über die Einhaltung von Umweltauflagen und Sozialstandards befinden und damit einen erheblichen Einfluss auf Arbeitsplätze, Arbeitsbedingungen und Arbeitsprodukte haben. Die gesellschaftliche Akzeptanz dieser wirtschaftlichen Prozesse wird nicht unmaßgeblich von tonangebenden Journalisten beeinflusst, die über die *Frank-*

furter Allgemeine Zeitung, den *Spiegel* oder die »Tagesthemen« die Agenda der verallgemeinerungsfähigen Themen definieren. Sie öffnen die Bühne für Wissenschaftler, Kirchenfürsten oder sonstige Prominente, von denen Deutungspositionen besetzt und Identifikationsmarken ausgesendet werden. Die Macht der Presse bricht sich freilich an den Setzungen des Rechts und den Bollwerken der organisierten Interessen.

Insofern gehören die Richter hoher Gerichte genauso zur Machtelite wie die Spitzenfunktionäre der Verbände und die Gewerkschaftsführer. Aber wenn es um die Macht geht, die uns alle betrifft, schaut das Publikum immer noch mit höchster Gespanntheit auf seine gewählten Repräsentanten in der Politik. Kein Star aus der Unterhaltungsindustrie und keine der schillernden Figuren aus der Welt der Reichen kommt an die Aufmerksamkeitswerte des Bundeskanzlers heran. Wer in Regierung, im Parlament oder in den Parteien an der Spitze steht, kann sich trotz aller Eingebundenheit in die Zwänge von Konsens und Effizienz im Zentrum der Macht fühlen.

Der Geruch der Macht verleiht einer Elitefigur die Autorität praktischer Bewährung und übernommener Verantwortung. Wo die Wertelite sich auf ihr Gewissen und die Funktionselite sich auf ihr Ressort herausreden kann, muss die Machtelite Farbe bekennen. Das sichert ihr in den Augen des Rests der Gesellschaft eine Glaubwürdigkeit des Tuns und Wagens. Doch sobald der Eindruck entsteht, es ginge den Leuten an der Macht nur um die Macht, zerfällt diese Logik der Stellvertretung. Es bedarf mithin schon einer Leistung für die Allgemeinheit, damit die Mächtigen nicht nur als Experten der Selbstdurchsetzung, sondern auch als Repräsentanten eines gemeinsamen Willens erscheinen.

Aus diesem Grunde erlaubt der Begriff der Machtelite die Identifikation typischer Elitenkonstellationen, die signifikant für den Gruppenbildungsprozess einer Gesellschaft sind.[1] So kennzeichnet der Typ der tödlich zerstrittenen Elitengruppen, die um Macht und Herrschaft kämpfen, eine wenig konsolidierte Gesellschaft, in der jene historischen Gründungsereignisse noch nicht stattgefunden haben, die die gesellschaftlichen Gruppen auf Dauer zusammenführen und ihnen einen Rahmen für gegenseitiges Vertrauen geben. Die Rivalität unter den Eliten ist so groß, dass es am Respekt vor etablierten Institutionen fehlt, der einzelne Fraktionen daran hindern würde, ihren Vorteil um jeden Preis zu suchen. Offene Machtkämpfe, die vor der Anwendung roher Gewalt nicht zurückschrekken, halten die Gesellschaft derart in Atem, dass der Nährboden für irgendeine Art von Diktatur geschaffen wird.

Nicht selten entsteht daraus als Ergebnis einer fanatisierten Massenbewegung der Typ der ideologisch geeinten Elite, die sich als »herrschende Partei« inszeniert. In der Geschichte des 20. Jahrhunderts haben sich die meisten solcher Eliten zum Gleichheitsprinzip ohne Ausnahmen bekannt, was nur zur gnadenlosen Unterdrückung abweichender Elitengruppen und zur totalen Eliminierung von störenden Elementen der absoluten Gleichheit geführt hat. Ideologisch geeinte Eliten stehen für eine zwanghaft homogenisierte Gesellschaft, die als »Volk« oder »Klasse« die Geschichte als Weltgericht beenden will.

Der Übergangstyp einer unvollständig geeinigten Elite charakterisiert eine Gesellschaft mit zwei großen Strömungen, die in ihrer jeweils eigenen Welt Elitenrekrutierung und Elitensozialisation betreiben. Man denke nur an die stolze Kultur der Sozialdemokratie und die bunte Welt des Konservativismus im wilhelminischen Deutschland. In der Regel handelt es sich um den Widerspruch zwischen einem mehr egalitären und einem weniger egalitären oder antiegalitären Lager. Der Übergang besteht darin, dass der schwächere Flügel langsam zum herrschenden überschwenkt und dabei beide ihre polarisierten Identitätsprojektionen aufgeben und in einen »Arbeitskonsens« eintreten. Daraus kann sich in der Folge für beide Parteien die Überzeugung ergeben, dass die anderen die Regie im politischen Spiel übernehmen können, ohne die eigene Existenz ernsthaft zu bedrohen.

Im Vollendungstyp der Konsensus-Elite haben sich Elitengruppen mit teilweise erheblich voneinander abweichenden Auffassungen und Überzeugungen in einem »historischen Kompromiss« darauf verständigt, sich nicht mehr gegenseitig bis aufs Messer zu bekämpfen, sondern, im Gegenteil, bei der Verteilung von Ämtern und Würden eine gewisse Proporzpatronage und bei der Formulierung von legitimierenden Weltbildern eine gewisse Interpretationsmischung walten zu lassen. Im Konsens geeinigte Eliten stellen ein stabiles liberales Regime dar, in dem der »Machtwechsel« ohne Staatsstreiche und Bewegungsrevolutionen vonstatten gehen kann. Das übereinstimmende Gefühl, was den Wert bestehender Institutionen und Prozeduren betrifft, ermöglicht im Übrigen die für eine offene Gesellschaft notwendige Form des Elitelernens durch Opposition und Dissens.

Bei diesen Konsensbildungsprozessen spielen freilich die Selbst- und Fremdbilder einer nationalen Elitetradition eine wichtige Rolle. So hat sich für Deutschland der Eindruck verfestigt, dass die intellektuelle, die gesellschaftliche und wirtschaftliche Elite immer getrennte Welten bildeten. Die unhöfische Gesellschaft kannte keine gemeinsamen Formen des Umgangs, und die unbürgerliche Gesellschaft setzte keine gemeinsamen Maßstäbe des Urteils. Die Reichen, die Mächtigen und die Gebildeten hatten wenig miteinander zu tun. Im Blick von außen erschien der Gelehrte oft weltfremd, der Beamte herzlos und der Industrielle ungeschliffen. Dieses Bild hat sich im Grunde bis zu Dahrendorfs aus dem Jahre 1965 stammender These von der Versäulung der Teileliten und deren Zusammenschluss zu einem immobilen und defensiven »Kartell der Angst« gehalten.[2]

Was im Vergleich mit den »klassischen« Nationen Frankreich und Großbritannien in der Tat bis heute auffällt, ist die Herkunfts- und Ausdrucksschwäche der deutschen Elite. Analoges zu Eton und Oxbridge, wo man die Zurückhaltung des »gentleman«, oder zu den »Großen Schulen« von Paris, wo man den Esprit des »honnête homme« lernt, gibt es in Deutschland nicht. Man kann das aber als relative Rekrutierungsoffenheit und bewussten Demonstrationsverzicht verstehen und sich fragen, ob die Bundesrepublik nicht aus einer alten Schwäche eine neue Stärke gemacht hat. Schließlich hat sich das »Modell Deutschland« über eine lange Nachkriegszeit als eine überaus elastische Form sozialer Synthesis erwiesen. Die Beschreibung der westdeutschen Eliteformation, die Rudolf Wildenmann Mitte der siebziger Jahre vorgelegt hat[3], stellt denn auch ein System von geordneten Konkurrenzen und variablen Koalitionen mit beträchtlicher Flexibilität heraus. Der Handlungsspielraum der Teileliten hat sich demnach durch die Fähigkeit zur Aushandlung pragmatischer Kompromisse bei konfligierenden Ansprüchen erheblich erweitert. Und die erste gesamtdeutsche Elitestudie aus dem Jahre 1995[4] bestätigt dieses Bild, indem sie der Führungsschicht der Bundesrepublik attestiert, dass sie mit ihren diversifizierten Karrierewegen, mit ihrer breiten Grundlage von sozialen Herkünften, mit ihrer produktiven Mischung aus Spezialisten und Universalisten zumindest potenziell einen hohen strukturellen Integrationsgrad aufweist.

Gleichwohl kann sich das Publikum mit diesem positiven Bild nicht anfreunden. Man begrüßt, dass der deutschen Elite alle Kastenmerkmale fehlen, und beklagt zugleich die Neigung zur sektoralen Verengung und zur Identifikationsenthaltung. Ein Ruck soll das Allgemeinheitsbewusstsein der Ausgewählten stärken und eine Verantwortungsgemeinschaft der Führenden begründen. Wer die Probleme des Landes lösen will, hieß es bereits 1992 in einem erregten Appell an die »planlosen Eliten«[5], muss der Gesellschaft den Glauben an ein gemeinsames Ziel und der Nation das Gefühl ihrer Zusammengehörigkeit geben. In Frage steht das Selbstbewusstsein der deutschen Elite, ihre Fähigkeit zur Orientierung angesichts einer ungewissen Zukunft und ihre Bereitschaft, zwischen Exzellentem, Durchschnittlichem und Schlechtem zu unterscheiden. Offenbar reagiert die über die neunziger Jahre sich hinziehende Wiederentdeckung des Elitethemas auf das gefühlte Ende eines gesellschaftlichen Entwicklungspfads und die wahrgenommene Veränderung einer ganzen Weltordnung.

Aber wer sollen die Träger der neuen Führungsleistung sein und in welchen Kontexten soll sich das renovierte Wertbewusstsein zeigen? Die politischen Parteien scheinen immer weniger als Führungsreservoir in

Frage zu kommen, weil in ihren Rekrutierungsprozessen ein negativer Auswahlmechanismus die Oberhand gewonnen hat, den Karl Mannheim schon in den dreißiger Jahren beschrieb: Nicht die Fähigsten werden bevorzugt, sondern die Unerwünschten abgedrängt. Im Übrigen verfolgen die Parteien in der Situation des permanenten Wahlkampfs eine von Fritz W. Scharpf so genannte Identitätsstrategie der »blame avoidance«[6], wodurch der Abstand zwischen dem im kooperativen Parlamentarismus erzielten Kompromiss und den eigenen Vorstellungen hervorgehoben wird: Es waren immer die anderen, die mit ihren Verwässerungen die einzig richtige und moralisch vertretbare Politik zunichte gemacht haben, weshalb am Ende keine Partei für die tatsächlich beschlossene Politik zur Verantwortung gezogen werden kann.

Wenn Führung von der Politik nicht mehr erwartet wird, sucht sich das Publikum seine Führer und Vorbilder woanders. Der »führende Geist der Zivilisation« (Max Scheler) scheint sich heute für viele eher in der Wirtschaft zu verkörpern. Die Kunst, Gelegenheiten zu benutzen und zu erzeugen, wird mehr mit dem Unternehmer als mit dem Politiker in Zusammenhang gebracht. Der freie Regelwille der Selbständigkeit wirkt imponierender als das Feilen an Kompromissen und Übereinkünften. Der Manager gilt als prominente Führungsrolle, bei der sich der Autoritätsanspruch der Person am Erfolg in der Verhaltensänderung bei Mitarbeitern, Kunden und Mitbewerbern misst. Die positiv verwendeten Bezeichnungen wie Kulturmanager, Wissenschaftsmanager oder Quartiersmanager belegen, wie dieses Denken in den scheinbar wirtschaftsfernen Bereichen von Kultur, Wissenschaft und Sozialarbeit Fuß gefasst hat. Das Grundmotiv des ökonomischen Elitetyps zeigt sich nicht mehr wie bei Max Weber in kleinlicher Rechenhaftigkeit und universeller Zweckmäßigkeit, sondern in den Tugenden der Urteilsschärfe, der Geistesgegenwart, der Erfindungsgabe, der Entschlussfähigkeit und der Geschicklichkeit.

Bezeichnenderweise hat sich in dem Maße, wie sich die Führungsrolle der Eliten auf die Wirtschaft als Funktionsbereich und Symbolwelt verlagert hat, die Vorbildrolle des dritten Sektors der viel beschworenen Zivilgesellschaft bemächtigt. Die nervös gestellte Frage nach dem Zement der globalen Gesellschaft hat zur Wiedererweckung des philanthropischen Motivs geführt. Wenn das »öffentliche Gut« der Sicherheit und Ordnung vom Staat nicht mehr in ausreichendem Maße bereitgestellt werden kann, dann müssen sich die Eliten der Bürgergesellschaft darum kümmern. Allerdings ist nicht mehr so direkt von einer um sich greifenden Verrohung der Sitten, sondern im Umweg über die sozialwissenschaftliche Aufklärung von dem knapper werdenden »sozialen Kapital« (Robert D. Putman) die Rede. Nur ändert der moderne Schein der Diagnose nichts an den traditionellen Mitteln der Therapie. Als wichtig und entscheidend für die Stärkung der Bürgergesellschaft werden nämlich die Arbeit vor Ort und die Wirkung des Vorbilds angesehen. Die Betonung des lokalen Engagements kommt aus den Bürgerbewegungen nach 1968, die ein allgemeines Bewusstsein für den Gedanken der Selbstorganisation geschaffen haben. Ursprünglich wurden die Wirkungsgrenzen von Recht und Politik zum Zwecke der Erweiterung von Räumen der Selbstentfaltung gezogen; heute definiert die lokale Bürgergesellschaft eine Sphäre von Zuständigkeiten für das »gute Leben« vor der eigenen Haustür.

Reicht für die Beteiligung an einer Stiftung noch die passive Rolle des Geldgebers, so wird man bürgergesellschaftliche Elite erst durch eine Projektform des Engagements. Ob in der sozialen Hilfe oder in der kulturellen Bereicherung, es bedarf immer des Geltungsanspruchs der ganzen Person, durch den man normierend oder stimulierend auf die Lebensweisen anderer einwirken will. Das ist freilich nicht so einfach. Die Schwierigkeiten solcher Betätigung hängen mit dem idealen Charakter der Vorbildfunktion im Unterschied zum realen der Führungsfunktion zusammen: Führung und Gestaltung bedienen sich der Mittel der Macht und des Einflusses, Vorbild ist man nur durch sich selbst. Wo der Führer von den anderen eine Leistung verlangen kann, muss das Vorbild eine Wandlung des Charakters fordern. Noch der härteste Manager braucht die gegenseitige Beziehung zwischen sich und seinen Leuten, wohingegen die Vorbildrolle den anderen zur Hinnahme oder Nachfolge drängt. Es ist dieser letztlich autoritative Gestus, der in der neuen bürgergesellschaftlichen Elite eine Wiederkehr der alten bildungsbürgerlichen Wertelite erkennen lässt.

Anmerkungen

1 G. Lowell Field und John Higley, *Eliten und Liberalismus,* Opladen 1983.
2 Ralf Dahrendorf, *Gesellschaft und Demokratie in Deutschland,* München 1965.
3 Dazu Ursula Hoffmann-Lange, *Eliten, Macht und Konflikt in der Bundesrepublik,* Opladen 1992.
4 Wilhelm Bürklin, Hilke Rebenstorf u. a., *Eliten in Deutschland,* Opladen 1997.
5 Peter Glotz, Rita Süssmuth und Konrad Seitz, *Die planlosen Eliten. Versäumen wir Deutschen die Zukunft?* München 1992.
6 Fritz W. Scharpf, »Zur Wiedergewinnung politischer Handlungsfähigkeit«, in: Bertelsmann Stiftung (Hrsg.), *Verfassungspolitik und Regierungsfähigkeit in Deutschland,* Gütersloh 1998.

Kursbuch

Wer jetzt das Kursbuch abonniert …

- … spart! Ein Einzelheft kostet DM 18,– im Abo DM 14,– Ein Jahresabonnement (vier Hefte) kostet also statt DM 72,– nur DM 56,– plus Porto
- … kann bereits erschienene Hefte zum jeweiligen Abo-Preis nachbeziehen. Und: von jeweils fünf bestellten Kursbüchern ist eins geschenkt!

Lieferbare Kursbücher:

138 Träume
137 Berlin. Metropole
136 Schluß mit der Moral
135 Die Erbengesellschaft
134 Auftritt von rechts
133 Das Buch
132 Unsere Mütter
131 Neue Landschaften
129 Ekel und Allergie
128 Lebensfragen
126 Wieder Krieg
125 Die Meinungsmacher
124 Verschwörungstheorien
122 Die Zukunft der Moderne
121 Der Generationenbruch
120 Korruption
119 Verteidigung des Körpers
118 Exzentriker
117 Das Volk, der Souverän
116 Verräter
115 Kollaboration
114 Todesbilder
113 Deutsche Jugend
111 In Sachen Erich Honecker
110 Die sieben Todsünden
109 Deutschland, Deutschland
108 Heroisierungen
107 Unterwanderung Europas
106 Alles Design
105 Krieg und Frieden
104 Weiter denken
103 Rußland verstehen
102 Mehr Europa
101 Abriß der DDR

Ja, ich abonniere das Kursbuch ab ________ als Jahresabonnement zum Vorzugspreis von DM 56,– plus Porto.

Name ______________________ Adresse ______________________

Datum ____________ Unterschrift ______________________

Ich wünsche Bankeinzug: Kontonr. ______________ BLZ ______________

Bank ______________________

Zusätzlich zu meinem Abonnement bestelle ich folgende Kursbücher zum Abo-Preis:

____

Bitte wenden

Kursbuch

Die nächsten Themen:

Die Väter *Heft 140 / Juni 2000*

Renée Zucker, Väter und Töchter / *Tilmann Moser*, Ein Vaterfall / *Yaak Karsunke*, Vatermord / *Eva Demski*, Geliebter Vater / *Henryk M. Broder*, Der jiddische Tate / *Konrad Paul Liessmann*, Das Verschwinden der Vaterimago / *Hans Richard Brittnacher*, Welt ohne Väter: Söhne um 1900 / *Berthold Rothschild*, Vater, Mutter, Kind. Rückblick auf den Ödipuskonflikt / *Richard Herzinger*, Die Diktatoren oder das Bedürfnis nach Führung / *Cora Stephan*, Das Schweigen der Väter. Verwirkte und verweigerte Autorität / *Horst Petri*, Leben ohne Vater. Auf dem Weg zur «Geschlechterdemokratie» / *Irene Böhme*, Lob der Vaterlosigkeit / *David Chotjewitz*, Wenn die Achtziger Vater werden / *Bernd Mahr*, Doktorväter und anderer Ersatz / *Christiane Grefe*, Die Samenbankväter

Das Gelobte Land *Heft 141 / September 2000*

Wo liegt Arkadien? Für die Deutschen lag es nach dem Krieg zunächst in Frankreich oder Italien, dann in den Vereinigten Staaten und heute in Kanada oder Australien. So wechselhaft ist das zu Lobende. Verwunderlich erscheint etwas anderes: dass Deutschland selbst, fast über Nacht, zum Gelobten Land geworden ist, und zwar gerade für jene, die jahrzehntelang als vaterlandslose Gesellen galten, die Intellektuellen. Was ist da geschehen, sei's mit ihnen selbst, sei's mit ihrem Land? – Es gilt einen Wandel zu erkunden, der nicht nur Stimmungssache ist, sondern sich gleichsam unter dem Mantel der Geschichte vollzogen hat. Deutschland ist – trotz allem Schlimmen in seiner Geschichte – ein Land geworden, in dem man leben möchte, lieber als dort, wohin einen die Sehnsucht zieht.

Das Kursbuch, begründet von Hans Magnus Enzensberger. Herausgegeben von Karl Markus Michel, Ingrid Karsunke und Tilman Spengler.

Adresse:

____

____

____

Widerrufsgarantie:
Diese Bestellung kann ich innerhalb von zehn Tagen bei Rowohlt·Berlin, Postfach 02 12 16, 10123 Berlin widerrufen. Zur Wahrung der Frist gehört die rechtzeitige Absendung (Datum des Poststempels).

An
Rowohlt · Berlin
Postfach 02 12 16
10123 Berlin

____

Datum / Unterschrift

Susanne Mayer
Super-Kids

Es ist ein altes Spiel. Die Kinder stehen im Kreis. Eine kleine Hand liegt in der anderen, alle Kinder tanzen und springen. Sie tanzen und springen, alle sind sie gleich. Ringelringelreihen ist unser schönstes Bild der Kindheit. Und so trügerisch.

Kindheit ist nicht so. Nie ist jemand gleich, und das Leben ist kein Ringelreihenspiel. Die Kinder wissen, was Sache ist. Wenn man Kinder fragt, ob sie jemanden kennen, der die Nase immer vorn hat, der sich stets an die Spitze des Rudels setzt, dann bricht es aus ihnen heraus, mit Macht und Wut, mit der ganzen Kraft des täglich heruntergeschluckten großen Ärgers der Kleinen.

Kilian! Alle wollen immer mit Kilian spielen. Kilian heißt natürlich nicht Kilian, selbstverständlich sind alle Kindernamen hier geändert, aber was stimmt: Er ist ein Kind ganz ohne Charme, so flüstern die Kindergartenmütter. Und der älteste, auch der größte Kerl in der Bärchen-Gruppe. Seine kleinen Freunde stehen Schlange, bis sie wissen, wann sie mit Kilian spielen dürfen. Mittwoch ginge es noch, sagt Kilians Mutter gnädig, ach nee, eigentlich erst Freitag. Ooooch …

Moritz, sagt Paul in hilfloser Wut. Der fühlt sich wie der King, weil er die meisten Tore schießt. In Klasse 2 hat Moritz die meisten Gogos. Sitzt breitbeinig mitten im Flur, alle 105 Gogoplastikmonster dazwischen, die Fresse ein breites Grinsen, und zockt allen anderen ihre Gogos ab. Obwohl der noch nicht mal richtig lesen kann.

Lukas! Sitzt immer zwischen zwei Mädchen und blabbert sie voll, schmeichelt sich ein, ist so'n richtiger elfjähriger Profi im Einschmeicheln. Trägt gebügelte Combat-Hosen, brabbelt und quasselt und wedelt mit den Händen, und wenn man ihn anspricht, sagt er: Hau ab, wir wollen dich nicht! Sagt Robert.

Julian! Holt mitten in der Mathestunde seinen Taschenrechner raus und zeigt allen, dass er den Lehrer mit einem leichten Fingertouch auf Hochtouren bringen kann. Mein Freund Peer, sagt Benjamin, ist der Crack. Weil er sich traut, die Lehrer anzulabern, weil er Scheiße macht, na ja, der ist schon eher unverschämt. Für die Schule tut er nichts, cool, immer dieses Öh, schreib ich doch morgens alles im Bus ab!

Der Größte ist immer der Größte, auch bei den Kleinen. Das Alphatier zeigt gern die Zähne und lässt die Muskeln spielen, trägt reiche Beute heim und kriegt die Weiber, und nur in Tarzans Disneyworld finden das alle lustig. Es gibt kaum eine Gruppe ohne oben und unten, und das ist ein Befund, den deutsche Pädagogen gar nicht schätzen. Deutschland ist alphatierfreie Zone, zumindest im Kinderbereich. Dort gilt das heilige Gesetz der homogenen Gruppe, des gleich sortierten Spielteams, zumindest, na, sagen wir, in den ersten zehn Jahren der Kindheit, bevor das Gymnasium zuschlägt, mit Notendruck und Leistungswünschen. So behüten wir unsere Utopie einer klassenlosen Gesellschaft, zäh und unnachgiebig, die Kinder stehen nun dafür ein. Große Ideen, handlich zurechtgestutzt, man könnte auch sagen: Revolution, zumindest bei den Kleinen. Die Formeln, die Eltern und Erzieher austauschen, werden dementsprechend inbrünstig vorgetragen, wie Gebete, aber mit insolenter Hartnäckigkeit. *Alle Kinder sollen hier die gleichen Entfaltungsmöglichkeiten haben.* So klingelt es beim Elternabend. Oder so, Vorstellung der neuen Erzieherin: *Jeder wird von mir da abgeholt, wo er steht.* Auch: *Jeder bringt eben mit, was er hat.*

Kleine Bosse gelten im Land der Kindheit entsprechend als Ausrutscher. Sie sind Gegenstand mahnender Artikel in Elternzeitschriften, sie sind der Sündenfall im Kinderparadies, ganze Elternabende in den Kindergärten werden der Frage gewidmet, wie solche Kinder wieder in der Gruppe zurückzuordnen sind, wie Aufmüpfige befriedet werden können. Und kein Wort fällt da natürlich zur Frage, wer denn wohl zu Hause das Alphatier spielt. Oder ob es denn wirklich von den Kindern unbeobachtet bleibt, dass die einen morgens im neuen Volvomodell vorgefahren werden und dass die Papis, die solche Karossen bezahlen, auch gerne im Vorstand des Montessori-Vereins sitzen, während die kleine Zahnarzthelferin-Mutti von Paul sich duckt und zu allem immer nur freundlich lächelt. Natürlich auch nie ein Wort über Leistung. Phh. Oder gar Erfolgskontrolle der erzieherischen Arbeit. Ganz anders übrigens als bei den verrückten Engländern, wo ganze Wohngebiete sich in Immobilienparadiese verwandeln, weil die örtliche Grundschule im nationalen Leistungstest auf Platz 2 der zehn besten Schulen gelandet ist oder weil eine berühmte Privatschule einen eigenen Kindergarten eröffnet, ausgehend von der Überlegung, dass eine gezielte Förderung der Kinder im Vorschulalter die Weichen für jede spätere Entwicklung stellt. So etwas wird in Deutschland noch nicht einmal diskutiert, im Gegenteil: »Wir versuchen alle gleichermaßen einzubinden, niemand soll besonders hervorgehoben werden«, sagt eine engagierte Grundschullehrerin aus Hamburg. Die zusätzliche Kunststunde, die musikalische Früherziehung, das Reiten oder das Klavier, so was gilt hierzulande als Accessoire einer behüteten Kindheit, und ein Spitzbub, wer unterstellte, die Eltern wollten ihr Kleines gleich auf die Überholspur setzen oder durch den Judokurs ihrem Kind die Durchsetzungskraft vermitteln, die Papi verspätet im Managementkurs trainiert. Tatsächlich aber wird sortiert. Von den Kindern, untereinander. Auch von ihren Eltern, manchmal gegeneinander, gelegentlich sortieren sich Mädchen gegen Jungen. Von Wohnviertel zu Wohnviertel läuft so was, und in den erstaunlichsten sozialen Konstellationen.

1. Im Land der Superfamily

»Elite. Eine Auslese darst. Gruppe von Menschen mit bes. Qualitäten. Die Besten. Die Führenden. Führungsschicht. Führungsmannschaft.« So steht es im Wörterbuch. »Bitte, meine Lieben, diskutieren Sie!«

Vierzehn junge Leute sitzen im Kreis, drei Jungen, viele Mädchen, Leistungskurs Deutsch im Gymnasium Christianeum im Hamburger Stadtteil Othmarschen. Nachlässiges Outfit rundum. Mal Jeans, mal schwarze Schlaghosen, schlappe Pullis, tatsächlich ein Palästinenser-Halstuch. Das Christianeum ist die älteste Schule Hamburgs, eine Gründung des dänischen Königs Christian VI. aus dem Jahre 1738. Der Neubau ist ein gewagter Entwurf des legendären Architekten Arne Jacobsen, der einige an ein Heizwerk erinnert, aber er liegt immerhin im anmutigsten Stadtteil der Hansestadt. Jenseits von Altona, südlich der sozial schwierigen Stadtteile wie Osdorf, direkt am Elbufer. Dort, wo sich patinierte Villen im alten Baumbestand ducken und im Frühjahr die Rhododendren blühen, dass man trunken wird. Hier lernt jeder Latein, alle können zwischen Griechisch und Russisch wählen. Im Souterrain logiert ein Literarisches Café, in dem die Schüler donnerstagabends mit Verve ihre Lektüre szenisch vortragen oder mit Experten über historische Fragen diskutieren oder mit Schriftstellern über ethnische Kulturen. Jeder singt im Chor. Es gibt mehrere Orchester und die Brass Band und zu Weihnachten ein zweistündiges Konzert in St. Michaelis, dem Wahrzeichen der Hansestadt. Dann ziehen die neuen Zöglinge leise wie die Engel ein mit weißen Hemden und flackernden Kerzen und singen mit frischen Stimmen das »Quem pastores laudavere, quibus angeli ...« Das ist so schön, dass mitunter eine Mutter aufschluchzen muss, zu Recht!

Lukas: Ist ja schwer, von sich selbst zu sagen, höhhöh, ich bin Elite!

Nele: Ob jemand zur Elite gehört, liegt an jedem selber.

Louisa: Den Begriff Elite find ich ein bisschen komisch. Ich weiß ja nicht, ob es darum geht, dass wir alle aus guten Elternhäusern kommen.

Hier gibt es keine Drogenprobleme oder Schlägereien. Darauf ruhen sich einige übrigens aus. Wir denken doch, dass wir es sowieso leichter haben als andere – und deshalb sind einige nicht ganz so ernsthaft dabei. Das ärgert mich, dass die Leute denken, dass ihre Eltern sie dann auffangen, und wenn es später mit dem Job nicht klappt, hat Papa ja noch Verbindungen.

Carolin: Elite, klingt so schwer und so streng. Also ich finde, jeder sollte die gleichen Chancen haben. Und wer besser ist, wird es eben!

Patrick: Das ist leider überhaupt keine Eliteschule. Alles ist auf Musik und Trallala beschränkt. Alles, was zukunftsrelevant ist, kommt nicht vor. Für den Gemeinschaftskundeleistungskurs waren zu wenig Leute da. Englisch? Wenn man nicht im Ausland war – hat man keine Chance. Die Computer sind von anno dazumal. Aber wer nicht im Chor ist, wird ausgegrenzt – lächerlich! Wenn hier eine Elite produziert wird, dann wegen dem Background der Eltern. Das *ist* so!

Moritz: Hier herrscht eine gewisse Intoleranz. Im Stile von: *Wir sind in den Elbvororten. Wir wollen keine vom Osdorfer Born.* Weil: Da steht dann das Pferdchen auf der Brust gegen die Streifen von Addidas.

Lukas: Ich kenne Leute, die kamen aus Altona zum Christianeum, und die sind rausgeekelt worden.

Miriam: Rita! Die kam aus Altona, weil sie was lernen wollte.

David: Ihr Problem war, dass sie das Klischee von Altona total erfüllte.

Zwischenruf: Die war halt ne Prolette.

Benita: Wir und meine Schwester, das stand schon fest in Klasse 2, sollten Latein lernen und Bildung kriegen. Aber weil wir schlechte Straßennamen hatten, wurden wir anfangs zuerst gemobbt. »Du stinkst nach Born«, haben die meiner Schwester gesagt. Dieses »Wir sind die Elite und haben das Geld!« Die Elbvororte leben in ihrer eigenen Welt und kriegen von draußen gar nichts mit.

Miriam: Hier geht es um Geld, um Kleidung, um Wohnverhältnisse. Vielleicht gibt es ja auch in Altona ein paar kluge Leute!

Zwischenstimmen: Aber nur *ein* Paar!

Louisa: Ich verstehe Elite als geistige Elite. Sieht man hier mal einen Anschlag für ne Demonstration? Das gehört doch auch zur Elite, dass man sich über den kleinsten Kreis hinaus informiert! Hier fehlt doch die Offenheit.

Anna: Die Cliquenbildung ist schon sehr extrem. Das fängt in der fünften an. Wer das größte Maul hat, wer sich wehren kann gegen die anderen, der ist wichtig. Und es kommt auf die Klamotten an.

Moritz: In manchen Kreisen geht es hier doch zu wie in der High Society. *Ich war da und da und hab sooo viel Sekt geschlürft!* Boah.

Patrick: Und: »Ohhh, ich war so breit!«

Viola: Die sagen: »Oh, in ner Villa in Falkenstein, wie spießig!« Und dann heißt es so süß-mitleidig: »Ach! Du bist *nicht* eingeladen?

Miriam: Die Familien kennen sich eben. Die machen ihren Bridgeabend, und die Kinder finden sich von klein an zusammen und lernen von den Eltern, was da rübergebracht wird. Hier geht es um Elite, und zwar um die Elite des Reichtums.

2. Im Born, to be wild

Die Elite der Reichen, hat man von gehört. Gibt es auch eine Elite der Armen? Mal im Osdorfer Born vorbeischauen. Osdorfer Born?, sagt ein Othmarscher Rechtsanwalt, da war ich mal. Da hab ich aber gleich Gas gegeben! Nun, wir nehmen von Othmarschen-Flottbek aus die Linie 37, Schnellbus, sind ja nur ein paar Stationen, dann steigen wir aus und legen den Kopf in den Nacken. Aber die Spitzen der Häuser sind dennoch nicht zu sehen. Da verschwinden die Häuser ab Stockwerk acht im grauen Hamburger Schmuddelwetter. Unten um die Häuser rum ist es allerdings hell. Gut beleuchtete Highways, Shopping-Malls daneben, Aldi, Superelektronik, Max Bahr. Was man so braucht.

Im Osdorfer Born wurden in den letzten 20 Jahren knapp 20 000 Menschen in städtischen Wohnlandschaften angesiedelt, so, wie sie ankamen. Afghanen und Iraner. Asiaten, Russen, Polen. Schwarzafrikaner. Nordafrikaner. Türken, Kurden. Syrer, Libanesen. Serben und Kroaten. Kinder gibt es in jeder Mischung. Gut 4000 Kinder. Die gehen zum Beispiel auf die schöne Schule, aber da dürfen wir sie nicht interviewen.

Der Direktor ist beschäftigt. Die Polizei ist da. Es gibt Schwierigkeiten. Nichts Neues, sagt er, man treffe sich regelmäßig mit der Polizei. Eines der Probleme der Schule bestehe eben darin, dass sich einige Schüler wie die Paten aufführten. In zwei Fällen gebe es in der Lehrerschaft eine Debatte, ob man diese Problemfälle von der Schule weisen solle. »Weil sie ganze Jahrgänge beeinflussen.« Welche? 9. Klasse. Es sind die 15-Jährigen, die den Paten nacheifern oder ihnen zumindest nachlaufen. Die Rede ist von »flüchtiger Bandenbildung.« Diskutiert werde, »ob wir einzelne wegkriegen müssen, damit nicht ganze Klassen ins Trudeln geraten«.

Hoho. Wenn das der deutsche Jugendforscher hörte. Banden. Paten. Altmodische Fragestellung, nennt man das in Fachkreisen. Heutzutage ist es angesagt, die Durchlässigkeit der Cliquen zu untersuchen, die Mobilität der einzelnen Mitglieder, die leichtfüßig von der einen Szene zur anderen wechseln, je nachdem, auf welcher Bühne sie sich inszenieren möchten. Es scheint, als liebten auch die Jugendforscher die schöne Idee der herrschaftsfreien Dialoge und der gleichberechtigten Lebensweisen. Nun, im Born ist das Leben anders. Da gibt es kein Vertun, auch kein Gerede von: »Die harte Jugendszene spiegelt nur die verdrängte Seite der Gesellschaft wider.«

Der Direktor sagt tapfer: »Wir beklagen uns nicht. Wir nehmen unsere Arbeit gerne an.« Aber er könne doch nicht empfehlen, in die Schule zu kommen und die Kinder zu befragen, »damit die entsprechenden Führernaturen nicht auch noch Gelegenheit bekommen, sich vor der Presse in Positur zu werfen, sich noch mehr herauszustellen«. Er empfiehlt, sich woanders umzuschauen.

Ab, ins Haus der Jugend.

Starke Musik, verwegene Typen. Einer hängt an der Theke rum. Er hat ein süßes Profil, kohlrabenschwarzes gegeltes Haar, dazu trägt er schwarzes Leder. Der Typ starrt vor sich hin. Mit seinen großen Fingern schiebt er kleine farbige Holzklötzchen auf einem Rahmen hin und her, sieht irgendwie rührend aus, wie ein kleiner James Dean. Nach vorne die Klötzchen, bisschen nach links, kippen, nee, Scheiße, zurück. Das dauert und dauert und dann lässt er einen Schrei los, dass der Kaffee überschwappt, »hey!«, schreit er, »du Arschloch!« Springt auf, reißt den Nachbarn hoch, knallt ihm eins vor den Latz, »hast du das gesehen«, schreit er, »du verdammtes Arschloch!« Die Linke ballert los, rechts setzt nach, »ich hab es hingekriegt!« Dann schießt er herum und starrt mich an, als hätte ich gewagt, mich zu bewegen oder womöglich etwas zu sagen. »ICH BIN DER GRÖSSTE!!«, brüllt er.

Okayokayokay.

Eine Sekunde lang hingen die Spielkarten in der Luft. Am Billardtisch wurde der Queue schweigend nochmal neu angesetzt. Die Pakistani im Nebenraum ließen den Tischtennisball ins Leere fallen. Nur die Musik hämmert weiter. Auf dem Spielfeld nebenan holt Leopold mit dem Racket aus und schlägt, als sei nichts gewesen, den Softball mit aufreizender Behutsamkeit übers Netz, rüber zu Micha, der den Ball unterm Bein zurückgibt, Leopold, jetzt mit dem Rücken zum Netz, schlägt, zack, über die Schulter, lacht herausfordernd, während Micha zierlichsten Schrittes, trippeltrippeltrippel, zur Seite hüpft – und es gerade noch schafft, ein Schlag, den Leopold mit einer großen Verbeugung, als sei es wirklich gar nichts, annehmen kann. Es ist ein Menuett. Eine Kunst, selbstironisch betrieben. Aber kaum sieht man weg, haben zwei Micha in die Ecke getrieben. Sie schlagen zu, er rutscht die Wand runter und winselt. Streit unter den Russen. »Lass ihn ihn Ruhe!«, brüllt Barbara Trappmann.

Okayokayokay.

Ali wird jetzt über das Feld gehetzt. Ali, aus Marokko. Dick geblähte Baseballjacke, gleißend weiße Streifen an der Hose, und er schreit, als würde er abgestochen. Einer mit einem frechen schrägsitzenden Käppi jagt ihm nach, Stühle knallen ihm vor die Füße, er springt drüber, als wäre es nichts, holt aus zum Schlag, noch einer und noch einer, die Linke, die Rechte – »Hör auf«, brüllt Barbara Trappmann. Der mit der Baseballjacke kommt rüber, kauert sich hin und verdreht in komischster Weise die Augen in Richtung Barbara Trappmann: »Ich habe nichts gemacht, Barbara, ich war's nicht, ich habe gar nichts hab ich gemacht …« Wie ein kleines Kind. Sie sagt. »Okay, Ali.« Zu mir sagt sie: »Der hat schon eine gelbe Karte. Als Nächstes kommt das Hausverbot.«

Die Sozialpädagogin Barbara Trappmann ist seit zehn Jahren auf dem Born, als Leiterin des Hauses der Jugend. Aber so wie in den letzten Monaten, sagt sie, so sei es selten gewesen. In jeder Sekunde sind alle auf dem Sprung. Keiner, der einfach mal so dasitzt und abhängen läßt. Alle zwei, drei oder zehn Minuten kracht es, gehen zwei aufeinander los, oder drei auf einen, ist irgendwas zu klären, mit Gewalt. Stärke herausfordern, die Macht testen. Gucken, wer vorne liegt. Frau Trappmann wollte eigentlich Verhaltensforscherin werden, aber die Chemie habe sie wieder vertrieben. »Dann dachte ich mir, nehme ich die Menschen«, sagt sie ironisch. Studierte also Soziologie, Tierfilme gucke sie noch immer gerne. »Da findet man viele Verhaltensweisen wieder«, sagt sie. Imponiergehabe. Sich aufplustern. Einschüchtern. Allen zeigen, wer Spitze ist. Natürlich auch die Suche nach Streicheleinheiten. »Hilf mir, Barbara!«, sagt einer und steht vor ihr mit komisch verzweifelt hochgerecktem Kinn. Der Reißverschluss! Klemmt, das verdammte Ding! Kein Vor und kein Zurück! Mutti Barbara greift zu, ruckzuck, der Held zieht ab. Ein kleiner Pole.

Klamotten sind wichtig. Nicht nur im Born, natürlich. Klamotten dienen bekanntermaßen nicht nur in Jugendgruppen der Abgrenzung nach außen und sichern den Status im Innern einer Gruppe, das klappt so von den blumigen Oilily-Girls in der Spielgruppe bis zum dezent blauweißgestreiften Hemd von Daddy. Für manche müssen es Dickies Hosen sein, ohne Eastpak geht in Klasse 5 einfach gar nichts. Fishbone? Schon schwieriger. Da sagen einige nur: O Gott. Nehmen wir ein Gymnasium in Schleswig-Holstein, beispielsweise das der kleinen Stadt Meldorf, fragen wir einen Neuntklässler. Der sagt: Von den Älteren trägt das niemand mehr. Unterstes Niveau! Wie muss man runtergekommen sein, wenn man meint, sich damit profilieren zu müssen …

Sein Bruder, 17 Jahre alt, sagt: Normalerweise gehört es dazu, dass jemand die richtigen Klamotten hat. Das ist noch wichtig in der sechsten oder siebten, vielleicht noch in der achten. Jetzt kann man in meiner Klasse Standard tragen, normale Jeans, einfaches Hemd. Sachen, die nicht peinlich sind, aber eben auch nicht cool.

Der jüngere: Man kann ganz korrekte Sachen anhaben, sogar einen weißen Kragen, aber wenn man die richtigen Schuhe hat, ist es okay.

Der ältere: Bei uns rennen die Leute sogar mit Lackschuhen rum, das stört keinen. Früher hätte man sofort gesehen, der gehört nicht dazu. Klamotten sind wichtig, weil sie einen Typ gut beschreiben. Wer Schlaghosen trägt, raucht auch.

Der jüngere: Wir haben einen Dicken, der kippt bei der Rolle um und kommt nicht wieder auf die Füße. Also wenn der mit nem etwas coolen Pullover in die Klasse kommt, also das ist ne Katastrophe. Der wird dann so was von schräg angemacht!

Im Born kann man sich solche gymnasiale Nonchalance nicht erlauben. Helly Hansen Jacketts müssen es sein, und das kostet. Turnschuhe vom auffällig Feinsten. In den Ecken stehen die Typen und tauschen Handys. Ohne Handy geht im Born gar nichts, ein Glück für David, aus Ghana, ein schmales Hemd, jedenfalls nicht gebaut für handgreifliche Auseinandersetzungen. Aber Handys hat er, und damit ist er ein begehrter Typ. Ein Handy braucht jeder im Born, auch braucht man Geld, für die Süße, schickes Parfum, und schon ist ein Hunderter weg. Frage: Wo kriegt man einen Hunderter her? Solche Fragen sind schwerlich immer legal zu beantworten. Man könnte sagen, um sich als Jugendlicher im Born Respekt zu verschaffen, muss man Verhaltensweisen einüben, die – um nur mal ein Beispiel zu nennen – einem bei der Bewerbung für eine Stelle als Lehrling im KFZ-Gewerbe nicht von Nutzen sind. »Da muss ich mich dann eben verstellen«, sagt einer. Seit die Russen im Born Einzug gehalten haben – in einer großen Truppe, unter Anführung des kessen Leopold, die kamen hier also rein, erzählt Barbara Trappmann, haben erstmal den Billardtisch umstellt, wo die Spieler eilfertig die Queues rüberreichten, mussten wir eingreifen, sagt Barbara Trappmann, und klarmachen, wer hier im Haus der Jugend das Sagen hat –, also seit die Russen Einzug gehalten haben, ist Boxen angesagt. Andersrum: Wer was zu sagen hat, muss boxen. Wer gut boxt, ist der King. Als Ersatz fürs Boxen dient höchstens ein großer Bruder. Besser übrigens, der kann gut boxen.

3. Der einzige Sohn

Philip ist ein kluger süßer Lockenkopf und zwölf Jahre alt. Durch die Grundschule segelte er nur so durch – acht Einsen. Jetzt geht er im zweiten Jahr aufs Gymnasium, und seine Leistungen sind noch immer prima. Notendurchschnitt 2, sagt Philip, der solche Zahlen immer parat hat. Wenn man Philip nach Leistung fragt, kriegt man eine klare Antwort. »Für mich persönlich«, sagt er, »bedeutet Leistung, je besser, desto toller!

Für mich zu sehen, da hab ich mir Mühe gegeben und ne 1 geschrieben!« Was er besonders toll findet, ist das Gefühl, bewundert zu werden. Wenn die anderen sagen: Oh, der hat ne 1.

So ein Superjunge fällt nicht vom Himmel. Jedenfalls selten. Philip sieht es so: »Eigentlich wird mir überall geholfen. Wenn ich was nicht verstehe, kann ich fragen. Ich werde in Latein Vokabeln abgefragt. Ich übe mit meiner Mama für die Arbeiten.«

Philips Mama ist Goldschmiedin, sie hat im Keller eine Werkstatt. Aber ihre wichtigste Arbeit ist die Erziehung des Sohnes. »Ich will ihn nicht auspowern«, sagt sie, »und auch nicht unterfordern.« Sie selber hat kein Abitur, daran denkt sie mit Bedauern, gerade weil ihr dies Bisschen an Unterstützung fehlte. Als sie schwankte, da hieß es zu Hause einfach: runter von der Schule. Ein Alptraum!

Philips Vater war selber »verträumt«, sagt er, und er erinnert sich mit Schrecken an die Leistungserwartungen seines eignen Vaters. Ein Drama, als das mit dem Mathematikstudium nicht klappte. Heute ist er EDV-Spezialist. Und von den Ansichten seines Vaters gar nicht so weit entfernt. Er sagt: »Mein Ansatz bei Philip war früher schon der einer Leistungserwartung. Weil die, die vorne mitspielen, es einfacher haben.«

Philip: Ich wollte nie schlechter als 3 schreiben. Ich wollte immer vorne sein.

Vater: Akzeptanz in der Schule ist doch zu siebzig oder achtzig Prozent mit Leistung verbunden.

Mutter: Philip hat Glück gehabt. Er hat ein ruhiges Zuhause. Er hat ein freundliches Naturell und findet gut Kontakte.

Vater: Er kann eigentlich alles gut. Bei Schwierigkeiten kann er durchhalten. Er gibt nie auf.

Mutter: Also, Ulrich hat immer gesagt, dass Philip keinen Gruppensport betreiben soll, damit er einmal nur auf sich gestellt ist.

Vater: Zwei Stunden Tennis, und dann verlieren: Das macht groß!

Mutter: Ich sage übrigens häufig, jetzt hast du genug gelernt, Philip, und wenn's ne Drei wird!

Vater: Er kam dann aber öfter mal mit ner Zwei nach Hause, wegen mangelnder Konzentration, wegen so ner Dusseligkeit.

Mutter: Und dann hat Ulrich das Prinzip »Leistung soll sich lohnen« eingeführt. Zehn Mark für ne Eins. Naja, peinlich irgendwie.

Vater: Aber der Druck sollte bewirken, dass er sich konzentriert. Mein Credo: Im Unterricht mit 100 Prozent dabei, danach 100 Prozent Freizeit. Ruhig mal ins Kaufhaus und sich für zwanzig Mark was kaufen.

Mutter: Worauf ich stolz bin, Philip hat an so vielen Dingen Spaß. Und wenn man an etwas Spaß hat, macht man es gut. Darauf bin ich stolz: dass er so geworden ist, wie er ist!

Vater: Dem bringt sein Leben so viel. Ich bin sicher, er wird irgend was machen, was ihm liegt. Fernsehmoderator könnte er gut, vor 5000 Leuten sich produzieren. Oder Tennisprofi. Pilot!

4. Die Mädchengruppe

Sie gehen aufs Gymnasium, in eine achte Klasse. In dieser Klasse zählt man elf Mädchen, zwölf Jungen. Aber das Zahlenverhältnis sagt noch gar nichts. Es sei schon verrückt, sagt die Deutschlehrerin, in 28 Jahren habe sie so etwas Extremes noch nie gesehen. Die Mädchen hätten die Jungen in der Klasse vom ersten Tag an dominiert. Man könne sagen, die Mädchen seien wie die heimliche Elite der Klasse, weil der Stoff natürlich an ihnen ausgerichtet werde, und manchmal brauche man da schon seine ganzen pädagogischen Fähigkeiten, um die Jungs wieder aufzurichten.

Die Mädchen sind von einer überwältigenden Anmut und Klarheit. Jungenmütter beobachten seit Generationen, wie die kleinen Freundinnen ihrer Buben so mit zehn oder elf plötzlich an denen vorbeiziehen. Mit einem Mal scheint es, als sei Weiblichkeit ein natürlicher Vorteil, körperlich jedenfalls, aber auch geistig. Und umso mehr, wenn die Mädchen wie diese energisch von selbstbewußten Müttern gefördert werden, gut ausgebildeten Frauen, einige durchaus auch berufstätig, Lehrerin die eine, Bibliothekarin die andere. Man könnte sagen, dass ihre Töchter vom Leben alles erwarten. Schauspielerin werden. Bloß nicht als Hausfrau enden, auf jeden Fall eigenes Geld verdienen. Irgendwas tun, wo man in Bewegung ist, sagt die eine, draußen sich rumtreiben, Architektin werden oder so. Das ärgerliche Thema Jungen ist nichts, worauf Mädchen gut zu sprechen sind. Das Thema war schon Anlass eines Elternabends. Da ging es hoch her. Die Mädchen haben das als unfreundlich empfunden. Was machen sie denn falsch? Sie haben einfach ihren Spaß! Und eben gute Noten. Als die Schule einen Goethe-Abend ausrichtete, haben die Mädchen aus eigener Initiative heraus Liebesgedichte inszeniert, sind drapiert mit zartem Chiffon aufgetreten, haben die Hände gerungen und die Wörter auf eine Weise, dass es den Zuschauern heiß und kalt den Rücken runterlief. Die Mädchen sind nicht geneigt, sich freundlich über die Jungen zu äußern.

Protokoll eines Mädchengesprächs über Jungen: Es liegt doch daran, dass die Jungs Kleinkinder sind. Die Jungs sagen einfach nichts. Die melden sich nicht. Die tun einfach nichts für die Schule. Es gibt nur zwei oder drei Jungs, die es überhaupt können, also ohne Nachhilfe. Die nehmen Schule nicht so ernst, das war schon immer so. Okay, es sieht vielleicht so aus, als hätten wir die Oberhand. (Kicherkicher) Weil man mit den Kleinen umspringen kann, wie man will, die können einem nichts anhaben. Die sind eben alle kleiner als wir. Die spielen noch Gameboy! (Prustendes Gelächter) Die machen einfach nur bescheuerte Witze und diskutieren über Sachen, die nicht wichtig sind. Wenn sie mal für die Klasse sprechen wollen, vertreten sie nur die eigenen Interessen und nicht auch die der anderen, und wenn sie es versuchen, dann verplappern sie sich. (Großes Augenverdrehen) Die sind einfach unterentwickelt. Tommi ist 14 und sieht aus wie dritte Klasse. Er kapiert gar nichts, noch nicht mal, dass man einen Stärkeren nicht ärgert, weil der dann zurückschlägt. (Albernes Gelächter) Naja. Sonst sind sie ganz nett.

Themawechsel. Man kann ja nicht den ganzen Abend über Jungen reden.

5. Gottes Söhne

Wir sind an einem Ort von großer Schönheit. Wenn man den geschwungenen Pfad hochschlendert, unter den seltenen Bäumen hindurch, die Tennisplätze und den Fußballparcours unten liegen lässt, die Kuppel der Villa Stella auftaucht und am Horizont, auf der anderen Rheinseite, das Siebengebirge, dann ist es schwer vorstellbar, dass es einen grandioseren Ort geben könnte für die Exerzitien der Kindheit. Die Villa ist ein Kunstwerk. Zarte Gitterschnörkel halten anmutig die Balkönchen. Das Portal ist so schwer, dass zwei Fünftklässler es gerade noch aufschieben können. Dann stehen sie auf dem wundervollen Mosaikboden, über ihnen wölbt sich die riesige Kuppel mit dem glitzernden Kronleuchter, in den Nischen plätschern die Brunnen und von den Wänden blickt Goldgerahmtes auf die beiden. Wölfchen und Basti, zwei Zwerge im Schloss. Sie sind Novizen in einer Internatsschule der Jesuiten, im Aloisius-Kolleg in Bad Godesberg, das sein schönstes Gebäude gerade für die Kleinsten reserviert hat. Habt ihr euch denn schon eingewöhnt, ihr zwei? Wölfchen nickt: »Ich habe einen Bruder in der Sieben.« Und Bastian? Ist besonders tapfer. »Ich kenne hier keinen«, sagt er, »aber mein Onkel war früher hier.«

Der Jesuitenorden in seiner 400-jährigen Tradition kann auf eine lange Erfahrung im Schulwesen zurückblicken, und sein Ruf in dieser Disziplin ist gewaltig. Nicht etwa, weil noch im 18. Jahrhundert bis zu einem Drittel der Schulen vom Orden betrieben wurden, sondern weil der Orden dieses Geschäft mit einer Ernsthaftigkeit und Gelehrsamkeit, mit einem Enthusiasmus und wohl auch mit so viel Erfolg betreibt, dass es im Rheinischen Familien gibt, die seit Generationen ihre Söhne auf das so genannte Ako schicken. Zumindest in der Oberstufe. Für den letzten Schliff.

In einer Schrift des Ordens über »Das Apostolat der Erziehung« heißt es: »Auch wenn unsere erste Option den Armen gilt, dürfen wir jene Schüler nicht unbeachtet lassen, von denen ein größerer Fortschritt und ein stärkerer Einfluss auf die gesamte Gesellschaft zu erwarten ist, unabhängig von ihren sozialen Verhältnissen.«

750 Jungen, davon leben 150 im Internat, für Begabte aus mittellosen Familien gibt es Stipendien. Die Schüler haben die Wahl zwischen Latein und Englisch als erster Fremdsprache. Ihr Tag ist präzise geregelt. Vor dem Unterricht versammeln sich die Internen in der Krypta, schweigend. Dann gibt der Internatsleiter Pater Theo Schneider eine Losung aus für den Tag, ein Gedicht, einen Satz vielleicht nur. Zweimal in der Woche ist Gottesdienst. »Das sind für mich unverzichtbare Momente, weil ich ihnen da weitergeben kann, was ich vom Leben verstanden habe«, sagt Pater Schneider. Die Schüler lästern natürlich über den Gottesdienst, »freiwillig selbstverpflichtet«, höhnen sie. Und sagen doch: »Aber wenn man nicht hingeht, hat man auch nichts mitgekriegt.«

Jeden Nachmittag von halb vier bis halb sechs Hausaufgaben, mit Erfolgskontrolle. Jeder dritte Schüler spielt ein Instrument. Die Kleinen aber dürfen noch nicht einmal ein Radio haben. Die Großen können in ihrem Zimmer einen Computer aufbauen – aber nur zur Arbeit. Spiele sind verboten. Der Direktor redet vom »Schwachsinn, der darin besteht, stundenlang auf einen Bildschirm zu starren«, es gebe ja Alternativen. Was Dr. Wolfgang Schulte meint, ist: zumindest im Aloisius-Kolleg. Dort gibt es superb ausgestattete Chemieräume, Kunstateliers, große Biologieräume mit eingelegten Skorpionen und Fledermäusen, eine weitläufige Bibliothek – und eine Verpflichtung, diese Schätze zu nutzen. Bloß kein Müßiggang! Für die Nachmittage hat das Ako eine Art von Kinder-Volkshochschule aufgezogen, Kurse, die auch den Kindern anderer Schulen der Stadt offenstehen – archäologische Exkursionen, Holzbudenbau, Arabisch für Anfänger, Kanufahren in Mittelschweden. Für die Klasse 11 ist ein fünfwöchiges Sozialpraktikum vorgesehen, im Altersheim oder im Heim für behinderte Kinder. Schüler der Klassen 9, 10 oder 12 ziehen sich vielleicht zum Beten zurück – drei Tage schweigend mit den Mönchen leben, im Trappistenkloster Maria Wald. Oder sie verbringen ein Halbjahr in Gordonstoun School Elgin, Schottland. Es gilt, wie Nino formuliert: »Rausholen, was drinsteckt.«

Nino ist in der zwölften Klasse. Er und sein Freund Christian kommen von einer Notenbesprechung mit dem Erzieher. Christian liegt auf Platz 2 der Klasse, Nino murmelt, bei ihm sei es »leider nicht so gut«. Nur 2,5 Notendurchschnitt, damit liege er auf Platz 9. Naja.

Pater Ludger Stüper, Schultes Vorgänger im Direktorenamt, schreibt in einem Jahrgangsheft der Schule zum Thema »Elitebildung an Internatsschulen – ein verdrängtes Thema?«: ›Quantum potes, tantum aude!‹ heißt es in einem mittelalterlichen Hymnus. ›Soviel du kannst, soviel du an Kräften zur Verfügung hast, soviel bringe in Einsatz!‹ Elitärer kann ein Anspruch kaum formuliert werden, und doch wendet er sich nicht an eine Elite, sondern an alle, die begriffen haben, dass es heute um den Einsatz für Glaube und Gerechtigkeit geht, den wesentlichen Dienst für das Reich Gottes in unserer so fragwürdig gewordenen Welt.« Und: »Wer sich als Elite versteht oder auch nur mit dem Gedanken spielt, so etwas wie Elite zu sein, wird nie zur Elite gehören.« Noch selbstbewusster: »Schüler mit dem Bewusstsein, ihre Schule als ›Schuldner‹ zu verlassen, könnten stark genug sein, ihr Leben als Antwort und damit als Dienst zu verstehen.«

Solche Diskussionen, die in den Jahrgangsheften regelmäßig geführt werden, tun ihre Wirkung, nicht zuletzt auf die Lehrer, die an dieser Schule zur Probe eingestellt werden und sich bewähren müssen. Und: Auch mittelmäßige Schüler werden abgeschreckt. Oder erst gar nicht aufgenommen. Schlimmstenfalls aussortiert. Aber es wäre falsch zu sagen, dass mit Angst und Schrecken dirigiert wird. Stephan Eto, Abiturient des letzten Jahres, mit einem Notendurchschnitt 1,3 – aber das sei nicht das Wesentliche, erklärt er mit einer eleganten wegwerfenden Handbewegung –, Stephan erklärt das ausgeklügelte System der Belohnung. Das Jägerhaus zum Beispiel! Eine kleine Kostbarkeit, die auf halbem Weg hinauf zur Villa Stella liegt. Das Haus hat einen hübschen Turm mit farbigen Ziegeln und eine riesige Wohnhalle, vor der jemand einen kleinen japanischen Garten angelegt hat, mit einem Teich, der aus einem Bambusrohr gespeist wird. Um das Wohnzimmer sind 16 einzelne Zimmer angeordnet, diese werden an ausgesuchte Schüler der Oberstufe verteilt. An die, die absolut zuverlässig sind, an die mit den besten Noten und dem tadellosen Benehmen. Die dürfen aus dem schlichten Internatsbau am Fuß des Hügels ausziehen und hier oben wohnen, ohne Aufsicht. Eine sturmfreie Bude sozusagen, in der es natürlich nicht wirklich stürmen darf.

»Als wir in der Fünf waren«, sagt Stephan, »gingen wir jeden Morgen von der Villa Stella zur Schule runter und am Jägerhaus vorbei. Und ich dachte: Wenn ich dahin komme, habe ich alles erreicht. Da haben wir drauf *hingelebt.*«

Einfach der Beste sein. Nach oben kommen. Und der Reichtum der Eltern? Spielt bei der Sortierung der Kinder keine Rolle? Nöö. »Wer sich darauf was einbildet, kriegt hier was vor den Bug gesetzt.« Die Porsches der Eltern? Dürfe man höchstens mal aus Jux anführen. Klamotten? Okay. Der Chor trage geschlossen Barbour-Wachsjacken, aber das sei ja Mainstream. Beziehungen? »Die haben hier viele schon, bevor sie in die Schule kommen«, sagt Stephan cool. »Weil ihr Vater jemand ist, der mit Herrn Henkel zum Lunch geht.« Im Übrigen: Gegen Connections habe er gar nichts, die Frage sei schließlich, wozu man sie nutze!

»Das Maß der Dinge ist um des Menschen willen nicht der Mensch, sondern Gott«, heißt es in einem Informationsblatt. Und weiter: »Jesuitische Erziehung sucht die Bereitschaft zum jeweils Größeren, Besseren, ja zum Außergewöhnlichen zu wecken« – verbunden »mit der Bereitschaft, sie für andere einzusetzen«.

Was aus den Schülern wird? Nun, von 32 Schülern in der Fünf, sagt ein Schüler, seien jetzt, in der Oberstufe, überhaupt nur noch acht oder zehn da. Es gibt immer Überraschungen, sagt Pater Schneider. Berühmte Jesuitenzöglinge sind Heiner Geißler, Gisbert Haefs, Autor hochgelobter historischer Romane, Borges-Übersetzer. Tja, das ein oder andere Showtalent im Fernsehen – nicht mit allen möchte man sich schmücken. Vielleicht wird einer einfach Landvermesser, oder ein anderer Leiter einer großen medizinischen Forschungsstätte. Was sie alle verbindet, ist das Gefühl, Ako-Schüler gewesen zu sein. Die Schüler finden, es seien unter ihnen Leute mit Ellenbogen. Starrköpfe, die gelernt hätten, sich durchzusetzen, weil man, wenn man sich nicht durchsetze, von 30 oder 40 Leuten im Internat einfach niedergemacht werde.

Es kämen nach dem Abschluss der Schule Dinge zum Tragen, sagt Pater Schneider, die in der Schule oft kaum sichtbar gewesen seien. Unsicherheiten seien das vielleicht, die der reibungslose Schulbetrieb verdeckt habe, da könne jemand nach einem glänzenden Abi plötzlich absacken. Oder es gebe mit einem Mal eine Entfaltung, vielleicht sogar im künstlerischen Bereich, die man nie für möglich gehalten hätte. »Ich bin vorsichtig geworden mit meinen Urteilen«, sagt er. Jede Voraussage sei ein Wagnis.

Das findet Pater Schneider übrigens wunderbar.

Bernd-A. Rusinek
Deutsche Eliten im 20. Jahrhundert

»All of these people are much brighter than I – in any fair system they would flourish and thrive.« (Randy Newman, *Land of Dreams*)

1.

»Elite«, so belehrt uns der 16-bändige *Brockhaus* von 1894, bezeichne im Allgemeinen das Auserlesene oder Beste in einer Sache, und unter der Elite einer Gesellschaft verstehe man die durch Stellung, Bildung und Talent ausgezeichneten Mitglieder derselben. Was weiter ausgeführt wird, ist kaum von Interesse, da es nur mehr das Militärwesen betrifft: Elitetruppen, Jäger, Garde und Avantgarde.

Mehr als ein Jahrhundert später bestimmt die neueste, 24-bändige Ausgabe Eliten als soziale Gruppen, die sich durch hohe Qualifikationsmerkmale, große Leistungsfähigkeit und -bereitschaft auszeichnen und die gesellschaftliche Wirklichkeit prägen. Als Prägebereiche werden Wissenschaft, Politik, Verwaltung, Wirtschaft und Kultur genannt. Eine Tücke der »Elite«-Kategorie ergibt sich aus der Kombination zweier Kernsätze des Artikels: Elite und Demokratie stünden offenbar in einem problematischen Verhältnis zueinander; komplexe, modern entwickelte Gesellschaften kämen ohne Eliten nicht aus.

Was soll »Elite« sein? Wir stocken schon, wenn in dem Artikel als Kriterium für Elitezugehörigkeit »Leistung« genannt wird. Legt die Historizität von »Leistung«, »Begabung« oder »Prestige« nicht den Verzicht auf einen normativen Begriff von »Elite« nahe? Man müsste über »Elite und Nimbus« reden, über von der Öffentlichkeit großzügig eingeräumte Kreditlinien für Nieten in Generalstabs- oder in Nadelstreifen. Und wer zählt dazu? Zur Elite gehören nicht nur die eigentlichen Träger von »Leistung«, die bald »Geheimrat«, bald »Führer«, »Kader«, »Macher« oder »Entscheider« tituliert werden – auch an die Entourage ist zu denken: Modeeliten, Speichellecker und Wichtigtuer, die unvermeidlichen Prahlhänse und Partizipanten, die je nach der betrachteten Zeit »schneidig« oder »dynamisch« genannt werden und an Orden, Parteiabzeichen oder Handys, Uniformen oder gewichsten Stiefeln erkennbar sind. An diesen Typengalerien werden, wenn auch auf der Ebene der Karikatur, die gesellschaftlichen Leitbilder erkennbar, von denen Eliten getragen werden und die wiederum – häufig etwas zurücknuanciert – ihren Stil ausmachen. Die nach unten absinkenden und bis in die Unterschichten diffundierenden Stilmerkmale von Eliten belegen durch Kopie die Akzeptanz.

Wenn wir als Historiker auf die herrschenden und staatstragenden Eliten blicken – also weniger auf die kritischen und subversiven –, dann stellen sich schnell Begriffe ein, die an Chemie und Physik klebriger Stoffe erinnern: Pech und Schwefel, Adhäsion/Kohäsion und Viskosität. Herrschende Eliten weisen einen hochgradig adhäsiven Charakter auf: Man heiratet untereinander, spricht und schweigt über dasselbe, leidet an demselben, lebt im mehrfachen Sinn in eigenen Bezirken, hat eigene Journalisten und Lyriker, eigene Geschichtsmythen und Historiker. Es wurde bis weit in die Nachkriegszeit hinein ein eigener Typus herausgebildet, der sich auch auf die physische Erscheinung erstreckte. Einen preußischen General oder Großordinarius, einen Weimarer Wirtschaftsführer, einen NSDAP-Funktionär oder SS-Offizier, schließlich auch einen SED-Funktionär konnte man auf fünfzig Schritt erkennen. Von dieser Typenbildung zeugt das immer wieder vorgebrachte Staunen, wenn X eigentlich nicht wie ein Gelehrter, Y nicht wie ein Manager und Z nicht wie ein Offizier aussehe. Physische und gestische Typenbildung bei Eliten erweisen noch die Gruppenporträts der Kabinette Adenauer, Erhard und sogar Brandt. Es ist nicht der geringste Effekt von »1968«, dass derartige Zuordnungen heute weniger leicht gelingen. Vielleicht werden sie aber bei größerem Zeitabstand deutlich.

Material für Adhäsion/Kohäsion der wissenschaftlichen Eliten im Kaiserreich und in der Weimarer Republik liefert der fast beliebige Blick in Gelehrtenmemoiren als eine wichtige Selbstverlautbarungsquelle deutscher Eliten. Machen wir die Probe an den Erinnerungen eines Mediziners mit dem für das hier Darzustellende bezeichnenden Namen Friedrich von Müller (1858-1941). »Die ehemaligen Corpsstudenten«, so lesen wir bei ihm etwa über eine Berufungsangelegenheit, »wollten einen Mann mit einem ›Genitiv‹, also ›Saxo borussiae‹, ›Nassoviae‹ oder ähnlichem in ihren Kreis ziehen«, und dann, immer auf demselben Gleise:

»Ein Zufall wollte, dass mein Schwiegervater in demselben Jahre zum Rektor der Universität Marburg gewählt worden war, als ich die Dekanatsgeschäfte zu führen hatte.«
»Als neben der ... zweiten Klinik Ziemssens Josef Bauer (der Schwiegersohn Ziemssens) eine dritte, die sogenannte propädeutische Klinik abhielt ...«
»Dr. Saathoff war bald nach seinem Examen als Assistenzarzt am Augsburger Krankenhaus eingetreten, welches unter der Leitung meines Bruders Ludwig stand.«
»... mein Bruder Ernst, der Ministerialdirektor im Bayrischen Ministerium des Auswärtigen ...«
»Mein dritter Schweizer Assistenzarzt war Paul von Monakow, der Sohn des großen Neurologen Constantin von Monakow.«

Sehen wir von hässlichen Passagen wie jener ab, dass der Kollege X, obwohl prinzipieller Antisemit, »unter seinen Assistenten zwei begabte ›Leibjuden‹« gehabt habe etc., dann mag, was der Elite-Angehörige Müller schrieb, auch für Eliten in England gelten.

2.

Aber die *differentia maxima* bei allen Vergleichen bildet das »Dritte Reich«, und hier ist für einen großen Teil der deutschen Reflexions- und Funktionseliten festzuhalten und noch immer schwer zu begreifen, dass der eine und größte Teil verstrickt war bis hin zur Komplizenschaft, dass der andere Teil, die jüdischen Eliten und große Gruppen der kritischen Intelligenz, ermordet oder aus dem Land getrieben wurde und dass ein Rest, über dessen Größe seit Kriegsende gestritten wird, im Lande *und* auf Distanz blieb.

Im 20. Jahrhundert waren auf deutschem Boden vier Regime- und damit beanspruchte Elitenwechsel zu verzeichnen: Ende des Kaiserreiches und Revolution; Zusammenbruch von Weimar und »Machtergreifung« des Nationalsozialismus; Zusammenbruch des NS-Regimes mit Potsdamer Übergangsphase zur Bundesrepublik und DDR; schließlich nach 1989 in Mitteldeutschland Überführung der DDR in die politische und wirtschaftliche Gestalt der Bundesrepublik. Jeder dieser Übergänge war von revolutionärer, Stunde-Null- oder Neuanfangsrhetorik begleitet; große Teile der Eliten aus der jeweiligen Vorgängergesellschaft wurden als negativ oder sogar verbrecherisch bezeichnet: das Kaiserreich von den Entente-Mächten und der Linken; Weimar als Republik der »Novemberverbrecher« von den Nationalsozialisten und dem rechten Stahlhelm-Diskurs; der Nationalsozialismus von *allen*, und kein Mensch von Verstand wird widersprechen; die DDR schließlich vom neuen politischen und gesellschaftlichen Establishment. Für eine solche Erfahrung innerhalb von siebzig Jahren gibt es in der europäischen Geschichte des Jahrhunderts keine Parallele.

Die Denunzierung der Vorgängerelite bildete die Rechtfertigung für die jeweils neue. Aber die Neuanfangsrhetorik der Regime und Regierungssysteme wurde dadurch dementiert, dass jedesmal auf Eliten des Regimevorgängers zurückgegriffen wurde: Teils hatte man keine anderen, teils hatte und wollte man keine anderen, teils hatte und wollte man keine anderen und erlebte das Fortbestehen der überkommenen Eliten auch nicht als Problem. In jedes der genannten Regierungssysteme ragten Vorgängereliten hinein. Das Kontinuieren der Eliten über Regimegrenzen hinweg scheint also weniger von Bewertungen ihres Tuns abzuhängen als davon, ob sie bei Regime-Ende noch im arbeitsfähigen Alter stehen oder die Pensionierungsgrenze erreicht haben.

Zum Aspekt der Viskosität von Eliten kursierte im »Dritten Reich« der Witz: »Was bleibt nach der Sintflut gewiss auf dem Himalaja übrig? Staatssekretär Meissner.« Otto Meissner (1880-1953) gab dem Problem der Viskosität einen Namen. Der Mann war Jurist, promovierte, stieg im Kaiserreich innerhalb der Ministerialbürokratie auf, leitete von 1920 bis 1935 das Büro des Reichspräsidenten und von 1935 bis 1945 die Nachfolgeeinrichtung Präsidialkanzlei. Im Nürnberger Wilhelmstraßenprozess wurde er 1949 freigesprochen. Seine Memoiren waren ein Bucherfolg in der frühen Bundesrepublik. Sie tragen den niederschmetternden Titel *Staatssekretär unter Ebert, Hindenburg, Hitler* und lassen jegliche Einsichtsfähigkeit vermissen. Auf den 640 Seiten findet sich buchstäblich nichts an Selbstreflexion, und wenn Meissner die Vergangenheit kritisch bewertete wie auf den letzten anderthalb Seiten seines Buches, also auf 0,2 Prozent des Textumfangs, dann erging er sich über die »Zersplitterung der Parteien« und darüber, dass das »deutsche Volk« in der NS-Zeit sowie in den Schreckensjahren »neben den Menschenverlusten und der materiellen Einbuße auch an seinen ethischen und moralischen Werten großen Schaden erlitten« habe. Wir erkennen ein Charakteristikum des Rechtfertigungsdiskurses der alten Elite im neuen Regime: Abgehoben wird auf *den* Menschen, *das* Volk, die *Masse* sowie auf *Schreckensjahre*. Von dieser Argumentationsfigur, die das diskreditierte Regime vom Ende her betrachtet, ist natürlich die Rechtfertigung für das eigene *Hinein* zu unterscheiden. Auch hierfür bietet Meissner eine Fundgrube: Unterstrichen wird bald das Legale, bald das Unmerkliche des Hinübergleitens. »Die Machtergreifung ist legal erfolgt«, lautet eine Kapitelüberschrift; die Reichstagswahlen am 5. März 1933 seien nach dem alten Verfahren durchgeführt worden, die Zusammenstöße und Prügeleien in diesem Wahlkampf nicht spektakulärer gewesen als in den Wahlen vor dem »Dritten Reich«; die gesetzliche Handhabe für die »Schutzhaft« und damit die KZ-Einweisung sei bereits in der Weimarer Zeit geschaffen worden.

Was Meissner über die Reichstagswahlen vom März 1933 ausführte, war eine glatte Lüge. Im Übrigen ist nicht zu bestreiten, dass sich der Nationalsozialismus bereits in Weimar entwickelter juristischer Mittel bediente, die Inszenierung der Macht durch Massenspektakel vor sich ging, die Konsequenz des NS-Rassismus von vielen »Volksgenossen« nicht erkannt wurde und der »Totale Krieg« eine Schreckensphase gewesen ist. Aber es ist immer dann äußerste Vorsicht geboten, wenn ein historischer Befund die Schnittmenge mit dem Rechtfertigungsdiskurs der belasteten Eliten bildet. Daraus ergibt sich die simple Folgerung, dass das Bild des diskreditierten Regimes umso exakter geraten kann, je weiter wir uns von ihm, seinen Eliten und ihrer Entourage zeitlich entfernen. Es hat keine exaktere historische Aufklärung der Verstrickungen z. B. wirtschaftlicher oder wissenschaftlicher Eliten in die Verbrechen des »Dritten Reiches« gegeben als seit etwa 1990.

3.

Von vier Systemwechseln war die Rede und davon, dass Teile der Eliten nach jeder Zäsur mit eventueller Schamfrist und Durchquerung einer »Verwandlungszone« (Benn) ihre Rollen beibehielten. Aber Typisierungen dürfen nur heuristisch sein und nicht über die Unterschiede hinweg täuschen.

Die Republik von Weimar, darüber gibt es keinen Zweifel, ist auch an der Mentalität gescheitert, an einem gereizt-antirepublikanischen Affekt, der von den Eliten des voraufgegangenen Regimes nach Kräften gestärkt wurde. Das wird beispielhaft deutlich, wenn wir die öffentliche Wirksamkeit der alten kaiserlichen Generalität betrachten, auf die der republikfeindliche Stahlhelm-Diskurs zurückging. General von Mackensen, nach von Hindenburg zweiter Repräsentant der alten Armee, weihte 1922 die Kirche eines nach ihm benannten Dorfes; General Litzmann, später als NSDAP-Abgeordneter Alterspräsident des Reichstages, wurde 1925 Ehrenbürger Neuruppins, hielt Hunderte von Vorträgen in allen Städten des Reichs und sprach dabei nicht selten in (protestantischen) Kirchen; General Alexander von Kluck erhielt 1928 den juristischen Ehrendoktor der Universität Erlangen. Diese Männer konzentrierten sich insbesondere auf die Jugend. Mit der Republik verband sie nichts. Sie huldigten dem Kaiser in Doorn und taten Ebert als »Friedrich den Vorläufigen« ab. Dabei war der Stahlhelm-Diskurs dieser überkommenen Elite bemerkenswert dumm und ungeschickt inszeniert. War der Kaiser nicht *desertiert*? Widersprach es nicht der Ehre des kaiserlichen Generals, wenn Hindenburg Wilhelm II. anriet, ins Exil zu gehen, und sich dann als Reichspräsident gleichsam selbst an dessen Stelle setzte? Wenn immer wieder der kriegerische Charakter der »Germanen« gegenüber einem »schlappen« Frankreich, einem »feigen« England etc. hervorgehoben wurde – hatten dann die Entente-Mächte mit ihrem Versailler Kriegsschuldparagraphen nicht einfach *Recht*? Die Selbstgerechtigkeit dieser Kreise veranlasste Leo Schwarzschild, einen der führenden prorepublikanischen Journalisten, zur Überlegung, der Erste Weltkrieg sei nicht tief genug in das Reich gedrungen. Wäre er überwiegend im eigenen Land und nicht außerhalb der Grenzen geführt worden, die Vertreter der alten Armee stünden nicht wie Helden da, und man nähme ihnen die Dolchstoßlegende nicht so ohne weiteres ab.

Aber diese Elite war es nicht allein, die die Axt an die junge Republik legte. Das Ehrendoktorat für Kluck weist schon auf die Rolle der Universitäten und Professoren hin. Bezeichnend ist das Verhalten eines Groß-Ordinarius wie Gustav Roethe (1859-1926), Sekretär der Preußischen Akademie der Wissenschaften, der in seiner reaktionären Gesinnung so weit ging, als Redner bei einer Gerhart-Hauptmann-Feier das Katheder nicht zu besteigen, weil er den Reichspräsidenten Ebert nicht ansehen und anreden wollte. Derartiges Verhalten stieß bei den Studenten bekanntlich nicht auf Widerspruch, sondern wurde überwiegend von ihnen mitgetragen. Joseph Roth stellte es in seinem Artikel »Nationalismus im Abort« (*Vorwärts*, 9.12.1922) als symbolisch hin, dass der Plan, Rathenau zu ermorden, in der Mensa einer Technischen Hochschule geschmiedet worden sei.

Der Stahlhelm-Diskurs war rein destruktiv, und er wurde von einer Elitegeneration getragen, die ihre Karriere bereits hinter sich hatte. Das eigentlich vorwärtstreibende Element im Nationalsozialismus waren die Jahrgänge von 1900 bis 1910, großen Teils mit akademischer Ausbildung, die sich vom Weimarer »System« um ihre Karrieren betrogen sahen, um ihren »Lebensraum«, wie seit Ende der zwanziger Jahre immer wieder formuliert wurde. Aus dieser in der letzten Zeit intensiv erforschten Altersgruppe rekrutierte sich zumindest im Kriege die Elite des »Dritten Reichs«. Soweit sie Krieg und Nachkriegszeit überlebte, war diese Gruppe jung genug, um wieder Führungspositionen einzunehmen. Dass der Nationalsozialismus ein Phänomen der jungen Leute war, wurde von zeitgenössischen Beobachtern wie Thomas Mann und Friedrich Meinecke unterstrichen. Bis heute war kein deutscher Kanzler bei Regierungsantritt jünger als Hitler; Baldur von Schirach war zum Zeitpunkt der »Machtergreifung« 25. Für den 1928 verstorbenen Max Scheler war Jugendlichkeit eines der hervorstechenden Merkmale des italienischen Faschismus.

Um den für die deutsche Geschichte so fatalen »1910er-Jahrgang«, die Elite der Kriegszeit, etwas zu umreißen, genügen drei Zahlen und fünf Modeworte und Parolen aus den Jahren 1929-1933.

Die Zahlen: 150 000 Anwärter auf akademische Positionen; Jahresbedarf 10 000 Akademiker; jährliche »Produktion« 20 000 bis 30 000 Akademiker.

Die Modeworte und Parolen: »Berufsnot« »überflüssige Generation«, »Akademikerschwemme«,. »Überfüllung der Universitäten«, »Schafft Lebensraum für geistige Arbeiter«.

In einer Schrift mit dem bezeichnenden Titel »Mord an der Zukunft« hieß es 1929 über die »junge Generation«, dies seien »Menschen, die auf Brot erst rechnen können, wenn ihnen die Zähne ausfallen, es zu essen«. In der 1932 von der »Gemeinschaft junger Akademiker« herausgegebenen Broschüre *Student in Not* wurde als Kritik eines Professors an der studentischen Selbsthilfe wiedergegeben, diese sei bei der augenblicklichen und der noch viel schlimmeren künftigen Not zwecklos, und man tue einem mittellosen jungen Mann keinen Gefallen, wenn man ihn studieren lasse, da er nach Ablegung der Prüfung ohnehin arbeitslos sein werde. Der Professor schlug vor, sämtliche Unterstützungen an Studierende wegfallen zu lassen, dann könnten die Universitäten wenigstens von der zu großen Zahl Studierender befreit werden. Die Vorschläge liefen auf ein »Hängt euch auf!« an die Adresse der Studierenden hinaus. Von deren Not, so Friedrich Hielscher 1931 in seinem Kultbuch *Das Reich*, bemerke die Öffentlichkeit »wenig mehr als diesen oder jenen Selbstmord – und wem fällt das in unserer Zeit auf? –, diesen oder jenen kindlichen Ausbruch der Wut«.

Bereits 1930 forderte Hitler eine frustrierte, ausgeschlossene Akademikergeneration, für die die Zukunft eine geschlossene Veranstaltung schien, dazu auf, »sich reiches Wissen anzueignen, damit sie im neuen Reich führende Stellungen einnehmen könnten«. Im Sommer 1931 war die Mehrheit der Studenten nationalsozialistisch eingestellt. Sie sahen sich vielfach als Opfer einer Sparpolitik an, deren ganze Weisheit darin bestand, den Haushalt zu balancieren. »Die Einnahmen gingen zurück, also mussten die Ausgaben radikal beschnitten werden. Voraussetzung dafür waren Einsparungen auf allen Gebieten« (Karlheinz Dederke, *Reich und Politik*, ^{6}1991). Über die Notverordnungen kursierte das Wort, »die Regierung verordne die Not«.

An Warnungen vor den Konsequenzen einer Politik auf Basis nurwirtschaftlichen Denkens hat es nicht gefehlt. In *Die akademische Berufsnot* beschwor Reinhold Schairer 1932 die von den Tausenden voll ausgebildeter, aber aus dem Lebensprozess ausgeschalteter Akademiker ausgehende Gefahr. 1933 emigrierte er nach England. Ein Wiener Geisteswissenschaftler schrieb 1930, die Arbeitslosigkeit sei allgemein eine Gefahr, aber die Akademiker-Arbeitslosigkeit eine noch weit größere, weil sie eine kulturelle Elite treffe. Ebenfalls 1930 wurde in der Schrift »Schafft Lebensraum für geistige Arbeiter in der Welt« darauf hingewiesen, dass im Problem der arbeitslosen Geistesarbeiter schwerere Gefahren für den Weltfrieden lägen als in den Aufwendungen für militärische Rüstungen.

Man wird sagen können, dass durch politische Indolenz vor allem in der Brüning-Ära eine antirepublikanische Jungakademikerelite herangezogen und dem Nationalsozialismus in die Arme getrieben worden ist. Dieser Aspekt der Eliten- und »Machtergreifungs«-Geschichte wurde bis weit in die 1960er Jahre kaum bedacht, anscheinend – so Hans Mommsen – wegen der Aufwertung des Weimarer politischen Systems im Zeichen der *reeducation* und der Anknüpfung der bundesdeutschen politischen Eliten an die Weimarer Zeit. Eric Hobsbawm im *Zeitalter der Extreme* und Pierre

Bourdieu in seinen Attacken gegen die »pensée Tietmeyer« haben in jüngster Zeit auf möglicherweise verderbliche Folgen geschichtsvergessener Krisenbewältigungspolitiken hingewiesen.

Die sogenannte 1910er-Generation wäre nicht im emphatischen Sinne *Generation* gewesen, hätte sie sich nicht von der vorausgegangenen und wilhelminisch geprägten abgesetzt. Sie charakterisierte das Mentalitätsmoment der »Sachlichkeit« im Gegensatz zur wilhelminischen Gefühlskultur. Karl Jaspers nannte in seiner Analyse der »geistigen Situation unserer Zeit« von 1931 Sachlichkeit die »innere Haltung in dieser technischen Welt«. Das Individuum sei in Funktionen aufgelöst. Ein Angehöriger des »Tat«-Kreises bestimmte den Stil der Sachlichkeit bei dieser jungen Generation als »außerordentliche Kälte und Zurückhaltung nach außen« bei gleichzeitiger »Intensität des Gefühls und Willens«; ein solches Gebaren sei »bisher den deutschen Menschen nicht eigentümlich« gewesen.

Geistesgeschichtlich weist der Sachlichkeitsbegriff ganz verschiedene Dimensionen auf. Der sachlich nüchterne Blick auf die Fakten ermöglichte sehr wohl auch den Zugang zur Republik. Helmut Lethen nennt Max Webers »Wissenschaft als Beruf« (1919) »ein eindrucksvolles Gründungsdokument neusachlicher Verhaltenslehren«. In der »Sachlichkeit« kreuzten sich so unterschiedliche Linien wie Fordismus und Rationalisierungsbewegung, Bauhaus und literarische Moderne, Rassismus als neusachliche Klassifizierungssucht, eugenische Bewegung.

Aber ebenso war der generationelle Stil der Sachlichkeit gleichsam die mentale Welteislehre der um 1910 geborenen SS-Elite, zu der auch ein Hans Schneider (1909 bzw. 1910-1999) gehörte – nach dem Kriege als »Hans Schwerte« ein namhafter Hochschulgermanist. In seiner Studie über Werner Best, einen der ranghöchsten SS-Funktionäre, beteiligt an NS-Verbrechen, führend im *think-tank* der SS, hat Ulrich Herbert die Prägung der »1910er« durch den Stil der »Sachlichkeit« – Kühle, Härte, Selbststilisierung zum kalten, entschlossenen Kämpfer – als Schlüssel für das Verständnis dieser Elite biographisch rekonstruiert.

In *Der Ruf* vom November 1946 gab Nicolaus Sombart eine geradezu klassische neu-sachliche Bestimmung des Elitebegriffs: Elite als wertneutrale Funktion, als »Qualitätsbezeichnung, weiter nichts«, unter die ein Sowjetkommissar, amerikanischer Senator oder Parteiboss nicht weniger falle als der Edelmann und fabrikbesitzende Bourgeois von ehedem. Wir erkennen, dass der Denkstil der Sachlichkeit auch Vehikel für die Reise vom »Dritten Reich« nach Potsdam-Deutschland sein konnte.

Aber die mentale Welteiskonzeption der »Sachlichkeit« ist nicht für alle Eliten kennzeichnend, die dem NS-Regime ihre Fähigkeiten zur Verfügung stellten. Häufiger dürfte simpler Opportunismus maßgebend gewesen sein – so bei zahlreichen Beamten. Im Deutschen Reich waren 1933 etwa 2,3 Prozent der Gesamtbevölkerung Beamte. Bis 1933 war diese Gruppe unter den NSDAP-Mitgliedern noch mit weniger als *acht* Prozent vertreten. Zwischen »Machtergreifung« und Mai 1933 traten die Beamten in Scharen ein und stellten unter den sogenannten »Märzgefallenen« mehr als *achtzig* Prozent.

Für die wirtschaftlichen Eliten war zweifellos das nationalsozialistische Versprechen attraktiv, mit der organisierten Linken aufzuräumen. Selbstverlautbarungen aus Managementkreisen sind aber im Allgemeinen wenig zuverlässig. Das gilt auch für den 1898 geborenen Walter Rohland, der als »Panzer-Rohland« oder »Panzer-Diktator« in die Geschichte der Wehrwirtschaft einging, doch stellte er sich wenigstens nicht als direkter Widerstandskämpfer dar. Bereits 1929, zu einer Zeit, über die rückblickend geschrieben wurde, die nicht arbeitslosen jungen Akademiker hätten allerhöchstens noch als rechte oder linke Hände unsagbar trotteliger Chefs ein Unterkommen finden können, war Rohland Vorstandsmitglied der Deutschen Edelstahlwerke. Er sei am 1. Mai 1933 in die NSDAP eingetreten, schrieb er 1978 in seinen *Erinnerungen eines Eisenhüttenmannes*, um eine wirtschaftsfeindliche Radikalisierung der NSDAP – und damit das für ihn Schlimmste – zu verhindern. Von Fritz Todt (1891-1942), Reichsminister für Bewaffnung und Munition, wurde Rohland zum Leiter des Panzerausschusses ernannt. Nach dem Kriege war er lange im »Sonderlager Schloss Kransberg« im Taunus interniert. Wenn die Trennung von der Familie und die Ungewissheit über die persönliche Zukunft nicht gewesen wären, so Rohland, »man hätte den Aufenthalt fast als Erholungsurlaub bezeichnen können«. Fast alle seine Kransberger Mithäftlinge, darunter mit Abraham Esau der Präsident der Physikalisch-Technischen Reichsanstalt und Leiter des deutschen Kernenergieprojekts ab 1942, machten nach dem Kriege in Deutschland erneut Karriere. Rohland aber, nicht zuletzt zuständig für Zwangsarbeiter- und Häftlingseinsatz im Panzerbau, hatte sich überexponiert. Er wurde als internationaler Industrieberater tätig. Bei der Erarbeitung seiner Memoiren beriet ihn Günther Franz, Historiker an der Universität Stuttgart-Hohenheim, der noch im Frühjahr 1945 als SS-Hauptsturmführer zum *think-tank* des SD für die Zeit ›danach‹ gezählt hatte. Eliten haben ihre Historiker.

Der Stahlmanager »Panzer-Rohland« setzte seine Erfahrungen nach Kriegsende und Internierung vorwiegend in Entwicklungsländern ein. Sein Weg hatte vom »Dritten Reich« in die »Dritte Welt« geführt, aber er war Angehöriger der wirtschaftlichen Elite geblieben. Wir treffen hier abermals auf den Aspekt der Viskosität. Er galt nicht für die ausgemachten und erkannten Schinder und Verbrecher und zumeist auch nicht für die *homines novi* des Regimes, jene ›idealistischen‹ Nationalsozialisten und

»Alten Kämpfer« aus den unteren Rängen der Gesellschaft, die sich ab 1933 etwa als Kreis-, Ortsgruppen- und mitunter sogar als Gauleiter, als Bürgermeister oder Landräte in die lokalen und regionalen Eliten hatten einschleichen können. Sie wurden – klammern wir Haftstrafen ein – nach 1945 oft auf die gesellschaftliche Position zurückgestuft, von der sie in der »Kampfzeit« ihren Aufstieg genommen hatten.

4.

Unmittelbar nach Ende des Zweiten Weltkrieges wurde zunächst die künftige Großwetterlage abgewartet. Zwar finden wir vielfach die Schutzsuche unter dem Mantel der Kirche, und man nannte die Bekehrten nach 1945, deren Motive vom Absichern bis zum ordinären Opportunismus reichten, den »christlichen Neuadel teutscher Nation«, aber charakteristischer dürfte die Haltung eines Münchner Professors gewesen sein, der sich weigerte, einen Artikel über den schwedischen Forscher und Kollaborateur Sven Hedin zu schreiben, weil er nicht wusste, welche Haltung nun am Platze sei.

Über die deutschen Universitäten schrieb Max Dessoir (1867-1947) 1946, nun würden die Jahre vor 1914 als Blütezeit und Perikleisches Zeitalter Deutschlands gelten, dem als Norm und Muster nachgestrebt werde. Diesen Eindruck gewann auch der Präsident der amerikanischen National Academy of Sciences im Jahre 1964, wenn auch mit kritischer Attitüde: Die leitenden deutschen Wissenschaftler nach 1945 seien vorwiegend ältere Herren gewesen und hätten nach den Erfahrungen mit der NS-Herrschaft die Uhr auf die beste Zeit zurückgestellt, die sie kannten, »nämlich die Zeit vor dem Ersten Weltkrieg«.

Wie die Unruhen nach Niemöller-Vorträgen untermauern, waren viele Studierende der ersten Nachkriegsgeneration zumindest nationalistisch eingestellt. In diesem Zusammenhang berichtete die *Süddeutsche Zeitung* vom 1. 2. 1946 über »nationalistische Umtriebe an der Universität Erlangen«. Regelmäßig hagelte es studentische Proteste gegen Entnazifizierungen von Hochschullehrern. Die Studierenden handelten dabei jedoch keineswegs immer aus einer pro-nationalsozialistischen Einstellung heraus. Vielmehr wollten sie nach den »sechs verlorenen Jahren« möglichst schnell einen Abschluss erlangen. Als sie aufgrund der Entnazifizierung immer mehr Lehrstühle verwaist fanden, befürchteten sie ein verkapptes akademisches Morgenthau-Projekt. Für diese Sorge hatte sogar Alfred Andersch Verständnis. Im *Ruf* vom 1. 1. 1947 publizierte er eine rund 50 illustre Namen umfassende Liste emigrierter Hochschullehrer, um deren Rückkehr sich die deutschen Behörden bemühen sollten.

Der Ruf nach Fachleuten – wenn auch nicht in der von Andersch vorgeschlagenen Weise – erscholl praktisch bereits, als die Trümmer noch rauchten. Über den Ingenieur schrieb Gerd Hortleder, er sei aus dem Zweiten Weltkrieg als »Sieger der Niederlage« hervorgegangen; von Zerstörung und Aufbau gleichermaßen profitierend, konnte er in seinem Beruf »fast so weiterleben, als habe es den 8. Mai 1945 nie gegeben«.

Dass die Alliierten deutsche Patente verwerteten und eine Reihe von Forschungsverboten aussprachen, aber deutsche Wissenschaftler zu sich ›einluden‹, um sie genau auf diesen Gebieten arbeiten zu lassen, war der Stachel im Fleisch der frühen Wissenschaftspolitik. In einer Resolution aus der Zeit der Währungsreform hieß es, die Wissenschaft sei eines der ganz wenigen Gebiete, »auf denen die Welt unsere Gleichberechtigung willig anerkennt«; die Wissenschaft sei »das gegebene Sprungbrett für die Wiedererlangung unserer moralischen Geltung«. Es wurde als Bestätigung dieser Auffassung angesehen, dass Otto Hahn (1879-1968) am 15. November 1945 den Chemie-Nobelpreis des Jahres 1944 für die Entdeckung der Kernspaltung erhielt. Hahn konnte den Preis erst Ende 1946 entgegennehmen, da er bis April 1946 in England interniert gewesen war. Ein normativer Begriff von »Entnazifizierung« soll hier nicht entworfen werden. Es ist daher auch nicht zu diskutieren, ob dieser Nobelpreis nicht gleich in mehrfacher Weise fatal gewesen ist. Für die deutsche Wissenschaft hatte die Ehrung ungefähr dieselbe Wirkung wie die Fußballweltmeisterschaft 1954 für den deutschen Sport.

Bestärkt durch internationale Anerkennungen deutscher Wissenschaftler, den Wind des beginnenden Kalten Krieges im Rücken, die materiellen Probleme einer zertrümmerten Gesellschaft vor Augen, in die Millionen von Flüchtlingen hineinströmten, begann für die deutsche wissenschaftliche Elite und ihre Institutionen tatsächlich eine Restauration. Ein Beispiel ist die 1950 gegründete Vorgänger-Institution der heutigen Rheinisch-Westfälischen Akademie der Wissenschaften. Sie wurde fast durchgängig mit Wissenschaftskoryphäen der NS-Zeit besetzt – zusammengerufen von einem sozialdemokratischen Ingenieur und Forschungspolitiker sowie einem christdemokratischen Ministerpräsidenten.

Im Ergebnis einer Politik nach dem Motto ›Fachleute werden immer gebraucht‹ lag der Anteil von NS-Parteigenossen in manchen Ministerien 1954 höher als 1940 (Ulrich Herbert). Als besondere Hochburg der »Ehemaligen« galt das Auswärtige Amt. Nach Max Weber gehört eine »einmal voll durchgeführte Bürokratie« zu den »am schwersten zu zertrümmernden sozialen Gebilden«. Es fällt nicht schwer, dafür sprechende Beispiele anzuführen, und zwar aus der Zeit vor 1951, als die sogenannten »131er-Beamten« in mehreren Schüben bis 1965 weitgehend in den Staatsdienst wiederaufgenommen wurden. Die Ausnahmen betrafen vor allem die

Gestapo und die SS, weil sie vom Nürnberger Kriegsverbrechertribunal zu verbrecherischen Organisationen erklärt worden waren.

Belehrend ist der Einzelfall. Ein leitender Beamter der Oberfinanzdirektion Münster, Jurist, war im »Dritten Reich« maßgeblich an der Ausraubung der Juden beteiligt gewesen. 1941 hatte er an einer vertraulichen Besprechung teilgenommen, bei der eine einheitliche Regelung »für den bevorstehenden Abtransport der Juden« erzielt werden sollte. Zwar definierte er bei dieser Gelegenheit die Finanzverwaltung als »Beauftragte des Staates für die Verwertung des Judenvermögens«, erklärte aber 1946, die Finanzverwaltung habe mit den Enteignungen der Juden »nichts zu tun gehabt«. Zu seinen Aufgaben gehörte nun die Entschädigung der ausgeraubten Juden, soweit sie oder deren Angehörige überlebt hatten. Er stellte sich sogar als Mann des Widerstands hin, der wegen seiner »ablehnenden Einstellung zum nationalsozialistischen Staat« und wegen Schwierigkeiten mit der NSDAP von Beförderungen ausgeschlossen gewesen sei. Am 9. 4. 1949 wurde er zum Präsidenten des Finanzgerichts Düsseldorf ernannt. Wie mag es in den Köpfen solcher Männer zugegangen sein, die im Kriege Hab und Gut von deportierten Juden verwerteten und nach 1945 Anträge auf Entschädigung pflichtgemäß herunterschraubten? Leiden an der existenziellen Verlogenheit? Zwiebelkeller? Friedrich Hielscher gab in den 1950er Jahren eine ernüchternde Antwort: Es gehe wahrscheinlich ganz leicht, »und unsereiner ist nur zu dumm, es zu begreifen«.

Das ließe sich auch auf die DDR beziehen; ihre staatliche Identität bestand in einem »Antifaschismus«, der sie sowohl vom voraufgegangenen NS-Regime wie vom Systemkonkurrenten Bundesrepublik kämpferisch und mit immer wieder erneuertem Pathos absetzen sollte. Auch hier wurden Fachleute gebraucht. Bereits zur Zeit der Waldheimer Prozesse von April bis Juni 1950 hatte sich die DDR mit vielen ehemaligen Nationalsozialisten arrangiert, soweit diese bereit waren, ihr zu geben, was des Staates ist:

Der erste Präsident des Obersten Gerichts der DDR war ein ehemaliger SA-Mann, »Pg« und Kriegsgerichtsrat.
Erster Generalstaatsanwalt der DDR wurde ein Träger der »Treuemedaille des Führers«.
Der Intendant des DDR-Senders Weimar war einst Ehrenzeichenträger, Präsident der Reichsrundfunkkammer und Abteilungsleiter Rundfunk im Reichspropagandaministerium.
Arnold von Lenski war am Volksgerichtshof an Todesurteilen beteiligt gewesen; in der DDR baute er die Panzerverbände der kasernierten Volkspolizei auf, beendete seine Laufbahn als NVA-General und wurde 1957 als verdienter antifaschistischer Kämpfer ausgezeichnet.
Bis 1953 waren Zehntausende ehemaliger NSDAP-Mitglieder in die SED aufgenommen worden. Ehemalige NSDAP-Kreisleiter wurden SED-Kreisleitungsmitglieder, Partei-Organisatoren und Leitungsmitglieder der Grundorganisationen.

Für die Bundesrepublik ist bei aller Dreistigkeit, die Angehörige der nationalsozialistischen Eliten nach 1945 bisweilen an den Tag legten, festzuhalten, dass sie sich in den fünfziger Jahren doch halbwegs zur Demokratie entwickelte – auch in den Augen der meisten ihrer Kritiker. Eine neue nationalsozialistische Bewegung hatte keine Chance. Anders wäre es womöglich gewesen, wäre es nicht gelungen, die materielle Not der »Zusammenbruchsgesellschaft« (Christoph Kleßmann) zu überwinden. Das Wirtschaftswunder wirkte als Sedativum und hatte objektiv eine entnazifizierende Funktion. Auch haben die Forschungen von Norbert Frei gezeigt, dass die latente Drohung der Alliierten, im Falle einer Renazifizierung einzugreifen, eine heilsame pädagogische Wirkung erzielte. Freilich sind auch Lernprozesse zu konzedieren. Die Gleichung ›Einmal Nazi = Immer Nazi‹ verfehlt die historische Realität und operiert mit einem abwegigen, weil statischen Identitätsbegriff. Ein Verhalten wie jenes von Gustav Roethe gegenüber dem Reichspräsidenten Friedrich Ebert, über das oben berichtet wurde, wäre in den fünfziger Jahren vor Theodor Heuß undenkbar gewesen. Es gab auch kein relevantes, die Bundesrepublik gefährdendes Pendant zum Stahlhelm-Diskurs der Weimarer Zeit. Die rechten Diskurse jener Jahre – Anti-Versailles, Dolchstoß, Erfüllungspolitik – wiesen aus der Republik hinaus; die rechten Diskurse der fünfziger Jahre – Kalter Krieg, Abendland – wiesen in die Republik herein. Wir müssen also zwischen rechten Zentrifugaldiskursen der Weimarer Zeit und rechten Zentripetaldiskursen der frühen Bundesrepublik unterscheiden. Antikommunismus- und Abendland-/Europa-Ideologie boten zudem maßgeblichen Ideologemen der Jahre bis 1945 Andock-Chancen für die neue Zeit. Wurde eine solche Unterscheidung nicht getroffen und wurden zudem *strukturaliter* und *personaliter* nicht auseinander gehalten, sah das Bild freilich anders aus. Dann wurde – wie bei dem »Umgang mit der NS-Zeit im politischen Diskurs der 68er-Bewegung« (Thamer) – die Bundesrepublik zum quasifaschistischen Staat. Auf der personalen Ebene und angesichts des Kleinschreibens der NS-Vergangenheit konnte ein studentischer Engagé der sechziger Jahre – versetzen wir uns ›historistisch‹ in dessen Wahrnehmungshorizont – eine ganze Reihe von Gründen herzählen, sich vom »Faschismus« und von »Faschisten« geradezu umzingelt zu fühlen.

Wenn ihre Angehörigen *nolens volens* dem neuen Konsens zustimmen oder nichts gegen ihn unternehmen, bietet das Fortwirken alter, diskreditierter Eliten eine Reihe von Vorteilen: Erfahrungen und Kenntnisse können genutzt werden; auftretende Widersprüche und Probleme sind mit Mauer- und Wühltätigkeit sowie ›Seilschaften‹ erklärbar; der Oberländer-Effekt stellt andere ›Ehemalige‹ ruhig; belastete Angehörige der alten Eliten sind leicht steuerbar – ein Aspekt des Globke-Phänomens, der nicht genügend berücksichtigt wurde. Aber solch nüchterne Betrachtungen benötigen einen Aufwand an Zynismus, der selbst als »elitär« verschrien ist.

Jeder Blick auf die deutschen Eliten im 20. Jahrhundert muss sich intensiv mit der NS-Zeit und ihrer Nachwirkung befassen. Der Elitebegriff ist durch diese Erfahrung diskreditiert.

Historisch betrachtet sollte das Spannungsverhältnis zwischen Elite und Nicht-Elite auf sehr unterschiedliche Arten gelöst werden: *Nach unten hin*, indem eine Rasse wie die »arisch-germanische« in Gänze zur Welt-Elite erklärt wurde, deren Aufgabe es sei, zunächst ein ›auserwähltes Volk‹ auszurotten; *nach oben hin* durch Umgestaltung der Verhältnisse und damit verbundene Hinaufmendelung der schöpferischen Potenzen *aller* – man denke an Charles Fouriers (1772-1837) sozialutopischen Traum von den Millionen Homeren oder an Trofim Lyssenkos (1898-1976) biogenetisch-sozialutopische Vision vom überlegenen Sowjetmenschen mit seinen durch die Verhältnisse veränderten Erbanlagen. Inzwischen haben Züchtungs- und genetische Umgestaltungsphantasien durch ›Humanitätsborn‹-Phantasmagorien jäh wieder Aktualität erhalten. In Michel Houellebecqs »Elementarteilchen«-Roman kommen sie feministisch und bei Peter Sloterdijk von der Gentechnik inspiriert daher; beide Male geht es um eine neue humanitäre Elite, wogegen es in Gottfried Benns »Züchtungs«-Aufsatz von 1933 um eine grausame Elite gegangen war (»wer lange herrschen will, muß weit züchten«). Aber, wie der Laudator bei der Verleihung des Georg-Büchner-Preises 1951 ausführte: Benns vorübergehendes Bekenntnis zum Nationalsozialismus war doch nur der »grandiose Irrtum eines Intellektualisten«.

Joachim Radkau
Aloha – Vom Abheben deutscher Eliten

Die verborgenen Inseln der Insider und die Demokratisierung der Nervosität

Neudeutsche Eliten, Stress-Strategien und Exotismus: bei diesem Thema kommt mir immer wieder ein Bild in Erinnerung, das vor vielen Jahren durch die Presse ging. Da war ein Hamburger Bordellkönig von einem Killer im Auftrag der Konkurrenz umgelegt worden; die Branchenkollegen gaben sich jedoch Mühe, die Beerdigung würdig und repräsentativ zu gestalten. Dazu stifteten sie ein Riesengesteck weißer Rosen in der Form eines Super-Mercedes, und innen drin stand nur das Wort ALOHA. Das war der damals aus dem Exotik-Schlager bekannte Gruß aus Hawaii, der ebenso »Liebe« wie »Leb wohl!« bedeuten kann.[1] Er sollte offenbar einen lässig-lustbetonten Playboy-Umgang mit dem Tod signalisieren. An und für sich sind die Reeperbahn- und Rotlicht-Bosse keine ganz unangefochtene Elite, trotz ihrer dicken Wagen; und bei allem faulen Abzockertum sind sie – wie dieser Tod zeigt – offenbar einer eigenen Art von Stress unterworfen. Da erklang mit ALOHA eine Lebensphilosophie der Lust, der Abgehobenheit von den Alltagsmenschen. Wider Willen echote der Gruß aus der Südsee allerdings auch die Schnulzenwelt einer Pseudo-Elite.

Das soll das Stichwort zu einem ersten Streifzug in eine Terra Incognita neudeutscher Mentalitätsgeschichte sein, einen schwer durchschaubaren und doch allgegenwärtigen Motivdschungel. Da verknotet sich mehreres: demonstrativer Lebensgenuss als Elitemerkmal; Strategien der Stressbewältigung und Stressverleugnung; das Exotische als Transzendenz des Alltäglichen. Und dabei immer die Frage: Was ist bei alldem Camouflage, was sind bloße Seifenblasen, und wo hat man etwas Echtes – eine vitale Erfahrung von lustvoller Ruhe und höherer Lebensqualität? Die Suche nach Sinn und Wonne in einer exotischen Welt ist seit langem ein internationaler Trend, der sich von den Eliten zu den Möchte-gern-Eliten fortpflanzt. Schon in den sechziger Jahren schildert John Ardagh aus der Frühzeit des Club Méditerranée, wie am Ende eines Urlaubs in einem Tahiti-Dorf beim sizilianischen Cefalù ein Pariser Elektroniker, eine Psychologin aus Abbeville und eine englische Redakteurin in einer »wilden

Polonaise« ein neues Clublied singen: »Nos soucis et nos peines loin derrière nous / Nous reviendrons un jour à Cefalù-uu-uuu-uu-uuuu!« (»Unsere Sorgen und unsere Nöte weit hinter uns / Eines Tages kehren wir zurück nach Cefalù!«)[2] So nationenübergreifend dieser Exotismus auch sein mag, so sind doch nach dem, was wir wissen – ob man die Statistiken des Tourismus oder qualitative Beobachtungen nimmt –, die Deutschen in den letzten vierzig Jahren mit besonderer Leidenschaft dabei.

Das Fernweh hat in Deutschland eine alte Tradition; aber die längste Zeit blieb es bei den meisten Deutschen unbefriedigt. »Wie froh bin ich, dass ich weg bin«: Dieser erste Satz von Goethes *Werther* könnte als Motto über einer deutschen Mentalitätengeschichte stehen: als das Grundmuster einer Externalisierung der eigenen seelischen Spannung (die allerdings im Falle Werthers am Ende bekanntlich nicht gelingt). Ein Nichtzurechtkommen mit sich selbst verquickte sich oft mit einem »Nichts-wie-weg«-Drang gegenüber dem eigenen Land. »Ich bin typisch deutsch«, sagt die Filmemacherin Doris Dörrie. »Und dazu gehört eben auch, sich ständig untypisch fühlen zu wollen.« Und auf die Frage, ob sie schon einmal ans Auswandern gedacht habe, prompt und heftig: »Immer, immer, immer. Ich bin ja dauernd unterwegs, und die Versuchung besteht immer, anderswo zu bleiben ... In meiner ganzen Familie träumen immer alle von woanders ... Es scheint unsere Nationalkrankheit zu sein, uns woandershin zu träumen. Wir sind ja auch die absoluten Cracks in der Tourismusindustrie. Keiner verreist soviel wie die Deutschen. Spanier verstehen überhaupt nicht, warum wir dauernd wegwollen.«[3]

Natürlich hat der Nichts-wie-weg-Drang mit einer mangelnden Kunst des Da-Seins zu tun. Dass diese Mentalität gerade unter deutschen Intellektuellen und Besserverdienern zur Massenpsychose wurde, ist eigentlich merkwürdig; denn einst, im frühen 19. Jahrhundert, waren Gemütlichkeit und Heimatliebe zu charakteristischen Elementen des deutschen Selbstgefühls geworden. Es wäre nicht richtig, das »Prosit auf die Gemütlichkeit« und »Heimat, süße Heimat« bloß als bierseliges Phrasengebräu zu verstehen. Ohne Zweifel handelte es sich um vitale Erfahrungen, die gegenüber dem Stress und Mobilitätsdruck des Industriezeitalters ihren besonderen Wert bekamen. Heinrich Heine konnte sich über die deutsche Gemütlichkeit mokieren; aber als er in London über die dortige »grauenhafte Hast der Liebe, des Hungers und des Hasses« stöhnte, überkam ihn das Heimweh: »Wieviel heiterer und wohnlicher ist es dagegen in unserem lieben Deutschland! Wie traumhaft gemach, wie sabbatlich ruhig bewegen sich hier die Dinge!«[4] Fontane, sonst sehr anglophil, der schrieb, dass der Deutsche in London aus dem Staunen nicht herauskomme, bekannte gleichwohl: »Mitten in unser Staunen hinein mischt sich eine unendliche Sehnsucht zurück nach unserm kleinbürgerlichen Deutschland, wo man so garnicht zu repräsentieren, aber so prächtig, so bequem und so gemütlich zu leben versteht.«[5]

Lang, lang ist's her. Was folgte, lässt sich als eine Krise der deutschen Lebenskunst verstehen, die bis heute reicht. Diese wurzelt letztlich wohl in einer Krise der deutschen Elitekultur, einer Widersprüchlichkeit der Leitbilder. Hans-Ulrich Wehler hat zwar die Gesellschaft des deutschen Kaiserreichs durch eine starre »Matrix« autoritärer Sozialisationsprozesse charakterisiert[6]; aber im Vergleich mit England und Frankreich, mit deren ausgeprägtem Eliteschulwesen und Elitestil fällt am Deutschen Reich eher das Fehlen einer Elitekultur mit reichsweiter Ausstrahlung auf. Die preußischen Junker waren in Hamburg, Köln und München Witzfiguren. Die regionalen Eliten des alten Deutschland vertrugen sich nur leidlich miteinander. Das von Thomas Mann in den *Buddenbrooks* geschilderte peinliche Ehefiasko zwischen Toni Buddenbrook, der hanseatischen Patriziertochter, und dem bajuwarischen Urviech Permaneder ist bezeichnend. Gemütliche Bierseligkeit und leistungsbewusste Straffheit kamen oft nicht leicht zur Harmonie, wenn sie sich auch nicht selten in ein und demselben Menschen vereinten und als Gegengewichte sogar nützlich sein konnten. Die schlagenden und saufenden Verbindungen waren für viele Deutsche die erste Sprosse auf der Karriereleiter; aber schon vielen Prominenten des Kaiserreichs war die Sauferei ein Horror, und der *Simplicissimus* machte die aufgedunsenen Korpsstudenten mit ihren Bierbäuchen lächerlich. Jugend-, Naturheil-, Hygiene- und andere Reformbewegungen jener Zeit waren sich einig in ihrem Abscheu vor der Sauf-, Tabakqualm- und Kneipenkultur und in dem neuen Ideal einer nüchternen, sportlich durchtrainierten, von Gesundheit strahlenden Elite mit klarem Blick und sauberem Teint.[7] Viele Krankenakten der um 1900 wie Pilze aus dem Boden schießenden Nervenheilstätten lassen erkennen, dass eine Lebens- und Arbeitsform, bei der man sich wohl in seiner Haut fühlte, nicht gefunden war und dass sich im Zuge des explosionsartigen industriellen Wachstums seit den 1870er Jahren viele Deutsche mit der nervlichen Anspannung übernahmen und ihre Verdauung ebenso wie ihre sexuelle Genussfähigkeit schwer beeinträchtigt wurde. Wenn seit 1880 die Nervosität für Jahrzehnte zum Modethema wurde, so war das kein bloßes Rauschen im Blätterwald, sondern Reflex eines tiefen und weitverbreiteten Unbehagens.

Schon damals entstand rasch ein intimer Konnex zwischen Nervosität und Reisen.[8] Ein üblicher Spontanreflex auf die Selbstdiagnose »Neurasthenie« war der Drang, auf Reisen zu gehen; und viele Ärzte – im Bewusstsein, kein wirkliches Remedium gegen die Nervenschwäche zu haben – fügten sich gern den Wünschen ihrer Patienten, auch wenn sie nach außen hin bei Diagnose und Therapie auf die Autorität der Medizin pochten. Nicht zu verwundern ist, dass sich die Reisen als dauerhaftes Heilmittel häufig nicht bewährten; oft erzeugten sie neue Nervositäten. Gerade durch das Reisen wurde die Nervosität zu einer sich selbst reproduzierenden Kultur- und Lebensform. Dabei handelte es sich nicht nur um Kur- und Badereisen, sondern auch um Fernreisen zu exotischen Zielen. Während breitere deutsche Schichten ihre Sehnsucht nach Exotik erst viel später, in der Bundesrepublik seit den sechziger Jahren, ausleben konnten, stand in engeren sozialen Eliten der Exotismus der Nerven schon um die Jahrhundertwende üppig in Blüte. Als Max Weber – im Urteil eines Fakultätskollegen »der nervöseste Mensch der Erde« – 1903 nach seinem psychischen Zusammenbruch Nervengenesung in Rom suchte, war ihm die »ewige Stadt« eigentlich vom heimischen Alltag nicht weit genug entfernt: »Könnte man doch in eine andere Welt, etwa nach Konstantinopel!« Oder besser noch, setzte seine Mutter hinzu, »nach Afrika auf die Oase Biskra, dort muss er ja Ruhe finden!«[9] Wusste die als fromm und prüde geltende Frau, dass der Nervenruhm dieser algerischen Oase auf der dort gebotenen freien Sexualität, egal ob »natürlich« oder »widernatürlich«, beruhte? »Orient« war oft eine Chiffre für entspannte, dumpfwohlige Sinnenlust. Dass die selige Nervenruhe in dieser Richtung zu suchen sei, war kein grundloses Gefühl. Es wäre nicht richtig, den Wunschträumen der wilhelminischen Eliten pauschal nationale Borniertheit und Prüderie zu unterstellen. Der unersättliche Imperialismus entstand aus einer von Lustträumen erhitzten Allianz von Nationalismus und Exotismus.

Komposita mit »Welt-« waren in der wilhelminischen Ära ähnlich in Mode wie heute Wortverbindungen mit »global«: »Weltverkehr«, »Welthandel«, »Weltwirtschaft«, »Weltmacht«, »Weltstellung«, »Weltgeltung«. Als der preußische Generalfeldmarschall Graf Waldersee 1900 nach der Niederschlagung des Boxeraufstands an der Spitze der europäischen Truppen in Peking einritt, ohne selber an Kämpfen beteiligt gewesen zu sein, bekam er den Spitznamen »Weltmarschall«. Als glänzendster Erfolg deutscher »Weltpolitik« galt vielen Zeitgenossen der Erwerb der beiden größten Samoa-Inseln durch das Reich 1899. Kaiser Wilhelm II. und weite Teile der deutschen Öffentlichkeit waren damals durch die »Perle der Südsee« wie verzaubert. Der Historiker Alfred Vagts, der den Samoa-Konflikt am sensibelsten untersucht hat, beschreibt die fast süchtige Samoa-Begeisterung als Phänomen einer Zeit, die glaubte, durch Arbeitshetze und verklemmte Sexualität erkrankt zu sein: Dem »Zivilisationsmenschen und Neurotiker« sei der Samoaner ein »unverdorbener, auch sexuell ungehemmter, dem Arbeitszwang überhobener Revenant«. Mit der »Perle der Südsee« wurden die »Tagesprobleme der deutschen Politik bestrichen wie mit einem magisch nationalen Reinigungsstein«.[10] Aloha!

Diese Art von »Weltpolitik« bekam ihre besondere Note vor dem Hintergrund des damals vielzitierten »nervösen Zeitalters«. Nach der wilhelminischen Anfangszeit, jener glanzlosen und unruhigen Ära sozial- und handelspolitischer Auseinandersetzungen und des Schattenboxens mit dem Schatten Bismarcks, schien jetzt auf einmal das Licht der Südsee durch die Wolken zu brechen und selige Ruhe zu verbreiten – allerdings nicht sehr lange. Der Exotismus ist stets anfällig für Enttäuschungen und jähe Stimmungsumschläge.

Wilhelm II., der »Reise-Kaiser«, war in vieler Hinsicht die Verkörperung eines neuen, zukunftsträchtigen deutschen Typs. Für viele war er der Ober-Neurastheniker des Reichs, aber einer, der es lernte, aus der Unstete und Zerfahrenheit einen effektvollen Stil zu machen und seine Nervosität auf Kosten anderer abzureagieren. Bis zu Wilhelm I. hatte die unerschütterliche Ruhe als majestätisch gegolten – jene Kaltblütigkeit, die viele französische Aristokraten während der Revolution noch auf dem Schafott zur Schau stellten; nun dagegen avancierte das Tempo, die demonstrative Hektik zum Herrschaftszeichen. Was in den 1970er Jahren Ivan Illich bemerkte – »Der Hochbeschleunigte reißt die Lebenszeit der weniger Beschleunigten an sich«[11] –, hatte schon der letzte deutsche Kaiser entdeckt, der dem alten Bismarck damit auf die Nerven fiel, dass er ihn durch einen morgendlichen Besuch aus dem Bett holte. Reisen war für Wilhelm II. der Inbegriff des Lebensgenusses. Als er aus politischen Rücksichten auf eine England- und Mittelmeerreise verzichtete, schmollte er: »Ich gebe damit das Einzige auf, was mir wirklich Vergnügen macht.« Als er 1898 nach Damaskus kam, begrüßte ihn die Bevölkerung – wie Bülow berichtet – »mit dem langgezogenen, in Gutturaltönen hervorgestoßenen Zuruf ›Lululu, Lululu, Lululu‹. Dieser monotone Zuruf wirkte auf ihn wie Haschisch.«[12] In seinem Rausch ließ er sich zu der unsinnigen Versicherung an die »dreihundert Millionen Mohammedaner« hinreißen, »dass der Deutsche Kaiser zu allen Zeiten ihr Freund sein wird«. Ein Jahrhundert darauf, wo unerfüllbare Versprechungen an die Dritte Welt längst zur Routine geworden sind, wäre Wilhelms Proklamation von Damaskus allerdings weit weniger aufgefallen.

Für den Kaiser waren die ewigen Reisen, die rein politisch gesehen oft keinen Sinn hatten, offenbar ein Mittel, seine eigene Unruhe abzureagieren; umso mehr hatte seine Umgebung zu leiden. Wie sein Intimus Philipp Eulenburg klagte, entwickelte sich auf den ausgedehnten Schiffsreisen an Bord regelmäßig eine »allgemeine Nervosität«.[13] Viele Indizien deuten darauf hin, dass es sich lohnen würde, die gesamte neuere Elitengeschichte daraufhin zu untersuchen, ob sie nicht letztlich eine Geschichte der Erfindung von Strategien zur Externalisierung von Stress ist. Die moderne Nervosität wurde um 1880 zunächst – ob in den USA oder in Deutschland – als ein typisches Leiden der höheren Gesellschaftsschichten diagnostiziert, aber schon seit den neunziger Jahren zunehmend als Massenerscheinung wahrgenommen.[14] In Deutschland erklärte sich das teilweise daraus, dass durch die in den achtziger Jahren eingeführte staatliche Krankenversicherung die Arbeiter in einem Maße wie nie zuvor ins Blickfeld der Ärzte rückten. Nicht weniges deutet jedoch auch darauf hin, dass der Wandel im sozialen Spektrum der Nervosität nicht nur mit einer erweiterten Wahrnehmung, sondern auch mit realen Veränderungen zusammenhing. Für die modernen Wirtschaftsführer, bei denen sich als ersten der Stress des Industriezeitalters staute, bestand die besondere Kunst des Managements – ja des eigenen Überlebens – fortan darin, sich allerlei Methoden einfallen zu lassen, um möglichst viel von dem Stress auf andere abzuschieben.

Als vorzügliches Mittel, eine lustvolle Externalisierung von Nervosität einzuüben, erwies sich um die Jahrhundertwende das Automobil. Wer anfangs selber durch die Autos erschreckt worden war, erlebte es als stolzer Autobesitzer, wie es Spaß macht, wenn die Passanten beim plötzlichen Ertönen der Hupe zusammenzucken und anschließend in Staub gehüllt werden. Auch bei diesem Spiel ging der Kaiser den Deutschen voran. Wie Bülow schreibt, war er zunächst – wie so viele damalige Aristokraten – voller Wut auf die Automobile, die seine Pferde scheu machten, und schnaubte, er möchte am liebsten »jeden Chauffeur in den *** schießen«. Aber als er dann selbst motorisiert war und seine eigenen Chauffeure ein wagnerianisches Tatütata hupten, wandelte er sich zum Automanen und betrachtete jede Kritik am Auto »fast als persönliche Beleidigung«[15]. Ein Tatütata hört der Historiker Hallgarten auch aus der wilhelminischen »Weltpolitik« heraus: Die hochtrabenden Komplimente, die Kaiser und Zar 1905 bei Björkö austauschten, sind für ihn »das ›Tatü‹ und ›Tata‹ der spielenden regierenden Schuljungen, die sich kichernd und gegenseitig zu Admiralen der Weltmeere ernannten«[16]. Es war die Geburt jenes Redestils, den man »Globlabla« taufen könnte und der heute überschwappt.

Was Wilhelm II. angeht, so gelang ihm die definitive Externalisierung der Nervosität allerdings noch nicht mit dem Automobil, sondern erst mit der Entfesselung des Weltkriegs. Bis dahin wurde er immerzu – und mehr und mehr in peinlicher und quälender Weise – zwischen widersprüchlichen Impulsen hin und her gerissen: Verständigung mit England oder mit Russland, Expansion Richtung Marokko oder Richtung Bagdad, Forcierung oder Bremsung einer kriegsträchtigen Politik, je nach der Zeit-Doktrin »Jedes (Friedens-)Jahr ist ein gewonnenes Jahr« oder »Je eher (Krieg), desto besser«.[17] Der Kriegsausbruch vom August 1914 erlöste ihn endlich aus diesem ewigen Zwang zur »Zickzackpolitik«, die als »politische Neurasthenie« in Verruf geraten war, und verlagerte überdies das unmittelbare Risiko und den Imperativ des Handelns auf andere: die Militärs und die Soldaten.

Das heutige Deutschland ist durch seine Wirtschaftskraft, seine diffusen Globalperspektiven, seine Lust- und Stressprobleme und Stressbewältigungskünste geradezu überwilhelminisch geworden. Es dürfte sich lohnen, die neuere deutsche Elitengeschichte im Hinblick darauf zu untersuchen, wie sich auch da diverse Nervenstränge miteinander verknoten: Stresserfahrung und Stressexternalisierung, Exotismus und globale Phantasmagorien.

In der bundesdeutschen Frühzeit war es – wie es scheint – mit der Elitenkultur nicht weit her; das war wohl der Hauptgrund, weshalb die Bonner Republik damals wegen ihrer glanzlosen Alltäglichkeit gemeinhin über die Achsel angesehen wurde, während man heute jenes Bild, wie Heuß als eben gewählter Bundespräsident ganz schlicht mit der Straßenbahn zum Präsidialamt fährt, nicht ohne Nostalgie betrachtet. Als das RWE im März 1952 nach jahrelangen harten Verhandlungen mit den Alliierten von der Konzernentflechtung ausgenommen wurde, begossen die beiden Vorstandsmitglieder, die die Verhandlungen geführt hatten, den Erfolg damit, dass sie fünf »kalte Enten« nacheinander tranken – statt einer Flasche edelsten Champagners also eine ganze Wanne von einer Mixtur aus Weißwein und Sekt, die in den heutigen jüngeren Generationen kaum einer mehr kennt, geschweige denn trinkt. Die Pflicht zur permanenten Fitness gab es noch nicht – es war keine Schande, sich nach harter und erfolgreicher Arbeit auch einmal sinnlos zu besaufen. »Die Zeiten der kalten Enten sind vorüber«, seufzt ein Wirtschaftspublizist in wehmütiger Erinnerung an das Besäufnis der Nichtentflochtenen von 1952.[18]

Ein Haupttrend im Wandel der bundesdeutschen Eliten seit den fünfziger Jahren geht offenbar dahin, dass der herausgehobene Status nicht mehr nur durch unermüdliche Betriebsamkeit, sondern auch durch verfeinertes Genießertum dokumentiert wird: womit sich die bundesdeutschen Eliten partiell den Usancen anderer, insbesondere südlicher Eliten anpassten. Der oftmals barschen und patriarchalischen Wiederaufbaugeneration mit ihrer Nazi- und Weltkrieg-II-Vergangenheit folgten Generationen von Erben, teilweise mit Playboyallüren – zwar liberal und nach allen Seiten offen, dafür aber mit vermindertem Verantwortungsgefühl für die Belegschaft, zumal da man ohnehin am liebsten nicht zu Hause, sondern auf Reisen ist.

Aber es gab keineswegs nur den Trend zur Dolce Vita, sondern – vor allem bei denen, die nichts geerbt hatten – auch einen Trend zu erhöhter Anspannung und zum Verlust der Gemütlichkeit. An der Spitze des RWE manifestiert sich der mentale Wandel der 68er Zeit – der nicht nur seine universitären, sondern auch andere Erscheinungsformen hatte – in dem

Übergang von der Ära Meysenburg zu der Heinrich Mandels. Meysenburg, ein Mann der Braunkohle und des Rhein-Ruhr-Reviers, ein erfahrener Geschäftsmann ohne Expertenambitionen, behielt bei aller Vielgeschäftigkeit doch ein Stück schlichter Kohlenpottgemütlichkeit. Mandel dagegen, der Newcomer aus dem Sudetenland und der kommende deutsche Atompapst, schmückte sich mit zwei Doktortiteln, reiste viel zu Tagungen, hielt andauernd Vorträge, die dann veröffentlicht wurden, und sprach am liebsten über Langzeitperspektiven der globalen Energiewirtschaft statt über aktuell anstehende Entscheidungen des RWE.[19] Für Gemütlichkeit besaß er keinen Sinn; selbst wenn er mit seinen Kindern am Strand spazieren ging, paukte er sich Zahlen ein; anders als mancher Vorgänger konnte er keine Witze erzählen. Der Wechsel von Meysenburg zu Mandel scheint manches Typische zu haben. Ob in der Geschichte der Kerntechnik, der Bildungspolitik oder der Psychiatrie: überall zeichnet sich in den Akten im Laufe der sechziger Jahre ein Wandel ab, der vor allem von solchen Geschichtsforschern bemerkt wird, die in die Archive gehen, aber noch nicht auf den Begriff gebracht worden ist. Es ist sozusagen der Übergang von einer Klartextära zu einer Ära der Konzepte.

Auch in der Stresskurve der RWE-Geschichte, die bis dahin seit langem in vergleichsweise ruhigen Bahnen verlaufen war, brachte die Ära Mandel einen einmaligen Höhepunkt; denn gerade in der Zeit des Atomkonflikts machte Mandel das RWE zur Speerspitze der Atompartei – ausgerechnet das RWE, das die Kernenergie eigentlich nicht brauchte und bis dahin der größte Bremser in der bundesdeutschen Kernenergieentwicklung gewesen war! Das war der Preis der großen Globalperspektiven und der Bekehrung zum Mythos »Basisinnovation«. Die bundesdeutsche Stressgeschichte ist ungeachtet ihrer schicksalhaften Bedeutung ein noch kaum erforschtes Gebiet. Versuchen wir, zumindest ein paar grobe Umrisse zu identifizieren!

Der Nervositätsdiskurs des Kaiserreichs, der sich auf populärem Niveau noch in den zwanziger Jahren fortsetzte, war nach 1945 bei den Jüngeren vergessen; nur der Bundeskanzler Adenauer, Jahrgang 1876, dachte noch in jenen Vorstellungen und bezog daraus eigene praktische Lebensweisheiten.[20] Das moderne Stresskonzept wurde in den USA seit den späten dreißiger Jahren von dem deutsch-ungarischen Emigranten Hans Selye aufgebracht und diente im Zweiten Weltkrieg der amerikanischen Luftwaffe zum Psychotraining von Bomberpiloten. Die Bundesrepublik erreichte es erst in den späten Fünfzigern, als die erste Zeit des Wiederaufbaus vorbei war und sich der Kampf um die Märkte verschärfte.[21] Der Unterschied zu der Zeit um 1880 ist eklatant, als das amerikanische Neurastheniekonzept geradezu blitzartig auf das deutsche Reich übersprang.

Interessant ist nun, dass der Stress in der Bundesrepublik zunächst unter dem Terminus »Managerkrankheit« seinen Einzug hielt. In Arbeiter- und Gewerkschaftskreisen scheint der Stress erst seit den siebziger Jahren zum gängigen Begriff und empfindlichen Problem geworden zu sein. Über Jahrzehnte wurde der Stress vor allem als typisches Leiden der oberen Etagen der Wirtschaft wahrgenommen. Seine Demokratisierung dauerte länger als die der Neurasthenie im Kaiserreich. Der Hauptgrund dafür wird ebenso eindrucksvoll wie einleuchtend in einem Ratgeber von 1956 dargestellt, der den »Führungskräften« dabei helfen will, »mit Management-Methoden gegen die Manager-Krankheit« anzugehen: Die typischen deutschen Spitzenleute jener Zeit hielten allzu hartnäckig daran fest, alles bis in Kleinigkeiten hinein selber entscheiden zu wollen; Delegation von Verantwortung und Kooperation im Team waren zu jener Zeit amerikanische Neuerungen, die dem patriarchalischen Wirtschaftsführer älteren Typs widerstrebten.[22] In der einst vielbelachten Böll-Novelle, in der ein Firmenchef seine Angestellten stets mit dem Ruf »Es muß etwas geschehen« begrüßt und diese darauf zu respondieren haben: »Es *wird* etwas geschehen«, ist es am Ende der Chef selbst, der zum Opfer eines Herzinfarkts wird. »Es *ist* etwas geschehen«, heißt es nun.[23] Der Ratgeber von 1956 bemerkt, es gehöre in den unteren Etagen vieler Betriebe – auch wenn man sich dort mit der Arbeit nicht verrückt mache – zum guten Ton, »dass über ein Zuviel an Arbeit pflichtgemäß gestöhnt wird, damit mindestens in dieser Hinsicht ein solidarisches Gefühl mit der Betriebsspitze zustande kommt«.[24]

Bekanntlich haben die deutschen Wirtschaftseliten in dieser Hinsicht während der letzten Jahrzehnte ganz erheblich dazugelernt, und zwar oft von ausländischen Vorbildern. Heute herrscht an der Spitze oftmals Ruhe, während es in den Etagen darunter hektischer wird. Unangenehme Arten von Verantwortung zu delegieren oder gänzlich abzuschieben: in dieser Hinsicht hat es markante Lernprozesse gegeben; diese sind geradezu ein roter Faden der bundesdeutschen Unternehmensgeschichte der neuesten Zeit. Bei der Neuorganisation von Konzernen ist es üblich geworden, dass sich die Spitze auf allgemeine Richtlinien beschränkt und das »operative Geschäft«, wo das Risiko konkret und persönlich wird, nach unten verlagert. Im Zeichen der »Just-in-time«-Anlieferung wird der Terminstress zu einem Gutteil nach japanischem Vorbild an Zulieferer weitergegeben. Das in Wirtschaft und Politik grassierende Expertenwesen macht die Entscheidungen zwar häufig nicht gerade transparenter, ist jedoch eine Patentmethode, um den Schwarzen Peter der Verantwortung hin und her zu schieben, bis am Ende niemand mehr zu belangen ist.

Diese Vorgänge werden weniger trivial und gewinnen an Dimension, wenn man sie – wie schon für das Kaiserreich – mit Prozessen der Horizonterweiterung, der mentalen Globalisierung zusammensieht. Für die neu aufstrebenden Generationen der fünfziger und frühen sechziger Jahre waren die USA die konkrete Utopie und Amerikareisen jene Initiationserlebnisse, auf die man sich fortan über viele Jahre hinweg zu berufen pflegte. Heinrich Mandel verkörpert diesen Typus in Reinkultur; seine Karriere begann damit, dass er von einer frühen USA-Reise neueste amerikanische Insiderkenntnisse über die Vorzüge der Leichtwasserreaktoren mitbrachte, und von diesem Vorsprung zehrte er noch lange. Aber schon damals suchte man das Heil nicht ausschließlich im Westen. Der Ratgeber gegen die Managerkrankheit zitiert über volle vier Seiten als Urquell tiefster Weisheit Gedanken des Grafen Dürckheim über »Leistung und Stille«.[25] Für Dürckheim war damals die Begegnung mit dem japanischen Zen-Buddhismus zur Initiationserfahrung geworden.[26] Er steht am Anfang eines bis heute reichenden und immer breiter ausgefächerten Prozesses der Rezeption östlicher Weisheit – oder dessen, was man dafür hält – durch stressgeplagte deutsche Eliten. Heute hat das Bonmot, der Dalai Lama sei der heimliche Papst der Protestanten, einiges für sich; und gewiss hat es in der Geschichte schlechtere Päpste gegeben. Brenzliger wurde es, als Petra Kelly – die Prophetin grüner Globetrotterpolitik – unter Berufung auf »Seine Heiligkeit den Dalai Lama« (der in Wahrheit einer viel vorsichtigeren Politik zuneigte) zu einer Politik der völligen Loslösung Tibets von China aufrief, die nur durch einen großen Krieg hätte zum Ziel kommen können.

Von Anfang an hatte der bundesdeutsche Exotismus eine massive ökonomische Basis: die extreme Exportorientiertheit der Industrie, die sich in der ersten Nachkriegszeit – aber eben nur damals – aus der Schwäche des deutschen Binnenmarkts erklärt. Mochte es auch im Wirtschaftsmanagement von Altnazis wimmeln: vom Autarkismus der NS-Zeit haben führende westdeutsche Wirtschaftskreise sich schon sehr bald nach 1945 radikal abgewendet und fortan alles Heil im Export gesucht. Nicht die Befriedigung deutscher Bedürfnisse, sondern das Sichbewähren in der Konkurrenz des Weltmarktes wurde zum Kennzeichen der neuen wirtschaftlichen Elite.

Die beginnende Fernreiserei deutscher Politiker fand in den fünfziger Jahren in der Öffentlichkeit eine gemischte Resonanz. Zwar brachte sie einen Hauch von Welt in den politischen Alltag, und die Wochenschauen profitierten davon; andererseits lag auch der Schlager aus der Zeit der Währungsreform »Wer soll das bezahlen?« noch in der Luft. Adenauer reiste im Grunde recht gern, ließ sich sogar in einer türkischen Militärakademie mit einem dreifachen »Sieg Heil« verabschieden und machte einen – politisch nicht gerade notwendigen – Besuch in Teheran bei dem Schah und Soraya: eine nach damaligen Maßstäben sehr exotische Reise.

Aber er ärgerte sich über die ausgiebigeren Fernreisen seines Wirtschaftsministers und fand dadurch seinen Verdacht bestätigt, dass Erhard die harte Arbeit des Alltags nicht liebte.[27] Einen Quantensprung in der Reiserei brachte die Präsidentschaft Heinrich Lübkes, mit der zugleich ein stärkeres bundesdeutsches Engagement in der Entwicklungshilfe begann; aber die Fernreisen dieses schon etwas senilen Präsidenten wurden unter bundesdeutschen Intellektuellen zur unaufhörlichen Quelle des Gelächters, und glucksend erzählte man sich, wie Lübke im japanischen Osaka die Bürger von »Okasa« – das war ein bekanntes Potenzmittel – begrüßt habe, und wie er in Afrika, wo er sich besonders gern aufhielt, eine Rede mit den Worten begonnen habe: »Meine sehr verehrten Damen und Herren, liebe Neger!« Die 68er Demonstrationen gegen den Schah und Springer verstehen sich nur vor dem Hintergrund des ewigen Ärgers der Intellektuellen über die »Soraya-Presse« und den nervenden Rummel um die »letzte deutsche Kaiserin«.

1958 erschien Enzensbergers seither viel zitierter und plagiierter Essay zur »Theorie des Tourismus«. Da distanzierte Enzensberger sich zwar von dem gängigen Tourismus-Lamento der Gebildeten, die sich darüber ärgerten, dass auch die kleinen Leute nach Italien zu fahren begannen; aber letztlich ironisiert auch er den Tourismus als Flucht des Kleinbürgers aus dem Käfig des Alltags.[28] Er nimmt allerdings das auf dem Grunde des Tourismus erkennbare tiefe Freiheits- und Ausbruchsbedürfnis ernst – und ganz gewiss ist jener Massen- und Ferntourismus, dessen Dimensionen man 1958 erst ahnen konnte, weder ein banales noch ein lächerliches Phänomen. Wahrscheinlich gelangt man sogar nirgends tiefer in die bundesdeutsche Mentalitätengeschichte hinein als über die Geschichte des Reisens. Wobei man Enzensberger in einem Punkt korrigieren muss: Wie die Statistik zeigt, ist es nach wie vor nur ein kleiner Bruchteil der deutschen Bevölkerung, der zu wiederholten Malen in außereuropäische Länder fährt, auch wenn dieser Bruchteil mittlerweile Millionen umfasst. Die Intellektuellen, die über den Tourismus spotten, verleugnen damit, dass sie selber oft am meisten reisen, ja ihren Lebenssinn vor allem auf Reisen suchen. Es greift zu kurz, diese Reisen als Flucht zu charakterisieren: Nicht nur die Traumwelt, sondern auch die Desillusionierung hat stets zum Reiseerlebnis gehört; schon dadurch ist die Reiseerfahrung immer in Bewegung. Im Übrigen muss man die Geschichte des Tourismus mit der Stressgeschichte zusammen sehen: Dann wird sie trickreicher.

Obwohl die elektronischen Netzwerke angeblich das Reisen zu kognitiven und kommunikativen Zwecken überflüssig machen, boomt der Tagungstourismus wie nie zuvor in der Geschichte. Für alle, die sich das beruflich leisten können, sind Tagungsreisen zum Patentmittel geworden, um immer wieder aus dem beruflichen Alltag auszusteigen, lästige Pflichten den Daheimgebliebenen zu überlassen und sich dabei auch noch auf einem höheren Niveau des Seins zu fühlen. In der DDR waren einst die »Reisekader«, die in den Westen durften, die beneidete Elite; aber auch in der Bundesrepublik gibt es unter der Hand vergleichbare Phänomene. Reisen sind zu einem Standardmittel der Abschiebung von Stress geworden, und zugleich gibt es eine Art, durch Absentismus zu renommieren: eine Strategie, die früher eher als charakteristisch für Professoren südlich der Alpen galt. Wie mir ein vielgereister Kollege sagte: »Man glaubt an Gott, weil man ihn nicht sieht.« »Toskana-Fraktion« war ursprünglich der Spitzname für den Kreis um Engholm; in Wirklichkeit reicht die Toskana-Fraktion in bundesdeutschen Eliten sehr viel weiter. Wer es sich leisten kann, andere warten zu lassen, kann nach dem Vorbild der Schäfer von Kreta keine Armbanduhr tragen und auf seine Kultivierung der »Eigenzeit« auch noch stolz sein.

Bis 1989 waren die Fernreisen das, womit sich der Bundesdeutsche dem DDR-Bürger gegenüber am meisten überlegen fühlte und wofür er von diesem in der Tat glühend beneidet wurde – selbst dann, wenn er in Wahrheit gar keine Fernreisen unternahm. 1985 erlebte ich es, wie sich auf dem Dresdener Hauptbahnhof eine westdeutsche Schülergruppe aus dem anfahrenden Zug heraus von ostdeutschen Schülern mit dem gellenden Ruf verabschiedete: »Auf Wiedersehen in Hawaiiiii!« Aloha! Merkten diese Kids nicht oder wollten sie nicht merken, dass sie ihre ostdeutschen Altersgenossen verhöhnten? Und: Fuhren sie selbst wirklich so nebenbei nach Hawaii?

Aber vergessen wir nicht, dass wir es insgesamt mit einem ernsten und durchaus ernst zu nehmenden Phänomen zu tun haben. Es handelt sich eben nicht nur um Tourismusgeschichten, sondern um die bundesdeutsche Kultur- und Mentalitätengeschichte insgesamt und um ein ganzes Netz von Wechselwirkungen: Da gibt es die alten Träume vom »Süden« und vom »Orient«, die seit den fünfziger Jahren zu dem neuen Selbstgefühl des Westens einen emotionalen Kontrapunkt darstellen und sich im Exotikschlager jener Zeit spiegeln; seit den sechziger und siebziger Jahren die immer breitere Palette der ausländischen Restaurants, die die Urlaubswelt in den Alltag hereinholen und in der Bundesrepublik mehr florieren als in den meisten anderen Ländern; den enormen Aufstieg östlicher Religionen, Therapien und Heilslehren diverser Art; in den fünfziger und sechziger Jahren den mitunter fast messianischen Glauben, dass die »Dritte Welt« den Ost-West-Konflikt überwinden und die Menschheit von der Drohung eines Dritten Weltkrieges erlösen werde; später, nach dem erkennbaren Niedergang der Dritten Welt, dann den Multikulturalismus: die Hoffnung, dass das Hereinholen exotischer Kulturen nach Deutschland die Gräue und Hektik des deutschen Alltags werde überwinden helfen ... Aus allen Aushängetafeln der Kirchen schauen einen mit großen Augen Kinder aus der Dritten Welt an – die Dritte Welt als die neue transzendentale Sphäre in einer Zeit, in der vor allem den protestantischen Kirchen das Überschreiten des Alltäglichen nur noch schwer gelingt. Derweil lenkt die katholische Kirche mit solchen Bildern davon ab, dass sie sich durch ihre Torpedierung der Geburtenkontrolle am Elend der Dritten Welt mitschuldig macht.

Wie weit hat alles das etwas mit Elitengeschichte zu tun? Gerade die Sorge um die Dritte Welt präsentiert sich als das Gegenteil davon: als Identifikation mit den Ärmsten dieser Welt. Andererseits gibt es heutzutage kaum noch irgendwo derart die Möglichkeit, in kolonialer Herrlichkeit von dienstbaren Geistern umgeben zu leben, wie in den gehobenen Stellungen der Entwicklungshilfe, die in aller Regel den Ärmsten herzlich wenig hilft. Gewiss gibt es die Exotikträume der kleinen Leute; aber das Reisen, die Begegnung mit fremden Kulturen, die weltweiten Netzwerke schaffen doch Sphären, in denen ausgeprägte Hierarchien entstehen: Insiderkreise und innerhalb ihrer weitere Inner Circles. Gerade dort, wo es sehr unübersichtlich wird, gibt es viele Geheimnisse – wirkliche und vermeintliche. Das Überlegenheitsgefühl, das durch Weitgereistheit stets entstand, beruht heute, wo so viele Leute reisen, zwar weit mehr auf Einbildung als zu Zeiten des Herrn Urian; aber es ist noch immer recht stark, zumal da es unendlich viele Möglichkeiten gibt, das Reisen raffinierter zu gestalten und sich von dem imaginären Normaltourismus abzuheben. Allerdings besteht eine typische Insiderweisheit alterfahrener Auslandsdeutscher darin, dass der Reiz des Exotischen auf Trugbildern beruht und es sich in Deutschland gar nicht so schlecht leben lässt.

Besonders in den letzten zehn Jahren häufen sich die Anzeichen dafür, dass das deutsche Exotismus-Syndrom mitsamt seinem reizbaren Untergrund von Stress, Sinnkrise und Ruhelosigkeit zur politischen Gefahr zu werden beginnt. Der Zerfall des Ostblocks hat eine verwirrende Fülle globaler Perspektiven hochkommen lassen, die in Teilen der deutschen Eliten offenbar eine Art von Trunkenheit hervorruft. Offiziell im Zeichen der globalen Durchsetzung der Menschenrechte hat die Bundesrepublik ihren ersten Krieg geführt: unter einer Doktrin also, mit der sich ähnlich viele Kriege führen lassen wie einst zum Schutz der christlichen Mission zu Zeiten von »Weltmarschall« Waldersee. Die Einführung der Euro-Währung wurde gern mit dem ziemlich dümmlichen Globetrotter-Argument begründet, dass dadurch die Geldwechselgebühren an den Grenzen entfielen, statt die weitreichenden Konsequenzen dieses Schritts in der Öffentlichkeit angemessen zu diskutieren. Das erbärmliche wirtschaftliche Nachspiel der Wiedervereinigung wirft ein Schlaglicht auf den eklatanten Mangel an nationaler Solidarität in weiten Teilen der wirtschaftlichen

Eliten – in einer Situation, in der eine solche Solidarität bitter nötig gewesen wäre.

»Wir bleiben hier«: Das war das gute Losungswort der Ostdeutschen in der Zeit der Maueröffnung. Eine neue, wenn auch nicht zu laute Liebe zum Da-Sein wünscht man den künftigen deutschen Eliten.

Anmerkungen

1 Zur Semantik von »Aloha«: Afred Vollmer, *Hawaii* (Reise Now-How), Bielefeld, 2. Aufl. 1997, S. 103.
2 John Ardagh, *Frankreich als Provokation,* Frankfurt 1969, S. 365.
3 *Der Spiegel,* 38/1998, S. 204.
4 Norbert Kohl (Hrsg.), *London,* Frankfurt 1979, S. 151.
5 Norbert Elias, *Über den Prozeß der Zivilisation,* I, Frankfurt 1977, S. 42.
6 Hans-Ulrich Wehler, *Das Deutsche Kaiserreich 1871-1918,* 4. Aufl., Göttingen 1980, S. 122 ff.
7 Joachim Radkau, *Das Zeitalter der Nervosität,* München 1998, S. 168 f. und 321 f.
8 Ebd., S. 248 ff.
9 Wilhelm Hennis, *Max Webers Wissenschaft vom Menschen,* Tübingen 1996, S. 179; Marianne Weber, *Max Weber – Ein Lebensbild* (urspr. 1926), München 1989, S. 275.
10 Otto E. Ehlers, *Samoa, die Perle der Südsee,* Berlin 1900, S. 39; Alfred Vagts, *Deutschland und die Vereinigten Staaten in der Weltpolitik,* I, New York 1935, S. 641 f. und 923.
11 *Die Zeit,* 28. 12. 1973.
12 Bernhard Fürst v. Bülow, *Denkwürdigkeiten,* I, Berlin 1930, S. 257.
13 Johannes Haller, *Aus dem Leben des Fürsten Philipp zu Eulenburg-Hertefeld,* Berlin 1924, S. 251 f.
14 Radkau, *Zeitalter der Nervosität,* S. 215 ff.
15 Bülow, *Denkwürdigkeiten,* II, S. 19.
16 George W. F. Hallgarten, *Imperialismus vor 1914,* I, 2. Aufl., München 1963, S. 571.
17 Radkau, *Zeitalter der Nervosität,* S. 407 ff.
18 Hans Baumann, *Männer und Mächte an Rhein und Ruhr,* München 1973, S. 340.
19 Joachim Radkau, in: Dieter Schweer/Wolf Thiem (Hrsg.), *Der gläserne Riese (RWE),* Wiesbaden 1998, S. 189 ff.
20 Radkau, *Zeitalter der Nervosität,* S. 453 f.
21 Ebd., S. 444 ff.
22 Heinrich Mechler, *Führungskräfte brauchen Entlastung,* Stuttgart 1956, S. 16, 31.
23 Heinrich Böll, »Es wird etwas geschehen«, in: Ders., *Doktor Murkes Gesammeltes Schweigen,* Köln 1958.
24 Mechler, *Führungskräfte,* S. 48.
25 Ebd., S. 114 ff.
26 Gerhard Wehr, *Karlfried Graf Dürckheim – Leben im Zeichen der Wandlung,* Freiburg 1996, S. 103 ff., 157, 178.
27 Hans-Peter Schwarz, *Adenauer,* II, Stuttgart 1991, S. 312 ff.
28 Hans Magnus Enzensberger, »Eine Theorie des Tourismus«, in: Ders., *Einzelheiten I, Bewußtseins-Industrie,* Frankfurt 1962.

Manfred Schneider
Das Gesicht der Eliten

0. Götter

Wir jüdisch-christlichen Bibelmenschen sind nach Gottes Bild geschaffen, aber wir wissen nicht, wie unser Prototyp aussieht. Erst recht ist es uns untersagt, künstlich ein Bild unseres himmlischen Prototyps herzustellen, um uns nach diesem Modell zu richten. Welche leicht zugänglichen Ähnlichkeiten lieferten hingegen die griechischen, römischen Götterbilder, die es den kleinen und großen Helden erlaubten, ihre heroischen Physiognomien am Profil Poseidons oder Jupiters auszurichten. Im heidnischen Götterhimmel trafen sich schöne und hässliche Unsterbliche. Die Lippen des Zeus von Olympia waren angeblich so wohlgeformt, dass auf ihnen Genuss und Sprache und Schweigen zugleich wohnten. Hephaistos, der hinkefüßige Schmiedegott, parthenogen übrigens wie Jesus, konnte hingegen ebensowenig als Schönling durchgehen wie Dionysos, dem Nietzsche so gerne ähnlich werden wollte. Eine Ahnung von den allerhöchsten Zügen unseres jüdisch-christlichen Gottes hinterließ uns nur sein Sohn, der ja nach der amtlichen Festlegung des Apostels Paulus im Kolosserbrief das Ebenbild des unsichtbaren Vaters sein sollte. Wie sah er aus? Vermutlich war Jesus nicht nur kein Muskelmann wie der große Herakles, es gibt sogar Berichte, dass er klein und hässlich gewesen sein soll. Jedenfalls räumte sein Verteidiger Origenes das ein, bestand aber darauf, dass Jesus kein unedles Äußeres gehabt haben soll. Wenn es denn so um den Sohn Gottes bestellt ist, wie begreiflich erscheint uns heute, dass unsere irdischen Götter und Helden, an denen sich die westlichen Eliten aufrichten, eine verzweifelte Ausgangslage geschaffen haben. Wie sollen wir das Design unseres Äußeren gestalten, wenn alle Orientierung fehlt? Es ist der Fluch unserer Geisteskultur, dass wir die Leibzeichen gering achten. Sokrates hässlich, Jesus hässlich, Buddha dick, Wotan einäugig, Luther fett, Goethe aufgeschwemmt, Napoleon klein, Hegel welk, Marx furunkulös, Wagner kleinwüchsig, Sissi mit faulen Zähnen, Heidegger winzig, Sartre schielend, Michael Jackson geliftet.

Also hat es vielleicht seinen guten Sinn, dass sich unser höchster Gott in die gleiche Unsichtbarkeit hüllt wie die göttliche Greta Garbo in ihren späteren Jahren. Unsere Bildung in politischer Korrektheit verlangt im Übrigen, dass wir Gott auch als eine Frau denken. Umso weiser die Greta-Garbo-Diskretion. Denn wenn es stimmt, was die Naturrechtler über Gott sagten, dass der Allmächtige nicht über die Macht verfügt, 1 + 1 anders zu addieren als unsere sterblichen Erstklässler, dann unterliegt auch er oder sie dem Gesetz der Entropie, und es lösen sich Glieder, vielleicht im Rhythmus von Jahrmillionen, aber auch Ewigkeiten schreiben ihre Spuren unerbittlich. Der Zeitpfeil hat keinen Windschatten. War doch auch die Unsterblichkeit der Wagnerschen Götter nur ein Drogeneffekt. Ein paar Stunden nicht von Freias Äpfeln gespeist, und schon senkte sich Altersgram über die Göttergesichter.

1. Politiker

Im Gesicht der Politiker ist alle Politik zu Hause. Denn die Demokratie erschöpft sich heute in Beobachtungen. Nichts bleibt uns zu erleben übrig: Das gefrorene Lächeln und das Stirnrunzeln müssen wir als physiognomische Orakel behandeln. Aus den Mienen der Präsidenten, Kanzler, Minister und Abgeordneten plaudert die Zukunft. Der Wandel vom Zuhören zum Beobachten hat damit zu tun, dass es in der Politik kaum noch etwas zu entscheiden gibt, sondern nur noch darzustellen. Die Ohnmacht lässt die Gesichtsmuskeln spielen. Alles Repräsentative ist daher aus den Zügen unserer Repräsentanten getilgt, Bildchen reiht sich an Bildchen, und da unser Herdentrieb nicht mit der medialen Evolution Schritt gehalten hat, betrachten wir all die Männer und Frauen, die uns die Bildmaschinen frei Haus liefern, als unsere Verwandten. Das heißt: Wir verachten sie. Denn wir passiven Hausgenossen der Politiker haben die berühmte Kammerdienerperspektive abonniert. Wir tauchen unseren Blick in das Wässrige des Politikerauges und zählen die Mitesser auf seiner Nase. So faltennah, so porentief konnten wir nie das Sichtbare der Macht bewohnen. Aber aller Gewinn an Erlebnisqualität bezahlt sich in Verlusten. Denn unsere Imagination kommt jetzt zu kurz. Was wusste man früher einmal über die Hautprobleme der Herren der Welt? Bis vor zweihundert Jahren blieb es Künstlern überlassen, das Bild der Könige und Päpste zu schönen, nämlich so allgemein zu halten, dass die Phantasie der Untertanen beschäftigt war. Auf dem Bilde des Herrschers arbeitete die imaginäre Unruhe eines ganzen Volkes. Heute bleibt uns nichts vorzustellen übrig, denn so nah stehen die Mächtigen vor unseren Augen, dass wir bereits ihr Deodorant riechen.

Die römischen Kaiser, deren Politik auch nichts als Imagepflege war, konnten immerhin erstrangige Künstler beschäftigen. Es war dann Sache der Historiker, die Wahrheit über den imperialen Leib auf die Nachwelt zu bringen. Sueton fügte seinen Kaiserbiographien stets eine physiognomische Expertise hinzu, und nachträglich können wir Roms Untergang an der Epidermis und am Haarwuchs der Imperatoren ablesen. Tiberius hatte eine weiße Haut, aber oft Geschwulste im Gesicht. Caligulas Augen lagen in tiefen Höhlen, darüber wölbte sich eine finstere Stirn, auf dem Kopf wuchs nur noch die Glatze. Claudius schäumte oft der Speichel vor dem Mund, die Nase lief, die Zunge stotterte, der Kopf wackelte. Über Neros Haut wanderten übelriechende Flecken, das Auge war kurzsichtig, und den Bauch trugen die dünnen Beine nur widerstrebend. Über Domitians Gesicht hing gähnende, nur von kleinen Hautrötungen unterbrochene Langweile. Den Kummer seiner Glatze arbeitete er in einer friseurtechnischen Schrift über die Haarpflege ab.

Der Körper der Könige, so kann man bei Ernst H. Kantorowicz nachlesen, galt unseren Vorfahren als ein rätselhaftes, mystisches Ding. Dieses Geheimnis ging den königlichen Körpern und Mienen dann aber verloren, als die Fotografen ihnen auf den Leib rückten, um die Welt im Namen der Pressefreiheit über seine wahre Beschaffenheit zu unterrichten. Mit gutem Grund bezeichnete Ernst Jünger die Fotografie als eine »politische Angriffswaffe.« Die Inflation der Bilder ruinierte das Königsgeheimnis und fegte den Gesalbten die Kronen vom Haupt. Natürlich gab es allenthalben Versuche, den durch Säkularisierung ausgezehrten Körper der Macht wieder aufzuwerten. Hierbei steht nur eine Möglichkeit zur Wahl: Man muss dem Politikerleib das *Leiden* wieder einschreiben. In den vergangenen vierzig Jahren sind dabei verschiedene Wege eingeschlagen worden. Wir erinnern uns dunkel an den Wirtschaftsminister und Kurzzeitkanzler Ludwig Erhard, den Dicken. Sein voluminöser Körper, der den Weg für die Rückkehr des Schnitzels auf die deutschen Kantinenteller freimachte, war nicht das Zeichen dieses Wohlstands, sondern der körperlichen Gefahren, die er seinen Vätern auferlegte. In den fünfziger Jahren umflorte noch die Drohung des Herzinfarkts die Vita eines jeden Politikers und Wirtschaftsführers, und die Zigarre war keine Lust, sondern das Emblem dieser Opferbereitschaft auf dem Kreuzweg des Wirtschaftswunders. Das konnte nicht lange gut gehen, und gleichzeitig mit der Krise des Fettrands an unseren Schnitzeln geriet auch das Embonpoint der Politiker in Misskredit. Heute müssen sich die Mächtigen nicht mehr dem Risiko des Infarkts aussetzen, dafür verlangt die Welt von ihnen die spektakuläre Atemnot. Zur Beobachtung der Politikermienen gehört die Kontrolle ihres Joggingpulses. Dass aber der kurzatmige Fettbauch und sein Antipode, der mit einer langen Atemfahne prunkende Dauerläufer, doch nur zwei scheinbar gegensätzliche Typen darstellen, das sieht man an der Karriere von Joschka Fischers Leib. Vom Sublimen zum Lächerlichen ist es ebenso übergangslos nah wie vom kulinarischen Exzess zum kohlesäurearmen Mineralwasser. Die Provokation des Infarkts und der öffentliche Dauerlauf bilden zwei Spielarten des Opfers, zwei Resublimierungsprozeduren, zwei Versuche, das inflationierte Bild der Mächtigen durch kleine Anleihen bei der Ikonologie des Opfers wieder aufzuwerten. Da ja allenthalben und mit Recht der Verlust der Ideen, der großen weltgeschichtlichen Perspektiven betrauert wird, kehren wir wenigstens über die Diätpläne der abendländischen Ideengeber und Verführer wieder bei der großen Politik ein: Jesus, Savonarola, Robespierre, Nietzsche, die Speisezettel der Hageren, der Asketischen, der Fanatiker. Bereits Heine hat die Gefährlichkeit der leptosomen Erlöser erkannt. In den Augen ihrer modernen Wiedergänger lodert nicht mehr der Fanatismus, dafür aber der Hunger, der in die Politik zurückgefunden hat. Und wenn so politisch unvereinbare Männer wie Deutschlands Joschka Fischer und Österreichs Jörg Haider am New Yorker Marathon teilnehmen, dann ist das ein denkwürdiges Signal dieser Rehabilitierung der Askese im Geschäft der Macht. Es sind auch diesmal Risiken dabei, denn man erinnert sich vielleicht daran, dass der Wahlniederlage Jimmy Carters im Jahre 1981 gegen Ronald Reagan ein Kollaps beim Jogging vorausging.

Dieses neue Design unserer Politikelite mag man das makrovisible Leidenslifting nennen. Es gibt auch die mikrovisible Kosmetik. Eine solche asketische Welle, wie sie die Marathon-Politiker anführen, ging bereits einmal durch eine politische Endzeit. Karl Kraus machte sich zu Beginn dieses Jahrhunderts mit dem Ornamentenjäger Adolf Loos daran, auch Bärte abzurasieren: Verlegerbärte, Kaiserbärte, Ministerbärte. So ist längst die Barockepoche der Politikphysiognomie geschlossen. Wilhelm II., Hindenburg, Hitler gemahnen aber daran, dass dieser Sturm auf die Bartornamente in einem katastrophischen Finale endete. Wie aber können sich neue kleine Unterschiede ausbilden, woher kommen neue Zeichen, um die auf den TV-Displays inflationierten Politikerbilder aufzuwerten? Die Zeichen erscheinen von selbst, wenn wir ihre Gesichter noch einmal detailgenauer auflösen. Im vergangenen Jahr kam Herlinde Koelbls Buch *Spuren der Macht* heraus. Das war eine fotografische Langzeitdokumentation über die Veränderung der Politikergesichter, und wir sahen – nicht ohne leichtes Schaudern –, wie sich die Fragen der Zeit in die Züge unserer Spitzenpolitiker graben. Heinrich Heine hatte 1832 bereits einen Blick dafür, als er sah, dass über die Züge des Ministers Casimir Périer wunderliche Falten, »grämliche Juste-Milieu-Falten« irrten. Aber wir erkennen jetzt noch schärfer, welche harten Stenogramme Verantwortung, Schlaflosigkeit, Wahlkämpfe schreiben. Die Fotografie macht diese Stigmata der Gewählten hypervisibel. So werden die Schäubles und Fischers und Schröders den Bildern der Heiligen und Märtyrer beigesellt. In Mundfalten,

Tränensäcken, Krähenfüßen wachsen unerbittlich die Gedenkstätten unseres künftigen Dankes. Die mit einem tieftraurigen Blick beseelte Angela Merkel, die nun den sterblichen Körper Helmut Kohls zu Grabe tragen soll, könnte als *mater dolorosa* unserer Berliner Republik unsterblich werden.

2. Sportler

Der sportliche Held ist das offensichtliche Leitbild der Politiker. Niemals erreichen sie dessen Beliebtheitswerte, aber sie orientieren sich an dessen Image. Die Spitzensportler gehören unstreitig zur neuen Elite, und sie haben auch einiges mit den Politikern gemein. Was dem Politiker die schwarzen Kassen und der wachsende Betrieb der illegalen Vorteilsnahme, das sind dem Sportler die schwarzen Medizinkoffer. Solange er nicht erwischt wird, steht die moralische Autorität des Sportlers weit über der des Politikers. Der Sportheld löste vor gut zweihundert Jahren den Kriegs- und Turnierhelden als soziales Leitbild ab. Kriegshelden und die ihnen als Prämie beigesellten Königstöchter begründeten einst aristokratische Genealogien. Heute führt der Fluch des Friedens dazu, dass in den Sportarenen die kleinen Ersatzkriege stattfinden. Aber alle wissen, dass die Sportkriege Simulakren sind und dass es niemals wie bei den römischen Gladiatoren um Leib und Leben geht. Das Heldentum der Sportler ist wie das Politikertum heute bildbasiert. Die Sportleraristokratie ist eine Elite der Sichtbarkeit. Ihren Ruhm frischt sie in unseren TV-Blicken auf. Das macht ihre Bekanntheit und ihren Werbewert aus. Wie aber sieht sie aus?

Der Sportheld und seine heroische Gefährtin müssen als Akteure und als Schaubilder der Nationen ihr Äußeres stylen. Daher sind die Spitzensportler beider Geschlechter modebewusst und tragen eine sorgfältig abgestimmte Frisur, bisweilen auch die gleiche. Im Sport schwinden die Geschlechtsunterschiede. Frauen erobern den Boxring, Männer schlagen bei Niederlagen den hysterischen Bogen. Der Sport vollzieht, was Ernst Jünger für die Arbeiter prophezeite: die Maskenwerdung beider Geschlechter: »Dass in dieser Maskenhaftigkeit, die bei Männern einen metallischen, bei Frauen einen kosmetischen Eindruck erweckt, ein sehr einschneidender Vorgang zutage tritt, ist schon daraus zu schließen, dass sie selbst die Formen, durch die der Geschlechtscharakter physiognomisch sichtbar wird, abzuschleifen vermag.« Da aber der moderne Sportler das Geheimnis seines Körpers zu bewahren hat, das Mysterium seines Rekordkörpers, darf er ihn nicht unbedeckt ausstellen. Überhaupt hat er darauf zu achten, dass er seinen Leib für Identifikationen präpariert. Das ästhetische Gesetz, das den elitären Sportlerkörper maskenfähig macht, ist die metallische, kosmetische Glätte. Auch der Dreitagebart soll die Glätte nur kontrastieren. Sie trägt zur Spiegelungsfunktion bei. Das elitäre Gesicht der Sportler ist ein generalisiertes Medium. In Lothar Matthäus oder Franziska von Almsick erkennt sich jeder, männlich wie weiblich, wieder. Sie sind unsere Prototypen, sie versenden an uns alle die prototypischen Lockstoffe, die der bilderfeindliche jüdisch-christliche Gott verweigert. Diese unvermeidliche Allgemeinheit gründet in der Glätte. Ein Mann mit Bart und Afrolook wie Paul Breitner stand außerhalb jeder Beliebtheitsskala, weil er diese Grundregel missachtete. Bärte lassen heutzutage auf Individualitätskrisen oder Kollektivunfähigkeit schließen. Unser Tennisstar Nikolas Kiefer fällt unter diese Designneurotiker. Bei Sportlern wirkt eine individuelle Note immer kontraproduktiv. Ein eigenwilliges Äußeres schließt den Athleten als vielgesichtigen Proteus von nationalen und marketingstrategischen Verwendungen aus. Wir wissen ja überhaupt, dass Schönheit ein tendenziell nichtssagender Mittelwert ist.

Glätte und Allgemeinheit bilden weiter eine Anforderung an die Sportlerphysiognomie, weil das Gesicht mit jedem nur denkbaren Werbelogo kompatibel sein muss. Im 18. und 19. Jahrhundert las man in allen physiognomischen Schriften über junge Frauen, dass sich in ihren Gesichtern keine individuellen Züge fänden. Das war eine Projektion. Die Gesichter der Frauen sollten unbeschrieben bleiben, damit sich ohne Umstände ein anderer Name, ein anderer Stand darin eintragen ließen. Die Individualität sollte vom Ehemann kommen. Heute sind die Sportler unsere Jungfrauen. Wenn Michael Schumacher unter seiner Dekra-Mütze lacht, weil sie ihm Millionen einbringt, schreibt sich in das rautenförmige Rund aus Nase, Kinn und Wangenfalten das Dekra-Zeichen gleich noch einmal. Im Lachen des Sportlers, das auf der spiegelglatten Gesichtsfläche die Bande für die Werbung aufrollt, lassen sich alle Botschaften niederlegen, weil Lachen wie Lächeln eine globale Nachricht verbreiten, die nur durchgibt, dass eine Nachricht kommt. Es kann etwa die frohe Botschaft sein, dass das Mobiltelefon alle alten Kommunikationsstörungen der Menschen behebt. Es kann aber auch die allerneueste Neuigkeit sein, dass Drogen schädlich sind. Das Marketing der Sportlerphysiognomie gestattet es mithin auch, die Bande des Lachens für moralische Kampagnen zu nutzen. Normierungen des Konsums und Normierungen des Verhaltens verlaufen im gleichen Zyklus. Da dem Profi sein Einkommen nicht geneidet wird und da man an einen Fußball nicht glauben kann, verfügt der Athlet über eine höhere moralische Autorität als der Politiker. Nachdem Sportler bereits in die Bundesversammlung entsandt worden sind, sollte man es vielleicht einmal mit einem untadeligen Stürmer wie Jürgen Klinsmann als Bundespräsidenten versuchen.

Früher einmal gehörten die Sportler nach Gestalt und Gesichtsausdruck zur Klasse der Beladenen und Leidenden. Man denke an den Oberkörper der Russin Tamara Press, an das Gesicht des Langstreckenläufers Emil Zatopek oder an die Beine des Fußballers Nobby Stiles. Aus ihren Gliedern ließen sich reihenweise Figuren fürs Schreckenskabinett montieren. Ihre athletischen Leistungen hatten noch nichts von der Leichtigkeit kenianischer Langstreckenläufer oder von der Anabolikaeleganz modernen Kraftsports. Der Boxer Peter Müller, der den Ehrennamen »dä Aap« trug, würde durch unsere Zeit wie ein Dinosaurier wanken. Mit jedem K. o., den er erlitt, grünte Peters Lorbeer heller, einmal musste er sogar einen Schiedsrichter umhauen, weil dieser ihn einer unpassenden Zivilisierung unterwerfen wollte. Nur ein ferner Schimmer dieses unangepassten Gladiatorentums liegt noch auf der tragischen Erscheinung des Faustkämpfers Mike Tyson. Unzählige *boxing commissions* und Strafgerichte suchten vergeblich, aus diesem Mann jene Werbeglätte und Wunderblock-Beschreibbarkeit herauszuzüchten, die unsere Tage benötigen.

Der heutige Sportler entsteigt mit allen bürgerlichen Eigenschaften dem Katalog des Durchschnittsmenschen. Seine Ansichten sind deine und meine, und im *FAZ*-Fragebogen wünscht er zu sterben wie du und ich: schmerzlos. Er ist vielleicht um den Grad glätter, den sein regelmäßiger Aufenthalt im Windkanal der Medienakzeptanz mit sich bringt. Keine Unebenheit, keine Widerstände, keine Haken, keine Beulen. Selbst von den Boxern fallen heute rasch wieder alle Kampfesspuren ab, Henry Maske durfte für Duschgel Werbung machen, weil sein Körper glänzte, ohne zu transpirieren. Sein Kollege Axel Schulz konnte alle Kämpfe im Rückwärtsgang bestreiten, weil der moderne Faustkämpfer auch bereits schmerzlos zu leben wünscht. Wer seinen Ruhm als Sportheld ausbeuten will, darf keine Narben oder Unebenheiten davontragen. Niki Lauda ist der unselige Hephaistos unter den Göttern des Sports. Sonst dominieren im TV-Olymp der Unsterblichen metallische und kosmetische Glätten. Allein Steffi Grafs Nase ragt in unsere Wohnzimmer als warnendes Zeichen dafür, dass das Wünschen heute nicht mehr hilft.

Sportler sind so wie du und ich, einfach weil wir alle werden wollen wie sie. Unser leises Flehen an ihre Götterbilder geht dahin, dass sie uns ihre Gestalt schenken. Jeder von uns wäre gerne das Kind von Steffi Graf und Andre Agassi. Die Unmöglichkeit, nachträglich unsere pyknischen und gliedersteifen Vorfahren auszutauschen, zwingt uns dazu, das katastrophische Erbgut, das unseren Eintritt in die globale Sichtbarkeit der Arenen blockiert, in Saunen, Fitnessstudios, Solarien, beim Bodyshaping und auf Volksläufen zu manipulieren. Die Verheerungen, die dieser Glaube an die Revision unserer Eigenschaften durch Sport, Kosmetik, Fitness und Lifting anrichtet, kann man auf den Bildern der sogenannten Prominenz in Boulevardzeitschriften wie der *Bunten* studieren. Die Mimikri der Sportlergestalt erreicht ihr Ende mit Schrecken auf Illustriertenbildern, wo aus getünchter Verwelkung das allesverschlingende Lächeln der Schickeria hervorbricht.

3. Wissenschaftler

Unser Jahrhundert durchgeistert ein Wissenschaftlermythos. Eben wurde Albert Einstein zum Mann des Jahrhunderts gekürt. Der Mann des Jahrhunderts war freilich Hitler, und wenn wir seinen ohnmächtigen Antipoden auf den Sockel heben, dann in dem Glauben, dass uns Wissen und guter Wille künftig vor den Hitlers bewahren könnten. Dürften wir zu unseren tiefsten, geheimsten Wünschen hinabsteigen, dann stießen wir dort auf das Verlangen nach ein paar Synapsen und Windungen aus Einsteins Gehirn. Ach, dürften wir davon nur ein wenig unter unsere graue Masse mischen und das denken, was wir nicht denken können! Wäre das nicht das Glück? Einsteins Gehirn, Roland Barthes schrieb es bereits vor mehr als vierzig Jahren, ist der Mythos der Moderne. Reichten doch seine Gedanken weiter noch als die fernsten Gestirne. Doch dieses Gehirn, das Einstein der Forschung hinterließ, geistert nur darum durch unsere Mythen und Träume, weil es von diesem Kopf beherbergt wurde. Einsteins Kopf gab uns die physiognomische Vorstellung vom Genie. Das Genie trägt die Haare ungekämmt und denkt für andere undenkbare Gedanken. Beethoven und Einstein trugen die gleiche Frisur. Auch der *mad scientist* des Kinos leiht sich Einsteins Maske. Vor kurzem gelangten Einsteins Augen auf den Markt, und man konnte hören, dass sich Michael Jackson lebhaft dafür interessierte. Die Augen lassen sich auch dem Kulturerbe der Menschheit zurechnen. Wotan gab ein Auge für Fricka, Einstein beide für die Wissenschaft. Gleich an die Seite dieses Physikergenies tritt das andere mythische Physikergenie Stephen W. Hawking, dessen Charisma durch Schauder auf uns wirkt, weil wir nicht werden wollen wie er. Schenkte auch Hawking einmal sein Hirn der Forschung, dann wüchse so allmählich eine Kirche aus den phrenologischen Hinterlassenschaften und zerebralen Reliquien der Genies empor. Aber die Anbetung der toten Hirne kommt nur aus einer vorübergehenden Abwendung unseres Glaubens von der sichtbaren Seite der Wissenschaft.

Denn sonst ist der Anblick der Wissenschaftlerphysiognomie mehr als ernüchternd. Kein Professor sieht mehr aus wie ein Professor. Es scheint geradezu der entschlossene Wille der Natur zu sein, die Wissenschaft physiognomisch jeder Erkennbarkeit zu entziehen. Wir kennen den Wissenschaftler in zwei Zuständen. Als Figur am Katheder, die schwerverständliche Langeweile absondert und unser unterhaltungsbedürftiges

Auge nach Thomas Gottschalk schielen lässt. Und als Professor auf dem Bildschirm, den ein Ereignis, ein Nobelpreis, ein Börsenkrach, ein Krebsmittel oder eine Expertise für westafrikanische Bewässerungsprobleme aus seiner Unbekanntheit hervorlockt. Jedes Mal tasten unsere Blicke vergeblich nach Indizien seiner Kompetenz. Das Gesicht des Professors ist gegenwärtig ein schwerverkäufliches Zufallsprodukt.

Nichts ist erschütternder als das Gruppenfoto, das die Teilnehmer eines Kongresses jeder beliebigen Wissenschaft vereint. Den niederschmetternden Eindruck dieser ins Kollektive gehobenen Ausdruckslosigkeit kann man nicht restlos dem Medium zuschreiben. Denn wieviel Leben, Wachheit, Welterwartung, Verschmitztheit, Witz und Einfall leuchten etwa aus den Fotos einer Kindergartengruppe hervor! Hier ist alle Wissenschaft noch im Rohzustand der Neugierde. Damit vergleiche man etwa das Gruppenfoto des internationalen psychoanalytischen Kongresses von 1911 in Weimar. Wie blicken sie uns an, diese Männer und Frauen, die doch nach Freuds Vorstellung die sexuelle Neugierde des Kindes ohne Sublimierungsaufwand umformen konnten, um in die Acheronta der Verdrängung und des Neurotikersexes zu schauen! Welche Erstarrung, welche Härte, welch mörderischer Ernst! Nur Lou Andreas-Salomé trägt wie eine zarte Rouge-Auflage noch ein wenig Libido in ihren Zügen. Die übrigen Männer umschließen das Denkmal Freuds wie Museumswärter auf Betriebsausflug.

Was ist geschehen auf dem Wege von der kindlichen Neugierde zum erwachsenen Wissen? Auf den Zügen dieser Männer und Frauen verlaufen sich die Spuren eines langsamen, zähen Absterbens von Neugierde und Mitteilsamkeit. Dabei unterliegen Wissenschaftler doch nicht der Modellierung ihres mimischen Displays durch die Außeneinflüsse von Medien, Werbung und Anpassung. Sie sind noch nicht entstellt vom modernen Zwang zum Lächeln, den uns die Friedensliebe auferlegt. Wir sollen aber nicht nur durch Auseinanderreißen der Lippen jeder Aggression entsagen; wir sollen uns auch durch Lächeln allen ähnlich machen. Die Kette des Seienden ist heute durch Lächeln über alle Kontinente geschmiedet. Der Wissenschaftler freilich ist vom Lächeln entbunden, alle Ähnlichkeiten prallen an ihm ab. Dafür erzeugt sein Gesicht einen anderen unangenehmen mimischen Dauerton: den Ernst. Der tönende Ernst höhlt die hartnäckigste Lebendigkeit von innen her aus.

Den Ernst erbte der Wissenschaftler von den Priestern. Der Priester lächelt nicht, wenn er betet, auch wenn dies Gott wohlgefallen könnte; der Wissenschaftler lächelt nicht, wenn er die Wahrheit sagt. Bereits Ironie ruiniert die Wissenschaft. Es gibt ja den Gesichtsverlust, die Möbiuskrankheit, als klinisches Symptom. Jonathan Cole hat einige Patienten, die an dieser Krankheit leiden, kürzlich genauer beschrieben. In ein starres Gesicht fallen auch weniger Daten der Welt. Bisweilen könnte man glauben, dass es die Berufskrankheit der modernen Wissenschaft ist. Der Ernst senkt die mimische Aktivität gegen null. Der Ernst schirmt die Sinne gegen Außenreize ab, weil die Wahrheit ein zwar hochbegehrtes, aber leicht verderbliches Gut darstellt. Der Ernst konserviert und mortifiziert. Der Ernst ist die Mumiengestalt zu Lebzeiten.

Die semiotische Unergiebigkeit aller Beobachtung am mimischen Display der Wissenschaft hängt mit dem Verfall einer gesichtsbildenden Errungenschaft zusammen, die den Namen *Erfahrung* oder gar *Weisheit* trägt. Erfahrung speichert sich am ganzen Körper. Aus solchen Sedimentierungen einer sinnesoffenen, weltzugewandten Lebendigkeit bauten sich einst die reifen Züge des Gelehrten auf. Die modernen Wissenschaften, auch die modernen Geisteswissenschaften, rückten den Gelehrten und seine Gestalt an den Rand. Der Ordinarius benötigt heute laute Unternehmerqualitäten. Der stille Gelehrte tritt darum zurück in die Reservearmee der alternden Privatdozenten. Auf Lehrstühle gelangt die Qualifikation, die auch der Leiter einer BMW-Niederlassung oder der Pressesprecher einer Fastfood-Kette vorweisen muss. Während das Spiel der Wissenschaft unter die Regel gestellt ist, dass Ernst und Gesichtslosigkeit alles Persönliche einklammern, erleben wir seit Jahren die Rückkehr einer mythischen Wissenschaft, die auf der Erkenntnis Einzelner zu beruhen scheint. Die Wahrnehmung über Personen und Gesichter ist ein archaisches Verfahren, um Komplexität zu bewältigen. Man kann die Prognose wagen, dass sich die Einstein-Ikonen in Zukunft wieder vermehren werden.

4. *Künstler*

Von den Köpfen der Künstler erwarten wir Abstand zu allen Alltäglichkeiten. Die höchsten Ansprüche gelten der Stirn und dem Blick. Wo sonst will sich der Künstler erkennbar machen? Sein Geist denkt mehr, sein Auge sieht mehr. Geist und Auge belehnen seinen Blick mit solchen immateriellen Überschüssen. Was wissen wir nicht alles von den Künstlerstirnen und Künstlerblicken! Goethes Stirn weit, die Augen olympierhaft. Herders Stirn bedeutend, seine kohlschwarzen Augen trotz entzündlicher Rötung wirkungsvoll. Beethovens Stirn breit und höckerig, in den tiefliegenden Augen Trotz. Grillparzers Stirn prachtvoll, die Augen voll schwermütiger Milde und alleswissender Weisheit. Rodins Stirn felsig und steil, die Augen weitsichtig nach innen und außen. Diese physiognomische Kooperation von Stirn und Auge, die in unserer Erwartung an den Künstler fortlebt, kommt natürlich aus der Literatur, die ja seit zweihundert

Jahren am liebsten vom Künstler spricht. Als Goethe im September 1826 Schillers Schädel in Händen hielt, da fand er noch in dem knöchernen Denkmal die alte physiognomische Kooperation. Sein Eindruck: »Wie mich geheimnisvoll die Form entzückte! / Die gottgedachte Spur, die sich erhalten!«

Allerdings schloss unser 20. Jahrhundert, das zunächst aller Abbildung der Welt den Kampf ansagte, auch mit der physiognomischen Vorstellbarkeit des Künstlers. Thomas Mann ließ Adrian Leverkühn ohne jede Andeutung seines Äußeren, und Kafka entwickelte die Beschreibung von Gesichtern und Gestalten zu einer hohen Kunst ikonoklastischer Beredsamkeit. Das Gesicht der modernen Kunst orakelt unverstehbar und widersetzt sich aller Erwartung. Die evidente Ähnlichkeit hat ausgedient. Arnold Schönberg verspottete die Porträtkunst mit dem Hinweis, dass nach dem Tode des Porträtierten niemand mehr die Ähnlichkeit prüfen könnte. Die Kunst gibt zwar immer noch ein Bild des Künstlers, aber das ist nicht seinem Äußeren ähnlich. Mit dem Verfall der Ähnlichkeit allerdings wächst der Anspruch an die Unähnlichkeit. Als Jacques Lacan Anfang der dreißiger Jahre Salvadore Dalí besuchte, empfing ihn der Künstler mit einem auf die Nasenspitze geklebten weißen Papierviereck. Lacan tat ungerührt, als habe er nichts anderes erwartet (er war ja Wissenschaftler). Ein Künstler ist nur dem Künstlertum ähnlich, das alle Erwartungen verhöhnt. Und auch Walter Benjamin beklagte sich darüber, wie er als Kind vor dem Fotografen gezwungen wurde, sich selbst ähnlich zu sein. Auch er glaubte nicht mehr an das Abbild.

Doch im Rücken der Verallgemeinerung und Veralltäglichung und Verunähnlichung der Kunst, die Beuys proklamierte, rüstete sich ein neuer mythischer Künstler. Denn Joseph Beuys konnte nur darum zum paradigmatischen Künstler der vergangenen dreißig Jahre aufsteigen, weil er auf einzigartige Weise das alte Künstlertum neu darstellte. Ohne seine Person, ohne sein aufdringliches Künstlertum ruhte seine Kunst längst im Vergessen. Alle Werke, alle Zeichnungen und Objekte von seiner Hand bebildern die Physiognomie des Joseph Beuys. Ihre Botschaft ist die Passion. Während das alte künstlerische Leiden aus Missverstehen, aus sozialer Isolation und materieller Notdurft bestand, residiert die neue Künstlerpassion auf einem Sockel von Erfolg. Beuys war trotz starker Widerstände gegen seine Kunst ein überaus erfolgreicher und anerkannter Repräsentant dieses ins Jesushafte verallgemeinerten Leidens. Mit der Abkehr von der Ähnlichkeit und der Darstellung des Leidens haben die Künstler den Wert ihres Gesichts nur noch gesteigert. Sie ähneln dem erhabenen jüdisch-christlichen Gott, der die unähnliche Welt als sein Abbild erschuf.

Es gibt nicht viele aktive Künstler im 20. Jahrhundert, die die Gegenbewegung zum Absterben der Vorstellung und zum Fading des individuellen Künstlergesichts verkörpern. Diese Tendenz der Moderne, die dem Künstlergesicht das tragische Allgemeine einschrieb, erfasste auch Arturo Toscanini, dessen Physiognomie unmittelbar mit seinem Dirigieren verbunden bleibt. Zumal in der Musik schien die neue Allianz von Kunst und Leiden auf Anhieb erfolgreich. Adrian Leverkühns nietzscheanische Migränen stehen emblematisch für diese Verbindung. Toscanini war taktstockbewehrter Schmerz. Alle seine Gesten rezitierten schopenhauersche Philosophie: Untröstliches Leid über die Unvollkommenheit des Erklingenden beschattete seine Züge. Weiter gehört Samuel Beckett zu dieser Gruppe. Es ist die demonstrative Hagerkeit, die Prominenz der Backenknochen, über die sich die neue artistische Passion artikuliert. De Sade war fett, weil seinen Leiden eine ungeheure Lust innewohnte. Das moderne Leiden entsagt selbst dem Genuss des Leidens und erzeugt lauter leptosome Schreiber und anorektische Eremiten. Die mimische Ikonographie der Künstlerelite im 20. Jahrhundert schreibt sich nicht über Kopf und Augen, über weite Stirnen und tiefe Blicke, kurz: über vermeintliche Ähnlichkeiten mit Gott; sie schreibt sich vielmehr über knöcherne Allgemeinheiten und erdrückende Ähnlichkeit mit dem Tod.

Schließlich ist auch noch Kafka Mitglied dieser heiligen Familie. Vor dem Spiegel entwarf er sein Bild als glückliches Zusammenspiel von Begrenzungen und Schwärzen: »Ein klares, übersichtlich gebildetes, fast schön begrenztes Gesicht. Das Schwarz der Haare, der Brauen und Augenhöhlen dringt aus der übrigen abwartenden Masse.« Nichts daran erinnert an die physiognomische Kooperation der mythischen Stirnen und Blicke. Das klare, übersichtliche Gesicht mit seinen Rändern und Schwärzen ist nichtssagend, im Nullstadium des Bedeutens. Höchstens ließe sich über das Gesicht sagen, dass es einer Todesanzeige nachgebildet wurde.

Wo die Künstlergesichter im 20. Jahrhundert etwas bedeuteten, da bedeuteten sie gerne Bürgerlichkeit, Alltäglichkeit, Spießigkeit. Man denke an Richard Strauss oder an Thomas Mann. Wann hätte sich je ein Künstler mit Regenschirm oder beim Biertrinken fotografieren lassen? Es sind natürlich auch hier die erfolgreichen Künstler, die sich hartnäckig an bourgeoise Stereotypen heranarbeiten. Die Folge ist, dass etwa Thomas Mann auch noch am Schreibtisch den Künstler parodieren musste. Welche selbstverzehrende Leidenschaft zeigte hingegen Kafka am Schreibtisch! Wer sich so verbürgerlicht, dem entzieht sich auch jeder Kontakt zu den metaphysischen und historischen Verhängnissen. Man lese nur Thomas Manns *Betrachtungen eines Unpolitischen.* Welch kläglicher Fatalismus! Und dagegen Kafka. Kafkas magischer Kontakt zum Schicksal! Nur einmal ging Kafka schwimmen, und schon brach der Erste Weltkrieg aus.

5. Bankiers

Alles am Habitus des Bankiers lechzt nach Vertrauen. Der Spiegel ist mit seinem Gesicht verwachsen, in dem es sich selbst ständig kontrolliert. Wie beim Sportler ist die Oberfläche des Bankiers glatt. Aber die Glätte dient nicht zum Reflex oder zur Identifikation. Es ist ein Goldwäscherglanz. Seine Glätte grenzt an Unsichtbarkeit. Das Gesicht des Bankiers hat kein Fleisch. Denn der Bankier ist der Andere. Man sieht ihn nur aus der Ferne, und Distanz bildet sein Betriebsgeheimnis. Alles was er sagt und tut, dient der Erweiterung des Abstands zum Rest der Welt. Entsprechend sein prototypisches Gesicht.

Das elitäre Prestige des Bankiers beruht nicht auf seinen körperlichen oder intellektuellen Qualitäten. Vom Bankier wollen wir nicht den Körper, erst recht nicht den Geist, sondern das Geld. Nur das Geld gibt er gerade nicht oder nicht so ohne weiteres. Über die Distanz, die er mehrt wie das Geld, lässt er die Welt um Darlehen betteln. Dagegen nimmt er selbst Tausende und Millionen mit gleichgültiger Verachtung entgegen. Das Eisige und Glatte im Habitus des Bankiers steht freilich in gewaltigem Widerspruch zu seiner Drachenmentalität. Wie Wagners Fafner besitzt und bewacht er allein das Volumen des Schatzes, der ihm gehört oder zumindest anvertraut ist. Die Bankiers sind diskrete Souveräne, die ihre Macht und ihre begehrliche Natur ganz ins Dunkel tauchen. Einer, der durchblickte wie Heine, nannte Rothschild einen »Nero der Finanzen«. Aber Nero ist lediglich der Name der Macht und der Willkür, nicht ein Name für die mentale Verfassung der Fafners. Banken und Geldmengen sind der Hort der Normalität. Unerkennbar und undurchschaubar bleibt für den Rest der Welt, warum die Banken und ihre Herren für Poesie und Wahnsinn uneinnehmbar sind. Mit Ausnahme von Balzac, Kafka und Fernando Pessoa haben sich keine Dichter an das Bankiersgeheimnis herangewagt. Die Literatur kennt nur exzentrische Exemplare: Balzacs Gobseck ist ein verrückter Geizhals, K. aus dem *Prozess* scheint Geld nur als Trinkgeld zu kennen, und Pessoas Bankier ist ein Anarchist der Anpassung. Die ungeheure Normalität der Bankiers ist einfach unbegreiflich. Die gewaltige Normalisierungsmacht des Geldes, des vielen Geldes, lässt sich vielleicht nur in Hexametern erfassen.

Gerade weil Geldströme, Geldmengen, Kapitalien eine irrationale, mythische Größe sind, eine allgemein konvertible Währung für materielle, intellektuelle und emotionale Güter, ist dem Hüter der Schätze die Mission auferlegt, das universelle menschliche Verlangen nach dem Geld nicht zu teilen. Die Bankiers zeigen ihre ostentative Indifferenz dem Geld gegenüber in ihrer Fleischlosigkeit und Mimik. Wie die Asketen üppige Tafeln und Frauen belächeln, so demoralisiert der Bankier das Geld durch

Gleichgültigkeit. Das Wort von den »Peanuts«, das dem Deutsche-Bank-Chef Hilmar Kopper über die Lippen schlüpfte, kam aus dieser Anachorese der Geldlust. Die professionelle Immunität gegen die Verlockung des Geldes und des Kapitals wird dem Bankmenschen natürlich hoch verrechnet. Er gehört zu den Großverdienern, aber eben auch das zeigt er nicht. Sein Wohlstand ist ihm allenfalls lästig. Alle Lockung weist seine äußerliche Glätte ab, nur den Hochmut darüber darf er zeigen. Dieses Glück der Arroganz hält ihn dennoch in engen Grenzen. Er muss beispielsweise sprechen wie ein Automat. Die deutschen Bankiers sprechen eine Sprache mit prosodischen Regeln, die sich nur durch langjährige Zugehörigkeit zur Geldaristokratie imitieren lässt. Es ist eine Sprache mit Silberfäden und Wasserzeichen. Innerhalb einer syntaktischen Grundkörnung von spezieller Härte bewegt der Bankier ein exquisites, scharf artikuliertes Vokabular aus komplizierten Fachbegriffen, die er aber wie alltagssprachliche Allerweltswörter intoniert. Darüber legt sich ein ganz leichter britisch-amerikanischer Akzent, ein Sound, der ein unermüdliches Stretching der Nasenknorpel voraussetzt. Es steckt Coolness darin, aber auch Leidenschaft. Ein wenig ist dieser Bankersound den amerikanischen Astronauten abgelauscht, deren technisch-sachlicher Jargon doch das verrückte Verlangen nach dem Mond und nach der Unendlichkeit vernehmlich macht. Ein Bankier, der bayrisch spricht, gelangt niemals über eine mittelstädtische Sparkassenfiliale hinaus. Keiner vertraut sein Geld Leuten an, die vernehmlich das Sprechen auf dem Oktoberfest erlernt haben. Dieses scheinenglische Bankiersdeutsch hat aber teil an dem, was Rudolf Kassner die Entlaubung der Sprache durch den englischen Mund genannt hat.

Der Bankier ist der Andere. Schwer vorstellbar, dass dieser Drache, der nur liegt und besitzt, in den Körper einer Frau schlüpft. Aber nichts ist unmöglich. Wie spricht man mit dem Anderen? Man betet und beichtet. Daher auch hat Fritz Stern gesagt, dass man zwei Institutionen gegenüber die Wahrheit sagen sollte: dem Psychoanalytiker und dem Bankier. Beide sind die doppelgesichtigen Agenten unseres Verlangens. Denn so wie der Psychoanalytiker für seinen Patienten unsichtbar bleibt, so hüllt sich der Bankier in seine desinteressierte Kälte. Der Habitus des Geldmanns schreibt sich freilich auch von seinen fernen Vorläufern her, von den Wucherern und Wechselhändlern, von den Shylocks und den Jud Süß', die einen so schlechten Ruf hatten und an denen das Geldverlangen noch sichtbar haftete. Das Geld hat kein Gesicht, und das Gesicht der Bankiers zeigt uns das mimische Display der Verdrängung.

6. Unsichtbare Eliten

Wie sieht das Gesicht der unbekannten Elite aus? Heute wird nicht nur jeder einmal für 15 Minuten berühmt sein, weil ihn das TV dem Massenblick aussetzt. Jeder wird auch einmal für wenige Stunden zur Elite gezählt haben. Denn die Elite beruht auf Ausleseverfahren, die mehr als kontingent sind. Geldelite, Geistelite, Medienelite, Politikelite, Sportelite, Popelite, Kunstelite, Wirtschaftselite, Wissenschaftselite – jedes soziale Teilsystem bildet seine Ränge und besetzt sie nach eigenem Gutdünken. Götter, Helden, Fürsten erscheinen rudelweise in allen diesen kleinen Systemen und vermehren sich unablässig. Die raschen Umschwünge in den Konjunkturen der Eliten, das damit verbundene, von Zygmunt Baumann beredt betrauerte Allgemeinwerden der Unsterblichkeit, die Inflation der Medienberühmtheiten lassen am Horizont unserer Zukunft neue, unbekannte Eliten aufkommen. Die künftige Elite hüllt sich in Anonymität und Unerblicktheit, in Ruhmlosigkeit und anachoretische Isolation. Die Anzeichen dafür mehren sich. Vielleicht ist es nur die Paranoia, die einen Thomas Pynchon daran hindert, in die öffentliche Sichtbarkeit einzutreten. Aber seine Angst oder sein Verzicht geben ein Verhalten vor, das die große Bühne des öffentlichen Ruhms und der Gefragtheit ersichtlich der großen Mediokrität überlässt, die immer die Welt beherrscht. Wenn wir unsere großen Vorbilder, ohne die keine Kultur existieren kann, wenn wir also das Gesicht unserer Kultur einmal wiedererkennen wollen, dann halten wir uns vielleicht an die Toten. In den Zügen der Künstlereliten von Nietzsche bis Kafka, in den unähnlichen Götterbildern der unerkannten Genies finden wir dann vielleicht unsere eigenen Züge wieder.

Herfried Münkler
Werte, Status, Leistung

Über die Probleme der Sozialwissenschaften mit der Definition von Eliten

Eine abgrundtiefe Skepsis gegenüber den egalitären Ideen der Demokratie und eine schroffe Ablehnung aller Vorstellungen, wonach in den Konflikten und Kämpfen der sozialen Klassen der Fortschritt der Menschheit vorangebracht werde, stehen am Anfang der sozialwissenschaftlichen Elitentheorie, als deren Begründer Gaetano Mosca, Vilfredo Pareto und Robert Michels gelten. Die drei mögen in manchen ihrer politischen Vorstellungen dissentieren, und sicherlich weisen sie hinsichtlich des Differenzierungsgrades ihrer Theoriebildung deutliche Unterschiede auf – aber in einem waren sie sich grundsätzlich einig: dass entgegen allen Erwartungen der Fortschrittstheoretiker die politische Geschichte einen Kreislauf der Eliten darstelle, der sich immer von neuem wiederhole und aus dem kein politischer Großverband aussteigen könne, ohne gleichzeitig aus der politischen Geschichte überhaupt auszusteigen. So mag sich zwar ändern, welche Elite herrscht, aus welchen Schichten oder Klassen sie sich rekrutiert und mit welchen Ideen sie sich legitimiert, aber das Prinzip bleibt unveränderlich in Kraft: Eine Elite, eine *classe governante,* wie Pareto dies nennt, führt, und die Masse, die *classe governata*, folgt. Robert Michels hat dies zu der provokanten Formel verdichtet: »Die Sozialisten könnten demnach siegen, nicht der Sozialismus, der im Augenblick des Sieges seiner Bekenner untergeht. Man wäre versucht, es eine Tragikomödie zu nennen: die Massen begnügen sich damit, unter Aufbietung aller Kräfte ihre Herren zu wechseln.«[1]

Damit war die klassische Theorie vom Kreislauf der Verfassungsformen, die das politische Denken von der Antike bis in die Frühe Neuzeit beherrscht hatte und erst im Verlaufe des 18. Jahrhunderts von einem auf geschichtlichen Fortschritt ausgerichteten Revolutionsbegriff verdrängt worden war[2], in ihrer früheren Bedeutung wiederhergestellt oder zumindest als Gegenmodell zu den Fortschrittsvorstellungen wieder ins Spiel gebracht. Die politische Geschichte folgte danach nicht den an Fortschrittsmodellen orientierten Vorstellungen der Wirtschafts- oder der Kulturgeschichte, sondern hielt an der Konzeption eines ewigen Auf und

Ab der Eliten fest: Löwen und Füchse, wie Pareto im Anschluß an Machiavelli zwei charakterologisch unterschiedliche Idealtypen politischer Eliten[3] bezeichnet hat, oder Spekulanten und Rentner mochten einander ablösen bzw. neue Kombinationen miteinander eingehen; oder, so Mosca, die *formula politica,* die Legitimations- und Rekrutierungsdevise der politischen Klasse, mochte sich ändern, und an die Stelle der Berufung auf Gott konnte das Alter des Blutes treten; oder die Erfolge im Kampf gegen Konkurrenten von außen wurden durch die Zustimmung der Verbandsmitglieder ersetzt – aber in allen Fällen galt, dass die Gesellschaft in zwei Klassen gespalten blieb: eine, die die Macht innehatte, und eine, die keine Macht besaß; eine, die herrschte, und eine, die beherrscht wurde. So überbrachte die Elitentheorie in ihren Anfängen eine eher pessimistische, aber doch denkbar einfache Botschaft: Alles ändert sich und bleibt doch, wie es ist.

Die Konstatierung der unabänderlichen Herrschaft der Eliten war aber nicht bloß eine Absage an egalitäre Demokratievorstellungen, sondern schloss gleichzeitig eine Zurückweisung der am Ende des 19. und zu Beginn des 20. Jahrhunderts weit verbreiteten Idee ein, wonach herausragende Einzelne, wie Napoleon oder Bismarck, über den Gang der Geschichte entschieden. Gegen diese »Große-Männer-Theorie«, wie sie von Carlyle, Treitschke und anderen vertreten wurde[4], stellte die Elitentheorie die Bedeutung von Kollektiven heraus, in denen das Zusammenwirken von Menschen nach Vorgabe gemeinsamer Interessen, Überzeugungen und Werte entscheidend war. Insofern hatte die klassische Elitentheorie immer eine doppelte Stoßrichtung: gegen egalitäre Ideale, aber ebenso gegen den Kult der großen Männer.

Angetreten mit dem Anspruch, die im Vordringen befindlichen demokratischen Partizipations- und Egalitätsvorstellungen als Ideologie zurückzuweisen, gerieten die Elitentheorien durch ihre klaren Aussagen zur Unaufhebbarkeit von Herrschaft sehr schnell selbst in den Verdacht, es handele sich bei ihnen um antiliberale, zumindest jedoch antisozialistische Ideologien. So wurde in der kritischen Auseinandersetzung mit den Elitentheorien über lange Zeit nur auf deren Aussagen zur Unabänderlichkeit von Elitenherrschaft geachtet; dadurch gerieten die Hinweise auf Wechsel und Austausch von Eliten und auf die spezifische Art ihrer Machterhaltung durch die partielle Integration von Gegeneliten eher an den Rand der Aufmerksamkeit. Dabei hatten die beiden italienischen Elitentheoretiker Mosca und Pareto gerade in dieser Hinsicht durch die Betrachtung eines sich mit erheblichem zeitlichen Abstand zu seinen nördlichen Nachbarn vom Agrar- zum Industriestaat modernisierenden Landes hochinteressante und bemerkenswerte Beobachtungen gemacht[5], die gänzlich frei waren von dem Duktus der Desillusionierung gegenüber von ihnen selbst geteilten politisch weitgesteckten Zielen, wie er in Michels' parteisoziologischer Studie mit ihrem starken Bezug auf die Oligarchisierungstendenzen in der deutschen Sozialdemokratie verschiedentlich zutage tritt. Im Italien der Jahrhundertwende ließen sich die politischen Auseinandersetzungen mit erheblich größerer Plausibilität, als dies in den sozial viel stärker mobilisierten und von politischen Parteien mit Massenanhang gekennzeichneten Ländern nördlich der Alpen der Fall war, als ein Konflikt zweier um die Macht konkurrierender Eliten begreifen, bei dem die Masse der Bevölkerung nur insofern eine Rolle spielte, als sie entweder der einen oder der anderen Elite zum Sieg verhalf, dabei aber keine Aussicht hatte, selbst an die Schalthebel der Macht zu gelangen. Mosca hat dies folgendermaßen zusammengefasst: »In allen Gesellschaften, von den primitivsten im Aufgang der Zivilisation bis zu den vorgeschrittensten und mächtigsten, gibt es zwei Klassen, eine, die herrscht, und eine, die beherrscht wird. Die erste ist immer die weniger zahlreiche, sie versieht alle politischen Funktionen, monopolisiert die Macht und genießt deren Vorteile, während die zweite, zahlreichere Klasse von der ersten befehligt und geleitet wird.«[6]

Es war – verglichen mit anderen Gesellschafts- und Politiktheorien – gerade der in diesen Feststellungen zutage tretende geringe Differenzierungsgrad der Theorie Moscas, der sie für die Analyse mittel- und osteuropäischer Gesellschaften in den siebziger und achtziger Jahren des 20. Jahrhunderts, also in den beiden Jahrzehnten vor dem Zusammenbruch des Realsozialismus, wieder attraktiv gemacht hat. Was mit Blick auf die hochdifferenzierten westlichen Gesellschaften als Manko der klassischen Elitentheorie angesehen werden musste, erwies sich bei der Analyse sozialistischer Gesellschaften während der Breschnew-Ära, als die revolutions- und emanzipationszentrierten Theorien des Marxismus angesichts der wirtschaftlichen, sozialen und politischen Erstarrung dieser Länder als deren angemessene Beschreibung immer unplausibler wurden, als ihr großer Vorzug, und dementsprechend fand der auf Mosca zurückgehende Begriff der politischen Klasse dort als Nomenklatura neue Verbreitung – mit dem bemerkenswerten Unterschied freilich, dass die Adaption der klassischen Elitentheorie auf die realsozialistische Gesellschaft nicht mehr einen affirmativen, sondern einen kritisch-destruierenden Grundzug hatte.

Dieser Unterschied kann freilich mit Hilfe der Elitentheorie selbst erklärt werden: Mosca, Pareto und Michels nämlich haben bei allem Insistieren auf der Unaufhebbarkeit der Herrschaft von Eliten doch stets angenommen, dass Eliten altern und dabei ihre Fähigkeit zu einer effektiven Ausübung der Herrschaft mehr und mehr verlieren. So führten sie die Stabilität von Elitenherrschaft unter anderem auch darauf zurück, dass an der Macht befindliche Eliten die klügsten und dynamischsten Elemente bereits konkurrierender oder potentieller Gegeneliten abzuwerben und in die eigenen Reihen zu integrieren versuchten, um so sich selbst zu erneuern und die politischen Konkurrenten entscheidend zu schwächen. Dies aber geschah in den realsozialistischen Staaten gerade nicht; stattdessen hatten sich Kooptationsmechanismen ausgebildet, über die sich die herrschende Klasse klientelistisch ergänzte und erneuerte – freilich nur in sehr begrenztem Maße, wie die notorische Überalterung der engsten Machtelite von Moskau bis Ost-Berlin zeigte. Für diese Situation aber hatten Mosca und Pareto den unausweichlichen Sturz der an der Macht befindlichen Elite vorausgesagt. Die durch den Machtapparat der sozialistischen Staaten in die Position einer Gegenelite hineingezwungenen Dissidenten dieser Länder konnten also gerade aus der klassischen Elitentheorie Zutrauen schöpfen, dass die bestehenden Verhältnisse nicht ewig dauern, sondern sich bald und tiefgreifend ändern würden. Wenn die meisten westlichen Beobachter der spätsozialistischen Systeme diese Erwartung des bevorstehenden Zusammenbruchs nicht teilten und von den Ereignissen im Herbst 1989 weitgehend überrascht wurden, so könnte eine der Ursachen für dieses ›Versagen‹ der Sozialwissenschaften auch darin liegen, dass sie schon seit langem nicht mehr mit Erklärungsmodellen arbeitete, wie sie von der klassischen Elitentheorie angeboten wurden. Die Analyseinstrumente der modernen Sozialwissenschaften, die sich im Hinblick auf die flexiblen, durchlässigen und hochdynamischen Gesellschaften des Westens bewährt hatten, versagten im Hinblick auf die mittel- und osteuropäischen Verhältnisse – sei es nun, dass die an der Macht befindlichen Eliten sich dem ihnen von Gorbatschow mit der Perestroika verordneten Erneuerungsprozess verweigerten, oder sei es, dass sie, seit Jahrzehnten durch klientelistische Kooptationen ergänzt und insofern starr und inflexibel geworden, diesen Selbsterneuerungsprozess nicht steuern und beherrschen konnten. Max Weber, nicht unbedingt ein Elitentheoretiker, aber mit deren Überlegungen doch recht gut vertraut und von großer Sensibilität für drohende Abstiegsprozesse, hatte schon 1895 in seiner Freiburger Antrittsrede die Befürchtung geäußert, »dass die bürgerlichen Klassen als Träger der *Macht*interessen der Nation zu verwelken scheinen und noch keine Anzeichen dafür vorhanden sind, dass die Arbeiterschaft reif zu werden beginnt, an ihre Stelle zu treten«.[7] Weber hoffte auf den Austausch der Eliten im Interesse des Nationalstaates und ist daran verzweifelt, dass das Bürgertum nicht mehr Dynamik und Machtwillen aufbrachte, keine Gegen- oder Reserveelite bereitstand und auch die Mechanismen der Elitenbildung und -selektion nicht so griffen, wie er das für nötig hielt. Aus einer solchen Perspektive war die Situation der realsozialistischen Staaten in den siebziger und achtziger Jahren noch viel trostloser und die Krise dramatisch größer. Aber aus der Sicht von Theoretikern wie Mosca und Pareto, Weber und Michels war sie wesentlich eine Krise der Elite.

Ein vergleichender Blick auf die ganz anders geartete Entwicklung der westlichen Industriegesellschaften und ihre liberal-demokratischen Ordnungen kann womöglich weiterhelfen, um die unterschiedlichen Entwicklungen beider Systeme in elitentheoretischer Perspektive zu erklären. Die Eliten, von denen Mosca, Pareto und Michels sprachen, waren – in der Begrifflichkeit der modernen Elitenforschung – gleichermaßen Wert- und Deutungseliten, Funktions- und Machteliten. Sie hatten nicht nur die gesellschaftlichen wie politischen Steuerungspositionen inne, sondern erhoben auch den Anspruch, die zentralen Werte der Gesellschaft zu verkörpern und die verbindliche Weltdeutung zu liefern. Der aristokratische Offizier ebenso wie der großbürgerliche Fabrikbesitzer, der Universitätsprofessor ebenso wie der höhere Verwaltungsbeamte verstanden sich keineswegs bloß als austauschbare Inhaber von Funktionsstellen, in denen sie vielfältige Steuerungs- und Vermittlungsaufgaben zu erfüllen hatten, wobei im Falle des Versagens mit Ablösung und Ersetzung zu rechnen war, sondern sie erhoben darüberhinaus den Anspruch, gesellschaftliche Werte und Ideale zu verkörpern, durch die sie eigentlich erst die politisch-soziale Elite bildeten. Nicht weil sie bestimmte Funktionen erfüllten, sondern weil sie die zentralen Prinzipien und Werte der Gesellschaft repräsentierten, haben sie sich als der Elite zugehörig begriffen.

Diese Verbindung, die charakteristisch ist für stratifizierte Gesellschaften, Gesellschaften mit einer klaren Binnenstruktur nach Schichten oder Klassen, hat sich in den westlichen Industriegesellschaften im Verlaufe des 20. Jahrhunderts aufgelöst und einem Typ von Funktionselite Platz gemacht, bei dem allein Leistungsfragen im Hinblick auf die Bewältigung spezifischer Aufgaben ausschlaggebend sind. Dagegen trat die Frage der Repräsentation gesellschaftlicher Werte immer mehr in den Hintergrund. Ganz offensichtlich trägt die Entkoppelung von Funktionen und Werten, Leistung und Orientierung erheblich zur Erhöhung gesellschaftlicher Flexibilität bei: Die Anpassung von Steuerungs- und Vermittlungsaufgaben an veränderte Rahmenbedingungen kann umso schneller und ohne größere Kontroversen in der Gesellschaft vonstatten gehen, je weniger mit bestimmten Funktionen Leitideen und zentrale Werte der Gesellschaft verknüpft sind und je weniger von Funktionsträgern Vorbildverhalten und Orientierungswissen erwartet wird. Und umgekehrt kann der Wandel der Werte und der Austausch der Vorbilder umso zügiger vonstatten gehen, je weniger die Repräsentation von Werten mit gesellschaftlichen Funktionen verbunden ist und die Vorbilder Inhaber gesellschaftlicher Positionen oder politischer Ämter sind. Der beinharte Immobilismus, der für die realsozialistischen Gesellschaften der siebziger und achtziger Jahre charakteristisch war, dürfte nicht zuletzt das Resultat der unterbliebenen Entkoppelung von Funktions- und Werteliten in diesen Gesellschaften gewesen sein.

Eine solche Entkoppelung freilich war in den Gesellschaften des Realsozialismus schlichtweg unmöglich, solange die Basislegitimation dieser Gesellschaftsordnungen im Rückgriff auf die Wahrheit des Marxismus-Leninismus bestand. Eine Entkoppelung der Macht- und Funktionselite von der Deutungs- und Wertelite nach dem Vorbild liberal-demokratischer Gesellschaften wäre hier einem Staatsstreich gleichgekommen, denn mit der Verbindlichkeit des Marxismus-Leninismus hätte auch die auf ihn gegründete Gesellschaftsordnung zur Disposition gestanden. Dass der Generalsekretär der jeweiligen KP auch als einer der bedeutendsten marxistischen Wissenschaftler dargestellt werden musste, war die Konsequenz der engen Verbindung von Steuerungsleistung und Orientierungswissen, Funktionserfüllung und Vorbildhaftigkeit. Was im Falle Stalins zur Karikatur gesteigert worden ist, galt im Prinzip für alle Chefs der kommunistischen Parteien: Machtpolitische Entscheidungen legitimierten sich durch die Verfügung über das verbindlich höhere Wissen, vermittelst dessen sie auch allen Abstimmungstests enthoben waren. Als Gorbatschow daranging, unter der Devise von Glasnost und Perestroika eine allmähliche Entkoppelung beider Elitenfunktionen herbeizuführen, war dies der Anfang vom Ende des Realsozialismus. Die überalterte Nomenklatura konnte hinsichtlich der Steuerungsfunktion den Leistungstest und hinsichtlich der Wertevermittlung den Kohärenztest nicht bestehen: Weder leistete sie, was zu leisten sie behauptete und was das System an Leistung von ihr verlangte, noch lebte sie selbst nach jenen Idealen und Werten, die sie für die anderen propagierte. Zuletzt zeigte sich, dass die Nomenklatura ihr Orientierungswissen benutzt hatte, um Defizite ihrer Steuerungsfunktion zu kaschieren, und dass sie ihre Steuerungsaufgaben vorgeschoben hatte, wenn es um die Frage ging, ob sie sich auch entsprechend den von ihr vertretenen Orientierungen verhalte. Unter diesen Umständen hatte sich die Koppelung von Steuerungsfunktion und Orientierungswissen zu der immer wieder beobachteten Sakralisierung des Alltags im Realsozialismus ausgewachsen.[8] Dementsprechend war die Elite in Sakralität erstarrt.

Die Entkoppelung der Elitenfunktionen von gesellschaftlich-politischer Steuerung und orientierender Vorbildhaftigkeit in den westlichen Gesellschaften ist freilich ebenfalls keine unproblematische und unumstrittene Entwicklung, zumal die Gruppe der Intellektuellen, wie sie sich seit der Dreyfus-Affäre am Ausgang des 19. Jahrhunderts als von den Entscheidungs- und Machtzentren der Gesellschaft distanzierter Träger kritischen Orientierungswissens entwickelt hat, so ohne weiteres die sich selbst zugemutete Aufgabe nicht hat wahrnehmen können. Dass sie obendrein permanenten Anfeindungen seitens der Macht- und Funktionselite ausgesetzt war, kommt noch hinzu.[9] Darauf wird noch zurückzukommen sein. Zunächst ist jedoch festzuhalten, dass die Trennung der Funktionselite von Vorbildfunktionen und den Aufgaben der Wertevermittlungen, die von den Funktionseliten in liberal-demokratischen Gesellschaften auch akzeptiert worden ist, zu einer dramatischen Beschleunigung der Elitenzirkulation geführt hat, die von der empirischen Elitenforschung als zunehmende Entwertung der sozialen Herkunft für die Chancen des Aufstiegs in diese Eliten beschrieben worden ist.[10] Überdurchschnittliche akademische Abschlüsse und erfolgreiche berufliche Bewährung als wichtigste Kriterien für den Zugang zur Elite sind nicht nur die Ursache dafür, dass die soziale Rekrutierungsbasis der Eliten heute so breit ist wie niemals zuvor und sich inzwischen auch eine größere Offenheit des Elitenzugangs für Frauen zeigt, sondern auch dafür, dass diese Funktionseliten zugleich eine große Flexibilität und Responsivität gegenüber sich schnell wandelnden Anforderungen aufweisen. Beides ist in hohem Maße ihrer Entkoppelung von den Aufgaben der Sinnstiftung und Wertevermittlung geschuldet. Man kann dies auf die Formel »von der elitengelenkten zur elitenlenkenden Demokratie«[11] bringen. Entscheidend sind danach nicht mehr so sehr die sozio-moralischen Dispositionen der Eliten und ihre politischen Orientierungen, sondern die Mechanismen, durch die sie ausgewählt, mit Aufgaben betraut, davon wieder entbunden und schließlich als Elite abgelöst werden.

In dem Maße freilich, wie die Flexibilität von Eliten durch die Rückführung ihrer Aufgaben auf ökonomische, soziale und politische Steuerung erhöht und dies begünstigt wird durch ihre Segmentierung in Teileliten, die gesellschaftlichen Teilsystemen zugeordnet sind, verstärkt sich auch die Erfordernis ihrer Integration zu einer die Geschicke des politischen Großverbandes bestimmenden Einheit. Diese horizontale Integration der Elite, die herkömmlich durch gemeinsame aristokratische Herkunft, durch ein entsprechendes Standesbewußtsein oder auch durch Bildungsinstitutionen und die in ihnen erworbenen Leistungszertifikate mehr oder minder gesichert war, wird umso mehr zum Problem, je stärker die herkömmliche Elitenfunktion der Sinnstiftung von den Steuerungsaufgaben entkoppelt ist und von den Intellektuellen, die die Hegemonie über den gesellschaftlichen Diskurs zu erringen versuchen, vor allem im Sinne einer kritischen Prüfung der Steuerungsleistungen der Funktionselite verstanden wird. Es zeigt sich nun, dass durch Mehrfachmitgliedschaften von Angehörigen der Teileliten sowie Kommunikations- und Beziehungsgeflechte ein innerer Zirkel entstanden ist, bei dem die in den Teilsystemen ausgelegten Fäden zusammenlaufen. Dieser *innere Zirkel* ist jedoch kein festgefügtes Machtzentrum im herkömmlichen Sinne, sondern verändert sich permanent mit der sich verändernden Bedeutung und Gewichtung der Teilsysteme; in ihm verbinden sich somit Flexibilität und Stabilität in einer ganz spezifischen Weise, und man kann sagen, dass die Vorstellung der klassischen Elitentheorie, wonach herrschende Eliten sich permanent erneuern und ergänzen müssen, um im sicheren Besitz der Entscheidungspositionen zu bleiben, hier optimal verwirklicht wird. Die inzwischen erfolgte Integration einer Reihe ökologischer Kritiker der bestehenden Wirtschafts- und Gesellschaftsordnung in Spitzenfunktionen des ökonomischen wie politischen Systems ist das wohl schlagendste Beispiel hierfür.

Aber was wurde unter diesen Umständen aus der Elitenfunktion, Orientierungswissen zu vermitteln und gesellschaftliche Grundwerte zu repräsentieren? Einen Teil dieser Aufgaben haben die Intellektuellen übernommen, die in zyklischen Bewegungen bald ein überwiegend kritisches, bald ein eher affirmatives Verhältnis zu den Funktionseliten einnehmen. Konflikte zwischen beiden und wechselseitige Vorwürfe schwerwiegenden Versagens bzw. Infragestellungen der Funktion und des Nutzens gehören damit zu den zentralen Funktionsmechanismen gesellschaftlicher Systeme, die auf der Entkoppelung der Elitenfunktionen Steuerung und Wertevermittlung beruhen. Die damit regelmäßig verbundene intellektuelle Erregtheit ist einer der Revitalisierungsmechanismen dieser Ordnung. Aus der Perspektive der sich selbst so verstehenden *kritischen* Intellektuellen wird diese eigene Rolle oft missverstanden und mit der intellektuellen Erregtheit die Erwartung des Durchbruchs in neue politische Welten verbunden, wo es doch nur um die Revitalisierung der bestehenden Ordnung und ihrer Potentiale geht. Dagegen sehen andere Intellektuelle in solchen Erregtheitszuständen sogleich eine gravierende Bedrohung der bestehenden Ordnung, malen Schreckensszenarien aus und bieten sich selbst als Retter vor den Irritationen der Intellektuellen an. Die sogenannten Achtundsechziger waren ein Beispiel für Ersteres, Helmut Schelsky war ein Beispiel für Letzteres.

Freilich ist auch zu konstatieren, dass die Intellektuellen, gleichgültig, ob sie zur bestehenden Ordnung bzw. den Steuerungsaktivitäten der Funktionselite eher kritisch oder eher affirmativ eingestellt sind, die Rolle der herkömmlichen Wertelite nicht wirklich, zumindest nicht in vollem Umfang, haben übernehmen können. Und wenn sie bei der Vermittlung von Orientierungswissen noch so erfolgreich sind – zur gelebten Verkörperung gesellschaftlicher Werte fehlt ihnen das Entscheidende: die Bereitschaft zur Inszenierung eines Lebens, das unter den Bedingungen vielfältiger medialer Präsentation zur Projektionsfläche für die Ängste und

Wünsche der Nicht-Elite werden kann. Diese Rolle haben seit einigen Jahrzehnten vor allem die Stars aus Film, Musik und Fernsehen übernommen, die fast stärker noch als die Funktionselite gegenüber den veränderten Anforderungen – hier solchen des Publikumsgeschmacks – flexibel sind und dementsprechenden Zirkulationsbedingungen unterliegen.[12] Sie kommen und gehen – und einige halten sich auch über Jahre und Jahrzehnte, festgelegt auf Rollen, die ihnen im gesellschaftlichen Erwartungsrahmen zugedacht werden. Es fällt auf, dass in der politischen Kultur der Bundesrepublik – aber keineswegs nur hier – die Funktionselite seit einigen Jahren die Stars aus Film, Musik und Fernsehen regelrecht umwirbt, weil sie offenbar von deren Popularität zu profitieren hofft. »Hat die Masse stärkere Position«, heißt es bei Ludwik Fleck, »dann prägt sich dieser Beziehung [zwischen Elite und Masse] ein demokratischer Zug auf: man schmeichelt gewissermaßen der öffentlichen Meinung, und die Elite strebt danach, das Vertrauen der Masse zu bewahren... Ist die Position der Elite stärker, dann trachtet sie nach Distanz und isoliert sich von der Menge.«[13] Offenbar hält die Funktionselite ihre Stellung für eher schwach und gefährdet, was sie durch den turnusmäßigen Rhythmus, in dem ihre Macht im Akt der Wahl zur Disposition gestellt wird, ja auch ist. Das Techtelmechtel von Politikern mit Schauspielern soll Macht erhalten und ist doch ein Zeichen von Schwäche und Angst.[14]

Es versteht sich von selbst, dass sich unter den Bedingungen einer solchen Flexibilisierung nicht nur unter den Funktions-, sondern auch unter den Surrogaten der alten Wertelite Sorge breitmacht und die Frage nach dem Ethos der Eliten wieder in einer Weise hervortritt[15], wie dies gemäß dem Imperativ der Entkoppelung von Funktions- und Wertelite und dem damit erreichten Maß an Flexibilität eigentlich gar nicht der Fall sein dürfte. »Die Demokratie benötigt als Zivilgesellschaft existenziell Eliten«, schreibt Sven Papcke, »die über den Tellerrand privater Bedürfnisse oder beruflicher Professionalität schauen, nicht hingegen erfolgreiche und vor allem dem eigenen Wohl verpflichtete Chancenabsahner.«[16] Papcke will die Differenz zwischen beiden nicht durch Anpassungsfähigkeit, Flexibilität und dergleichen hergestellt wissen, sondern durch die Orientierung der Eliten am Gemeinwohl, ihren Gemeinsinn. »Nicht die Existenz von Eliten war und ist das Problem der politischen Moderne... Das Dilemma besteht eher darin, dass der entsprechende Leitungsbedarf nicht oder nicht hinreichend elitär gedeckt wird. In einer Wirtschaftsmoderne, in der die eigene Vorteilsnahme durch Machtbesitz und Besitzmacht zum Lebenszweck gerät, ist die Befriedigung durch den Dienst am Gemeinsinn längst ein belächeltes Hirngespinst.«[17] Aus lauter Faszination durch Flexibilität und Anpassungsfähigkeit scheint eine Reihe anderer

Erfordernisse übersehen worden zu sein, die für das Funktionieren offener Gesellschaften offenbar doch unverzichtbar sind. Auch wenn Politiker in Zeiten zunehmender Politiktheatralisierung ohne gewisse Schauspielerqualitäten nicht auskommen können, so ist es doch fraglich, ob umgekehrt einigen Schauspielern, Sängern und Sportlern die Rolle von Wertevermittlung und Sinnstiftung dauerhaft übertragen werden sollte. Dem Zusammenbruch, den die realsozialistischen Staaten infolge von Inflexibilität erfahren haben, könnte hier ein Ruin durch Hyperflexibilität, also Beliebigkeit, folgen.

Aber wie soll, wenn die allgemeine Verhaltenserwartung der Gesellschaftsmitglieder und die Gratifikations- und Sanktionsmechanismen der gesellschaftlichen Teilsysteme dem entgegenstehen, eine *Gemeinwohlorientierung,* deren Fehlen Papcke beklagt, oder eine sich aus dem Bewußtsein von der Interdependenz der Teilsysteme und den von ihnen notorisch produzierten nichtintendierten Folgen zusammensetzende *Langfristorientierung* von Eliten, wie sie von Dieter Grimm angemahnt worden ist[18], zustandekommen und für die Eliten verpflichtend werden? Die klassische Antwort einer demokratischen Institutionentheorie war der Verweis auf entsprechende institutionelle Arrangements, mit deren Hilfe die gewünschten Dispositionen hervorgebracht bzw. Personen mit entsprechenden Einstellungen ausgewählt und gefördert werden sollten. Das Problem liegt freilich darin, dass die Funktionsmechanismen moderner Gesellschaften, die in Teilsysteme und entsprechende gesellschaftliche Teileliten segmentiert sind, eine solche Zentral- und Leitinstanz, durch die der Entkoppelungsprozess zumindest an einer Stelle unterbrochen und durch Verkoppelungen konterkariert wäre, nicht kennen und auch nicht zulassen. So wird also eines der gesellschaftlichen Teilsysteme mit dieser Aufgabe betraut, und dabei mag man, wie etwa Ernst-Wolfgang Böckenförde, an die Kirchen oder, wie Dieter Grimm, an das Bildungssystem denken, ohne freilich überzeugend begründen zu können, warum ein Teilsystem der Gesellschaft Werte und Orientierungen vermitteln können soll, die im unmittelbaren Betrieb der einzelnen Teilsysteme – einschließlich dessen, was sie hervorbringen – selbst keine tragende Rolle spielen. Was hier gesucht wird, ist ein Zaubertrick, der es ermöglichen soll, die Struktur einer Gesellschaft, die auf Teilziele und Nahperspektiven ausgerichtet ist, unangetastet zu lassen und doch gleichzeitig eine in diesem Teilsystem handelnde Elite zu haben, die die bedrohlichen Ergebnisse dieser Teilzielverfolgung mit Nahperspektive abzufangen und zu korrigieren vermag. Das wird kaum möglich sein, und die als Kandidaten für die Bewältigung dieser Aufgabe ins Gespräch gebrachten Kirchen, Schulen und Universitäten werden daran nur scheitern können – selbst wenn es ihr traditioneller Anspruch ist, am Gemeinwohl und an Langfristperspektiven orientierte Eliten hervorzubringen. Dazu mochten sie in der Lage gewesen sein, als die gesellschaftlichen und politischen Eliten noch Zentral- und Leitinstanzen besetzten, mit denen die gesellschaftlichen Teilbereiche verkoppelt oder von denen aus sie gelenkt und überwacht wurden. Mit ihrem Wegfall sind die Orientierungen an Teilzielen und Nahperspektiven selbst zum Bestandteil des Bildungssystems geworden. Die Struktur der gesellschaftlichen Ordnung reproduziert sich auch in ihrem Bildungs- und Ausbildungssystem, und selbst die Kirchen können sich von gesellschaftlichen Entwicklungsprozessen nicht abkoppeln.

Heißt das, dass alle qualitativen Anforderungen an Eliten zurückzustellen sind und als anachronistisch bzw. alteuropäisch, wie die gängige Denunziationsvokabel lautet, zu gelten haben? Kaum, solange Vorstellungen über Gemeinwohl- und Langfristorientierungen von Eliten als deren wichtigste Befähigungs- und Exzellenzmerkmale im Umlauf sind. Wenn die Anzeichen nicht täuschen, so ist in den letzten Jahren das Bewusstsein dafür gewachsen, dass Eliten nicht nur mit Hilfe bestimmter sozialwissenschaftlicher Indizes definiert und beschrieben werden können, sondern dass seitens der Sozialwissenschaften auch Erwartungen entwickelt und formuliert werden dürfen und müssen, damit das gesellschaftlich erforderliche Profil von Eliten erkennbar ist. Die Analyse freiheitlich verfasster Gesellschaften zeigt, worauf solche Gesellschaften angewiesen sind, um auf Dauer bestehen zu können. So ergeben sich aus der Deskription fast beiläufig Präskriptionen. Sie sollten klarer als solche auch gekennzeichnet werden. Die Klassiker der Elitentheorie wußten sehr genau, dass ein bestimmtes Eliteverhalten über kurz oder lang den Sturz dieser Elite zur Folge hatte. Diese Beobachtung ist die Grundlage des Theorems vom Kreislauf der Eliten. Wer daraus nur die Aussage, keine Gesellschaft komme auf Dauer ohne Eliten aus, herausliest, hat das Theorem sicherlich nicht missverstanden, aber es nur zur Hälfte zur Kenntnis genommen. Die andere Hälfte bezieht sich nämlich auf die spezifischen Fähigkeiten, die Eliten besitzen müssen, wenn sie nicht absteigen wollen. Wenn richtig ist, dass Elitenversagen heute den Abstieg nicht nur der Eliten, sondern auch der Gesellschaften, die sie hervorgebracht haben, zur Folge hat[19], sollten die Gesellschaften mit mehr Aufmerksamkeit ihre Eliten beobachten, und die Sozialwissenschaften müssen ihnen dabei Hilfestellung leisten – nicht zuletzt durch die präzise Darlegung jener Erwartungen, denen Eliten genügen müssen, um erfolgreich zu sein.

Anmerkungen

1 Robert Michels, *Soziologie des Parteiwesens in der modernen Demokratie,* Stuttgart 1989 (4., erg. Auflage mit einer Einführung von Frank R. Pfetsch), S. 367.

2 Zur Theorie vom Kreislauf der Verfassungsformen vgl. nach wie vor Heinrich Ryffel, *Metabolè Politeíon. Der Wandel der Staatsverfassungen,* Bern 1949; zum Wandel des Revolutionsbegriffs von einem Bestandteil der Kreislauftheorie zu einem Vektor des Fortschritts vgl. Karl Griewank, *Der neuzeitliche Revolutionsbegriff. Entstehung und Geschichte,* Frankfurt/M. 1973.

3 Machiavelli hat übrigens die Füchse politisch über die Löwen gestellt; vgl. Herfried Münkler, *Im Namen des Staates. Die Begründung der Staatsraison,* Frankfurt/M. 1987, S. 174 f. Dagegen hat sich Voltaire an die Löwen gehalten, freilich in Absetzung von den Ratten: »Ich gehorche lieber einem Löwen als zweihundert Ratten. Die erbärmlichste Sorte sind die Schelme, die die Welt mit ihrem Tintenfaß regieren. Wenn ich vor die Wahl gestellt würde, so zöge ich die angestammte Herrschaft eines einzigen der vielköpfigen Tyrannis vor. Auch ein Despot hat immer noch gute Augenblicke, eine Versammlung von Despoten hat diese Augenblicke nie.« Voltaire hat die Herrschaft eines Einzelnen gegenüber der einer Elite präferiert, d. h. er hätte Stalin jedem Politbüro vorgezogen. Darin sind ihm im 20. Jahrhundert viele gefolgt.

4 Daß der Kult des großen Mannes bei Carlyle eher das Heldische, bei Treitschke dagegen die Wahrnehmung einer historischen Aufgabe zum Zentrum hatte, soll nicht unerwähnt bleiben; vgl. Walter Bußmann, *Treitschke. Sein Welt- und Geschichtsbild,* Göttingen u. Zürich [2]1981, S. 413-421.

5 Moscas Überlegungen finden sich in der 1895 erstmals veröffentlichten Schrift *Die herrschende Klasse* (Bern 1950); aus Paretos umfänglichem Werk ist vor allem sein *System der allgemeinen Soziologie* (hrsg. Von Gottfried Eisermann, Stuttgart 1962) zu nennen; vgl. Gottfried Eisermann, *Vilfredo Pareto,* Tübingen 1987, S. 229 ff.

6 Mosca, *Die herrschende Klasse,* S. 53.

7 Max Weber, »Der Nationalstaat und die Volkswirtschaftspolitik«, in: *Gesammelte Politische Schriften,* hrsg. Von Joh. Winckelmann, Tübingen [4]1989, S. 23; für Webers Beschäftigung mit elitentheoretischen Fragestellungen aufschlußreich ist Gottfried Eisermann, *Max Weber und Vilfredo Pareto,* Tübingen 1989.

8 Vgl. hierzu insbes. Ernest Gellner, *Bedingungen der Freiheit. Die Zivilgesellschaft und ihre Rivalen,* Stuttgart 1985, S. 39 ff.

9 Vgl. Dietz Bering, *Die Intellektuellen,* Stuttgart 1978, S. 94 ff.

10 Die abnehmende Bedeutung der sozialen Herkunft und die parallel dazu gestiegene Relevanz der Vorstellungen der aufnehmenden Gruppe zeigt sich in den einschlägigen Untersuchungen von Ralf Dahrendorf, *Demokratie und Gesellschaft in Deutschland,* München 1965, Wolfgang Zapf, *Wandlungen der deutschen Elite. Ein Zirkulationsmodell deutscher Führungsgruppen,* München [2]1966 sowie zuletzt Wilhelm Bürklin und Hilke Rebensdorf (Hrsg.), *Eliten in Deutschland. Rekrutierung und Integration,* Opladen 1997.

11 *Frankfurter Allgemeine Zeitung,* 25. Sept. 1977, S. 14.

12 Thomas Macho hat vor einiger Zeit die Auffassung vertreten, mit dem Ende des agrarischen Zeitalters und dem Beginn der Moderne sei auch die Ablösung der Elite durch die Prominenz erfolgt (Thomas H. Macho, »Von der Elite zur Prominenz. Zum Strukturwandel politischer Herrschaft«, in: *Merkur,* 47. Jg., 1993, Heft 9/10, S. 762-769). Tatsächlich ist der Aufstieg der Prominenz sehr viel jüngeren Datums; auch muss man sorgfältig darauf achten, die Konstitutionsprinzipien der Demokratie nicht mit innerdemokratischen Veränderungen zu verwechseln. Vgl. aus konservativer Sicht, als Verteidigung der

Elite gegen die aufdringliche Prominenz, Gerd-Klaus Kaltenbrunner (Hrsg.), *Rechtfertigung der Elite. Wider die Anmaßungen der Prominenz*, Freiburg 1979.

13 Ludwik Fleck, *Entstehung und Entwicklung einer wissenschaftlichen Tatsache*, Frankfurt/M. [2]1993, S. 139.

14 Ob der Schauspieler-Präsident Ronald Reagan, der im Akt demokratischer Wahlen als unschlagbar galt, als Wiederverkoppelung von Steuerungs- und Wertelite anzusehen ist, muss offen bleiben. Als sicher darf jedoch gelten, daß Reagan politisch Schule gemacht hat.

15 Vgl. Wilfried Röhrich, *Eliten und das Ethos der Demokratie*, München 1991; Peter Glotz, Rita Süssmuth, Konrad Seitz, *Die planlosen Eliten. Versäumen die Deutschen die Zukunft?*, München 1992.

16 Sven Papcke, »Über Eliten. Wie sie sein sollten und doch nicht sind«, in: *Merkur*, 52. Jg., 1998, Heft 12, S. 1125.

17 Ebd., S. 1126.

18 Dieter Grimm, »Vergiss die Besten nicht. Das Denken in Zusammenhängen und die Bereitschaft, langfristig die Folgen zu beachten, sind Merkmale einer modernen Elite«, in: *Frankfurter Allgemeine Zeitung*, 1. Dezember 1999, S. 54; zur Gemeinwohlproblematik jetzt auch: Herfried Münkler/Karsten Fischer, »Gemeinwohl und Gemeinsinn. Thematisierung und Verbrauch soziomoralischer Ressourcen in der modernen Gesellschaft«, in: Berlin-Brandenburgische Akademie der Wissenschaften, *Berichte und Abhandlungen*, Bd. 7, Berlin 1999, S. 237-265.

19 Implizit erweitert Grimm das Theorem der Elitenzirkulation zu einem von Auf- und Abstieg der Gesellschaften, wenn er schreibt: »Jede Gesellschaft hat Eliten, ob sie soll oder nicht. Aber von der Beschaffenheit ihrer Eliten hängt ihre Zukunftsfähigkeit ab« (ebd.). Dass nicht nur die Zukunft der Elite, sondern die einer ganzen Gesellschaft auf dem Spiel steht, war der Kerngedanke der klassischen Theorie vom Verfassungskreislauf. Die Elitentheorie hatte demgegenüber nicht mehr ganze Gesellschaften und Staaten, sondern nur noch deren Eliten rotieren lassen. Das hat die Lage entdramatisiert. Die jüngste Wendung ist demgegenüber eine dramatische Verschärfung der Problemanzeige.

Sabine Sauer
Die Alphas

Canis lupus, Berlin

STRUTHIO CAMELUS, BERLIN

Camelus ferus, San Diego

Ursus maritimus, San Francisco

Panthera leo, Los Angeles

Gorilla gorilla, Los Angeles

Giraffa camelopardalis, Los Angeles

Phacochoerus africanus, San Diego

Michael Hartmann
Aus gutem Stall

Das Elitebewusstsein der deutschen Spitzenmanager

Nur wenige Wochen nach der Vereidigung der Regierung Schröder im Oktober 1998 begann die deutsche Wirtschaftselite in einer in der Geschichte der Bundesrepublik Deutschland beispiellosen Kampagne, die neue Regierung in Bonn zu attackieren. Mit massivem Druck wurde – nicht ohne Erfolg, wie man inzwischen weiß – versucht, das Ergebnis der Bundestagswahlen zu »korrigieren«. So warnten Anfang 1999 zweiundzwanzig deutsche Spitzenmanager (mit den Vorstandsvorsitzenden der führenden Industriekonzerne, Großbanken und Versicherungen die Crème de la crème der deutschen Wirtschaft) in einem offenen Brief vor den verheerenden Folgen der angekündigten Steuerreform für die deutsche Wirtschaft. Vertreter der von der Reform besonders betroffenen Energiewirtschaft drohten offen mit der Verlagerung ihrer Firmensitze ins Ausland, und der Vorstandsvorsitzende der Mannheimer Versicherung kündigte gar an, sein Unternehmen werde keine Bundesanleihen mehr zeichnen, und entwarf dabei ein Szenario, demzufolge die Bundesregierung bei einer umfassenden Weigerung der Versicherungswirtschaft als des größten Zeichners solcher Anleihen in finanzielle Schwierigkeiten kommen werde.

Einen derart offenen und umfassenden Angriff auf eine gerade erst mit großer Mehrheit von der Bevölkerung gewählte Regierung hatte es vorher noch nicht gegeben.[1] Sogar die CDU/CSU sah sich trotz »Übereinstimmung in der Sache« genötigt, die Wirtschaft darauf hinzuweisen, dass ihr Vorgehen nicht mit den Gepflogenheiten eines demokratischen Rechtsstaats zu vereinbaren sei. In zahlreichen Kommentaren der deutschen Medien wurde die Kampagne der Wirtschaft denn auch zu Recht als Erpressung und Nötigung von Verfassungsorganen charakterisiert. Der Chefredakteur der *Wirtschaftswoche* brachte die Aktivitäten der deutschen Wirtschaftselite kurz vor dem Rücktritt Lafontaines in einem Leitartikel auf die knappe Formel »Das Kapital probt die Revolution«. Er hatte sich dabei ganz offensichtlich von einer Aussage inspirieren lassen, die der Chef eines großen deutschen Unternehmens kurz zuvor gegenüber dem

Handelsblatt gemacht hatte: »Noch nie gab es eine Revolution des Kapitals. Jetzt hat sie begonnen.«

Solche Formulierungen wie auch das gesamte Vorgehen der Spitzenmanager zeigen eines deutlich: Die Wirtschaftselite fühlt sich als die eigentliche Elite des Landes, deren Handlungen letztlich über das Wohl und Wehe der Bundesrepublik entscheiden. Die Politiker werden nur noch als Erfüllungsgehilfen in einem gesellschaftlichen Prozess gesehen, der im Wesentlichen von den Spitzenvertretern der Wirtschaft gemanagt wird und ihrer Meinung nach durch die »Globalisierung« auch völlig alternativlos geworden ist. Die Wirtschaft gibt den Kurs vor, und die Politik muss die notwendigen Rahmenbedingungen schaffen. Das ist im Kern die Einstellung der meisten Spitzenmanager.

Eine »Leistungselite« – die Selbsteinschätzung der Spitzenmanager

Die mit der starken Internationalisierung der Wirtschaft und der ideologischen Dominanz des Neoliberalismus zusammenhängenden Veränderungen im Verhältnis von Wirtschaft und Politik scheinen das Selbstbewusstsein der Wirtschaftselite enorm gestärkt zu haben. Man tritt gegenüber dem Staat fordernder auf als früher und ist sich seiner Macht auch bewusster – so der Eindruck, der sich in der Öffentlichkeit zunehmend breit macht. Dieser Eindruck ist zwar nicht ganz falsch, er verfehlt aber den Kern der Sache. Die vielbeschworene »Globalisierung« der Wirtschaft hat die Position der Wirtschaftselite in der Gesellschaft sicherlich gestärkt, ihre Selbsteinschätzung aber nicht nennenswert verändert. Man sah sich auch früher schon als die wirklich entscheidende Elite der Gesellschaft, sagte es nur nicht so offen wie heute. Die Dominanz ökonomischer Begrifflichkeiten und ökonomischer Logik in den Medien und den öffentlichen Diskussionen[2] hat die grundlegende Einstellung der Topmanager nicht geändert, es ihnen allerdings spürbar erleichtert, ihr Elitebewusstsein öffentlicher und offensiver als früher zu formulieren.

Dieses Elitebewusstsein wird bestimmt von der Vorstellung, eine reine Leistungselite darzustellen, die Spitzenposition – im Unterschied etwa zu den Politikern oder zum Adel – nur dem eigenen Können und sonst nichts zu verdanken. Das *Manager Magazin* charakterisierte diese Haltung vor einigen Jahren in einem Artikel über Spitzenmanager treffend mit der Überschrift »Wo nur die Leistung zählt«. In Umfragen betonen Topmanager denn auch immer wieder, dass ihre persönliche Leistung die entscheidende Bedingung für ihren Aufstieg war. In einer 1994 von Erwin K. und Ute Scheuch durchgeführten empirischen Erhebung nannten 92 Prozent der befragten Spitzenmanager Leistung und Fleiß als entscheidende

Voraussetzung für einen Aufstieg an die Spitze von Großunternehmen, gefolgt von Eigeninitiative und Durchsetzungsvermögen mit 86 Prozent sowie Bildung/Ausbildung mit 82 Prozent. Beziehungen mit 11 Prozent, politische Verbindungen mit 5 Prozent und Geld/Vermögen mit gar nur 4 Prozent spielten in ihren Augen dagegen keine Rolle.[3] Eine 1997/98 von Lutz von Rosenstiel geleitete Befragung von Topmanagern kam praktisch zu den gleichen Ergebnissen. Ihren Erfolg führten die Manager zu über 90 Prozent auf ihren persönlichen Einsatz zurück. Es folgte mit 73 Prozent die Ausbildung. Als wichtigste Karrierebedingungen wurden dementsprechend Leistungsmotivation und messbare Leistungen angeführt.[4] In dieses Bild passt auch, dass viele Spitzenmanager den Leistungssport sehr positiv bewerten.

Die ausschließliche Rückführung des beruflichen Erfolgs auf die eigene Leistung birgt für die deutsche Wirtschaftselite gleich vier wesentliche Vorteile. Erstens konnte mit dieser Ideologie die weitgehende personelle Kontinuität in den Chefetagen der deutschen Wirtschaft zwischen Nationalsozialismus und Bundesrepublik erfolgreich »bewältigt« werden[5], indem immer wieder auf den vorgeblich rein leistungsbezogenen und daher unpolitischen Charakter der Wirtschaftselite vor und nach 1945 hingewiesen wurde und bis heute noch wird. Zweitens ist es auf diesem Weg möglich, sich auch dauerhaft als »saubere Wirtschaft«, in der nur die Leistung zählt, von der »schmutzigen Politik« abzugrenzen, in der gekungelt und korrumpiert wird.[6] Drittens kann so die Vorstellung von einer klassenlosen, meritokratischen Leistungsgesellschaft gepflegt werden, in der ein jeder unabhängig von seiner Herkunft den berühmten Marschallstab im Tornister hat. Und viertens kann gerade unter Hinweis auf die ausschließlich von der eigenen Leistung und nicht von Beziehungen und Herkunft abhängige Eliteposition der Anspruch untermauert werden, nicht eine, sondern *die* Elite der Gesellschaft darzustellen.

Entsprechend zäh wird der Mythos der reinen Leistungselite verteidigt. Anders als noch im wilhelminischen Kaiserreich oder den zwanziger und dreißiger Jahren, wo die Handbücher der »besseren Gesellschaft« selbstverständlich auch ausführliche Darstellungen des familiären Hintergrunds von Spitzenvertretern der Wirtschaft enthielten, sind die bundesrepublikanischen Topmanager mit Angaben über ihre soziale Herkunft äußerst zurückhaltend. In einschlägigen biographischen Nachschlagewerken wie dem *Wer ist wer*, dem *Who's Who in Germany* oder dem *Munzinger-Archiv* wird inzwischen bei weniger als einem Drittel der Spitzenmanager der Beruf des Vaters genannt, und mit jeder Neubesetzung einer Topposition sinkt dieser Prozentsatz weiter. In der großen Mehrzahl der Fälle bleibt es bei einer ausschließlichen Darstellung des Bildungs- und Berufsweges.

Ausländische Beobachter erstaunt diese Scheu immer wieder. Das gilt vor allem für französische Wissenschaftler und Publizisten, denn im *Who's Who in France* kann man problemlos die soziale Herkunft von ungefähr 90 Prozent der französischen Topmanager nachlesen. Der französische Soziologe Hervé Joly spricht daher von einer »Banalisierung« der Selbstdarstellung deutscher Spitzenmanager, die, so räumt er ein, für die deutsche Wirtschaftselite allerdings auch einen wesentlichen Vorteil habe. Die deutsche Wirtschaftselite werde dadurch weniger angreifbar als ihr französisches Pendant, weil es keine öffentliche Diskussion über die Legitimität ihrer Privilegien gebe.[7]

Mythos und Realität

In fast allen Interviews, die ich im Rahmen eines Forschungsprojekts über Topmanager mit Managern großer Konzerne geführt habe[8], betonten diese auf die Frage nach der Bedeutung der sozialen Herkunft für die Besetzung von Spitzenpositionen zunächst, dass die soziale Herkunft ohne jede Bedeutung sei, und präsentierten als Beleg für die rein leistungsbezogene Auslese dann häufig das Beispiel eines Arbeiterkindes, das es bis zum Topmanager gebracht habe. Es handelte sich dabei fast durchweg um Kajo Neukirchen, den Vorstandsvorsitzenden der Metallgesellschaft, dessen Vater zwar tatsächlich als Töpfer gearbeitet hatte, aber nur, weil er als Sohn eines mittelständischen Unternehmers enterbt worden war. Das Beispiel stimmt also allenfalls eingeschränkt. Bei genauerem Nachfragen mussten die Interviewpartner dann auch einräumen, dass solche Fälle große Ausnahmen darstellten, es generell einen ziemlich direkten Zusammenhang zwischen familiärer Herkunft und Karriereerfolg gebe.

Wie stark dieser Zusammenhang tatsächlich ist, zeigt ein Blick auf die soziale Herkunft der deutschen Topmanager. Von den Vorstandsvorsitzenden der 100 größten deutschen Unternehmen des Jahres 1995 stammen über 80 Prozent aus dem gehobenen Bürgertum, d. h. den Familien von größeren Unternehmern, leitenden Angestellten, höheren Beamten, akademischen Freiberuflern und Großgrundbesitzern. Nahezu jeder Zweite dieser Topmanager kommt sogar aus dem Großbürgertum, hat den Inhaber, ein Vorstandsmitglied oder den Geschäftsführer eines großen Unternehmens mit mindestens 500 Beschäftigten, einen Gerichtspräsidenten, einen Medizinprofessor, einen renommierten Anwalt oder einen General zum Vater. In den letzten 30 Jahren hat sich an dieser exklusiven sozialen Rekrutierung der deutschen Spitzenmanager nichts geändert. 1970 bot sich bei den Vorstandsvorsitzenden der damals 100 größten Unternehmen ein fast identisches Bild[9], und die seit 1995 erfolgten Neubesetzungen einiger Chefpositionen in Großkonzernen folgen der gleichen Logik. Bei Bertelsmann und der Deutschen Bahn sind den Unternehmersöhnen Mark Wössner und Heinz Dürr die Unternehmersöhne Thomas Middelhoff und Johannes Ludewig gefolgt; bei Thyssen hat mit Ekkehard Schulz der Sohn eines Bankdirektors die Position des Professorensohnes Dieter Vogel übernommen; und bei der Deutschen Bank hat mit Rudolf Breuer der Sohn des Vorstandsvorsitzenden eines Nahrungsmittelunternehmens den Gutsbesitzerssohn Hilmar Kopper abgelöst. Bezüglich der sozialen Rekrutierung ist alles beim Alten geblieben. Von einer sozialen Öffnung der Wirtschaftselite ist nichts zu sehen.

Die fast durchgängige Rekrutierung der Wirtschaftselite aus dem gehobenen Bürgertum hat eine wesentliche Ursache. Diejenigen, die in diesem Milieu aufwuchsen, sind in der Regel weder fleißiger noch fachlich besser als jene Managementkandidaten, die aus den anderen Klassen und Schichten der Gesellschaft stammen. Sie verfügen aufgrund ihrer familiären Erfahrungen in Kindheit und Jugend aber über einen entscheidenden Vorteil. Sie besitzen all jene Persönlichkeitsmerkmale, die für die Besetzung von Spitzenpositionen in deutschen Großunternehmen letztlich entscheidend sind: persönliche Souveränität, der Spitzenposition entsprechende Umgangsformen, gute Allgemeinbildung, Optimismus und unternehmerische Einstellung.[10]

Diese Merkmale liegen nämlich jenen Auswahlkriterien zugrunde, anhand deren die für die Besetzung von Vorstandspositionen zuständigen Personen (Aufsichtsratsmitglieder, Vorstandskollegen und/oder Mehrheitsaktionäre) letztlich ihre Wahl unter den zur Verfügung stehenden Kandidaten treffen. Ihre Beurteilung von angemessenem Verhalten, ihre Einstellung in Fragen der Allgemeinbildung und des Geschmacks, ihre Sympathie für Personen mit einer der eigenen Persönlichkeit ähnelnden Persönlichkeitsstruktur, all dies sorgt für Kontinuität in den Bewertungsmaßstäben und bei der Besetzung von Spitzenpositionen. Man sucht letztlich jemand, dem man angesichts der Notwendigkeit, wirtschaftliche Entscheidungen häufig auf unsicherer Basis fällen zu müssen, vertrauen kann, und eine ähnliche soziale Herkunft bietet dafür die sicherste Gewähr, denn sie sorgt für ähnliche Verhaltens- und Beurteilungsmaßstäbe.[11] Ein Interviewpartner charakterisierte die Vorstellungsrunden für die Besetzung von Spitzenpositionen sogar kurz und knapp mit den Worten: »Die Gespräche mit dem Vorstand laufen doch so, dass der nicht viel mehr macht, als herauszufinden, ob man miteinander kann, und wenn jemand ähnliche Interessen hat wie jemand vom Vorstand, dass dann der Großteil des Gesprächs nur noch darum kreist.«

Entscheidend ist dabei, dass der Nachwuchs des gehobenen Bürgertums jene Selbstverständlichkeit im Verhalten aufweist, die für »Eingeweihte«

den entscheidenden Unterschied zwischen denen, die dazugehören, und denen, die nur dazugehören wollen, markiert. Pierre Bourdieu charakterisiert diese Differenz folgendermaßen: »Die Gewandtheit, äußere und innere Sicherheit der Bourgeois, die von ihnen als notwendig, weil als verwirklichte Übereinstimmung dessen, was man ist, mit dem, was man zu sein hat, empfunden wird und alle inneren und äußeren Formen der certitudo sui begründet und zulässt, Lässigkeit, Charme, Umgänglichkeit, Eleganz, Freiheit, mit einem Wort: Natürlichkeit; auf der anderen Seite die im Ehrgeiz begründete Enge und Beschränktheit der Kleinbürger, der rigide Voluntarismus derer, die berufen, aber noch nicht auserwählt sind und die im unaufhörlichen Lobgesang auf die Pflicht ihren Anspruch darauf begründen, eines Tages selber zu sein, was man zu sein hat.«[12] Max Horkheimer, dessen Vater als Eigentümer mehrerer Textilfabriken und Inhaber des begehrten Titels eines Kommerzienrats selbst zum Großbürgertum gehörte und der deshalb mit den Gepflogenheiten dieser Klasse bestens vertraut war, drückt denselben Sachverhalt etwas prosaischer aus: »Die Freiheit, Selbstverständlichkeit, ›Natürlichkeit‹, die einen Menschen in gehobenem Kreis sympathisch machen, sind eine Wirkung des Selbstbewusstseins; gewöhnlich hat sie nur der, welcher immer schon dabei war und gewiss sein kann, dabei zu bleiben. Die Großbourgeoisie erkennt die Menschen, mit denen sie gern umgeht, die ›netten‹ Menschen, an jedem Wort.«[13]

Diejenigen, die durch ihre Herkunft nicht dazugehören, versuchen zwar, sich den Habitus der »Bourgeoisie« anzueignen, aber gerade die Offensichtlichkeit ihres Bemühens diskreditiert ihr Verhalten. Man muss die für Spitzenpositionen wesentlichen Persönlichkeitsmerkmale besitzen, ohne den Prozess des Erwerbs erkennen zu lassen. Das macht die entscheidende Differenz zwischen dem kleinbürgerlichen Habitus des Strebens und dem durch Selbstverständlichkeit und Souveränität geprägten Habitus des gehobenen Bürgertums aus. Die »feinen Unterschiede«, die hinsichtlich der für die Auswahl von Topmanagern ausschlaggebenden Eigenschaften – Souveränität, angemessene Umgangsformen, Allgemeinbildung, Optimismus und unternehmerisches Denken – zwischen dem Nachwuchs des gehobenen Bürgertums und dem der anderen Klassen und Schichten bestehen, beruhen darauf, dass man jene Selbstverständlichkeit, die nur die in der Kindheit und Jugend im Rahmen der familiären Sozialisation unmerklich vor sich gehende Vermittlung von Verhaltensweisen und Einstellungen mit sich bringt, sich später mit noch so viel Anstrengung nicht mehr aneignen kann.

Nur diese Form der Aneignung aber garantiert, dass sie überall und jederzeit funktionieren, »wie eine Art soziales Gespür, das ermöglicht, sich in schwierigen Situationen zurechtzufinden, in denen die normalen

Orientierungsmittel fehlen«.[14] Einer der Interviewpartner drückte den entscheidenden Vorteil, der mit dem Aufwachsen in »gehobenen Verhältnissen« verbunden ist, so aus: »Ein im sog. Sinne ›gutes Elternhaus‹ ist nach wie vor ein Vorteil, weil man dort eben eine grundsätzliche Prägung im Hinblick auf Allgemeinbildung und Auftreten bekommt, die einen das ganze Leben hindurch begleitet. Analysefähigkeiten kann man sicherlich auch entwickeln, wenn man aus einem Arbeiterelternhaus kommt. Dagegen das, was man mit Selbstsicherheit, Souveränität meint, das ist etwas, was man schon in die Wiege gelegt bekommt. Das kann man schlecht lernen, wie auch alles, was ein bisschen mit Stil und Auftreten zu tun hat. Ich merke das hier auch bei meinen Kollegen, dass da sehr viel Kompensationsverhalten ist bei denen, die aus einem einfachen Elternhaus kommen.«

Teilelite oder die *Elite der Gesellschaft*

Das ausgeprägte Elitebewusstsein der deutschen Topmanager hat eine solide Grundlage. Man bekleidet nicht nur eine Spitzenposition, man verfügt als Kind des gehobenen oder (noch stärker) des Großbürgertums auch über den Habitus dessen, der weiß, dass er »dazugehört«. Die Selbstverständlichkeit des »Dazugehörens« und die daraus resultierende Souveränität des Verhaltens machen die wirkliche Stärke des Elitebewusstseins der Wirtschaftselite aus. Diese Aussage trifft auf die Kinder des ausgesprochenen Großbürgertums wie etwa den VEBA-Chef Ulrich Hartmann, dessen Vater drei Jahrzehnte zuvor bereits dieselbe Position bei der VEBA bekleidete, den Ergo-Vorstandsvorsitzenden Edgar Jannott, dessen Vater schon die Gothaer Versicherung leitete, oder auch den Mannesmann-Chef Joachim Funk, dessen Vater Professor der Medizin in Berlin war, sicherlich in größerem Maße zu als auf Manager wie z. B. den Vorstandsvorsitzenden des Gerling-Konzerns, Jürgen Zech, der »nur« aus dem Haushalt eines Landgerichtsrats kommt, oder den Vorsitzenden der Geschäftsführung von Bosch, Hermann Scholl, dessen Vater »nur« als promovierter Psychologe tätig war. Dennoch gilt sie im Kern auch für jene, die wie Zech oder Scholl »nur« dem gehobenen Bürgertum entstammen. Immerhin kommen sie damit aus einem Milieu, das in ihrer Jugendzeit nicht einmal drei Prozent der Bevölkerung umfasste.

Ganz wesentlich für das Empfinden, »dazuzugehören«, ist dabei die große Bedeutung, die klassischer bildungsbürgerlicher Allgemeinbildung für die Besetzung von Spitzenpositionen in der deutschen Wirtschaft zukommt. Wie wichtig Allgemeinbildung ist, illustriert die folgende typische Aussage eines Topmanagers: »Ich habe immer wieder festgestellt, dass unsere Topleute oftmals profunde Kenntnisse haben über Musik oder Literatur oder Geschichte oder die Bibel bzw. Religionen überhaupt. Das ist ein Kriterium, nicht ausgesprochen, aber unausgesprochen.« Die große Mehrzahl der »Entscheider« sieht (zumeist aufgrund ihres eigenen Lebenswegs) eine umfassende Allgemeinbildung und den damit assoziierten »breiten Horizont« als wesentlich für die Übernahme von Funktionen im Topmanagement an. Das kann in Einzelfällen sogar so weit führen, dass (wie in einem großen Automobilkonzern) Allgemeinbildung zum ausschlaggebenden Auswahlkriterium wird: »Es gab hier einen Vorgesetzten, der hat sich mit den Kandidaten über Musik und Opern unterhalten und über sonst nichts, einfach, um ganz überfachliche Persönlichkeitselemente abzugleichen.« Musisch begabte oder zumindest stark interessierte Topmanager wie der inzwischen auf den Aufsichtsratsvorsitz gewechselte frühere Vorstandsvorsitzende von Continental, Hubertus von Grünberg, der zunächst Musik und nicht Physik studieren wollte, sind durchaus keine Exoten in den Chefetagen der deutschen Wirtschaft. So ausgeprägt wie in diesem Fall sind die eigenen Fähigkeiten zwar nur selten, ein überdurchschnittliches Interesse für Kultur in all ihren Aspekten (von der Musik über die bildende und darstellende Kunst bis hin zur Literatur und zu berufsfremden Wissenschaftsdisziplinen wie etwa Philosophie, Geschichts- oder Religionswissenschaft) ist aber bei vielen Topmanagern vorhanden.

Die große Bedeutung klassischer bildungsbürgerlicher Werte bei der Auswahl von Spitzenmanagern hat für das Elitebewusstsein dieser Manager eine wesentliche Konsequenz. Ihre Haltung, nicht nur eine spezialisierte Teilelite, sondern *die* Elite Deutschlands zu sein, gewinnt dadurch an Substanz. Gerade angesichts der für Deutschland lange Zeit charakteristischen und bis heute immer noch nachwirkenden Trennung zwischen Bildungs- und Besitzbürgertum[15] ist es für eine Elite, die sich als die gesamtgesellschaftlich führende begreift, wichtig, auch auf dem ureigensten Terrain der »Konkurrenz« eine gute Figur zu machen. Der Erwerb herausgehobener akademischer Titel – immerhin verfügt fast jeder Zweite unter den Vorstandsvorsitzenden der hundert größten Unternehmen über einen Doktortitel – ist dafür zwar hilfreich, er reicht wegen des engen fachlichen Bezugs dieses Titels aber bei weitem nicht aus. Eine umfassende Allgemeinbildung bleibt für den Anspruch, *die* Elite der Gesellschaft zu bilden, absolut unverzichtbar.

Der gehobene bürgerliche Habitus, der für die exklusive soziale Rekrutierung deutscher Spitzenmanager sorgt, erfüllt damit im Kern jene Funktion, die in Frankreich oder Großbritannien von den renommiertesten Elitebildungseinrichtungen des Landes wahrgenommen wird: im Falle Frankreichs von den angesehensten Grandes Écoles wie vor allem der

ENA und der École Polytechnique, im Falle Großbritanniens von den berühmten Public Schools wie Eton, Harrow, Westminster etc. und den Eliteuniversitäten Oxford und Cambridge.[16] Er markiert, wenn auch im Unterschied zu Frankreich und Großbritannien ohne eine öffentlich anerkannte Zertifizierung durch exklusive Bildungstitel, die Zugehörigkeit zu jenen Kreisen, aus denen sich die Machtelite der Gesellschaft rekrutiert, und sorgt auf diesem Weg für eine weitgehende soziale Schließung des Rekrutierungsprozesses zu Gunsten des Nachwuchses des gehobenen Bürgertums. Die soziale Zusammensetzung der Wirtschaftseliten ist in allen drei Ländern denn auch fast identisch und ihr Elitebewusstsein gleichermaßen ausgeprägt. Die Herausbildung dieser Eliten unterliegt, wie die entscheidende Rolle der genannten Elitebildungsstätten für die Besetzung von Spitzenpositionen in französischen und britischen Großunternehmen zeigt, allerdings spezifischen nationalen Traditionen.

Konsequenz dieser starken nationalen Elitetraditionen ist eine fast ausschließlich nationale Rekrutierung der Topmanager. Ausländische Kandidaten haben so gut wie keine Chance, geht es um die Besetzung von Spitzenpositionen in der Wirtschaft. In Deutschland werden ganze zwei Unternehmen von Ausländern geleitet, wenn man den Deutschösterreicher Piëch als Ausländer mitzählt, und in den 40 größten deutschen Unternehmen sind ganze vier Prozent der Vorstandsmitglieder fremder Nationalität. In Frankreich, Großbritannien, Japan oder den USA ist das nicht anders.[17]

Das Wehklagen deutscher Manager, die viel zu niedrigen Spitzengehälter in Deutschland machten es unmöglich, ausländische Spitzenmanager zu engagieren, und führten gleichzeitig zur Abwanderung deutscher Topmanager, entbehrt daher weitgehend einer realen Grundlage. Infolge der Dominanz nationaler Karrierepfade stellt in den führenden Industrieländern der Wechsel eines Spitzenmanagers über die nationalen Grenzen hinweg immer noch eine seltene Ausnahme dar. Da es die Macht ist, die Spitzenmanager noch mehr interessiert als das Geld, ist kaum ein Topmanager gewillt, für ein höheres Einkommen die Möglichkeit zu opfern, ganz nach oben zu gelangen. So wäre beispielsweise ein Jürgen Schrempp wohl kaum bereit, mit seinem Vize Robert Eaton zu tauschen, auch wenn er damit sein Einkommen schlagartig erhöhen könnte, weil er zugleich die Machtposition an der Spitze des Konzerns abgeben müsste. Das ganze Klagen über die im internationalen Vergleich zu geringen Einkommen deutscher Topmanager dient also vorrangig nur dem einen Zweck, eine drastische Steigerung der eigenen Einkommen öffentlich zu legitimieren.

Die von deutschen Spitzenmanagern in Erhebungen immer wieder geäußerte Ansicht, ihre Karriere verdankten sie in erster Linie Leistung und Fleiß, ihre soziale Herkunft spiele dagegen keine Rolle, hält der Prüfung durch die Realität, wie gesehen, nicht stand. Das bedeutet nun aber nicht, dass deutsche Topmanager die vielzitierten »Nieten in Nadelstreifen« sind. Berufliche »Nieten« sind unter ihnen nicht häufiger anzutreffen als auch in anderen hochqualifizierten Berufsgruppen wie etwa bei Ärzten, Anwälten oder Professoren. Es gibt sie, sie bilden aber eine kleine Minderheit. Die Spitzenmanager trifft bei der Mehrzahl der ihnen von der Öffentlichkeit zur Last gelegten Fehlentscheidungen keine wesentliche Schuld, diese sind vielmehr das unvermeidliche Resultat eines Wirtschaftssystems, das im Grundsatz auf Unkalkulierbarkeit basiert.

Ein typisches Beispiel für solch unbegründete Vorwürfe ist der frühere Vorstandsvorsitzende von Daimler-Benz, Edzard Reuter. Wenn er heute unisono heftig kritisiert wird, weil er mit seiner Vision vom integrierten Technologiekonzern eine völlig verfehlte Strategie verfolgt habe, so darf nicht vergessen werden, dass ihn die meisten seiner heutigen Kritiker während seiner Amtszeit noch als Visionär gefeiert haben und sein Konzept sich in allen wesentlichen Punkten auch mit der damals vorherrschenden Managementphilosophie deckte. Sollte die Fusion von Daimler-Benz und Chrysler (aus welchen Gründen auch immer) letztlich keine Erfolgsstory werden, dürfte seinen Nachfolger Jürgen Schrempp in wenigen Jahren dasselbe Schicksal ereilen. Dann wird man sich auch wieder daran erinnern, dass er es war, der entscheidend mit der Focker-Pleite zu tun hatte. Heute interessiert das niemanden.

Dass Topmanager im einen Jahr von den Medien als Manager des Jahres gefeiert wurden, um oft schon im nächsten Jahr als Versager angegriffen zu werden, ist nicht gerade selten zu beobachten. Heinz Schimmelpfennig, der ehemalige Vorstandsvorsitzende der Metallgesellschaft, liefert dafür ein besonders gutes Beispiel. Kein Jahr, nachdem er zum Manager des Jahres gekürt worden war, musste er bei der Metallgesellschaft seinen Hut nehmen, weil das Unternehmen unter seiner Verantwortung an den Rand des Konkurses geraten war. Jürgen Dormann von Hoechst, vor wenigen Jahren noch der gefeierte Star der Chemiebranche, könnte es ähnlich gehen, sollte sich die Konzentration auf die »Life Sciences« angesichts der ablehnenden Haltung der Verbraucher gegenüber gentechnisch hergestellten Lebensmitteln als Fehler herausstellen und das Aufgehen von Hoechst im neuen Unternehmen Aventis ein Flop werden. Die derzeit massive Kritik am früher ebenfalls als Star gefeierten Monsanto-Chef Robert Shapiro, dessen Versuch, Monsanto in einen reinen Life-Sciences-

Konzern umzuwandeln, eventuell das Ende von Monsanto bedeutet, zeigt das deutlich. In einem solchen Fall dürften die Chefs von BASF und Bayer, Jürgen Strube und Manfred Schneider, die diesen Weg nicht gehen wollen, für ihre Weitsicht gerühmt werden. Sollte Aventis allerdings trotz aller augenblicklichen Probleme eine Erfolgsstory werden, wird es umgekehrt sein.

Den deutschen Spitzenmanagern kann also nicht vorgeworfen werden, dass sie dumm seien oder faul und nichts leisteten. Sie sind in ihrer großen Mehrzahl zweifellos überdurchschnittlich intelligent und fleißig und leisten unter den gegebenen kapitalistischen Verhältnissen auch durchaus das, was die Anteilseigner der Unternehmen von ihnen erwarten. Was man an ihrem Selbstverständnis als Leistungselite kritisieren kann, ist etwas anderes. Sie wollen oder können nicht sehen, dass sie ihre Karrieren und ihre Spitzenpositionen weniger ihrer (durchaus vorhandenen) individuellen Leistungsbereitschaft und ihrem Fleiß zu verdanken haben als vielmehr den persönlichen Eigenschaften, die auf das engste mit ihrer sozialen Herkunft verknüpft sind. Sie präsentieren mit der Betonung von Leistung und Fleiß in der Öffentlichkeit das Bild einer meritokratischen Leistungsgesellschaft, die im Grunde jedem die gleichen Chancen gibt, ein Bild, das mit der Realität nicht viel gemein hat. Aus strukturellen gesellschaftlichen Barrieren werden in ihrer Betrachtungsweise individuelle Unterschiede in Leistungsbereitschaft und Fleiß.[18]

Es lässt sich schwer sagen, ob die Topmanager die Mär von der rein leistungsbezogenen Auslese der Tüchtigsten selbst glauben oder ob sie sie nur öffentlich vertreten, weil sie sich davon die gesellschaftliche Legitimierung ihrer Macht und der damit verbundenen Privilegien versprechen. Vermutlich ist es eine Mischung aus beidem. Bewusst angestrebt oder nicht, die Wirkung ist jedenfalls eindeutig. Die bei der Rekrutierung von Spitzenmanagern greifenden sozialen Selektionsmechanismen sind in der Öffentlichkeit kein Thema. Trotz allen populistischen Geredes von den »Nieten in Nadelstreifen« wird die Selbstdarstellung der Wirtschaftselite als reine Leistungselite und damit indirekt auch ihr gesamtgesellschaftlicher Führungsanspruch nur selten ernsthaft in Frage gestellt.

Daran ändert auch die Tatsache nichts, dass die deutschen Topmanager unter Berufung auf eine »leistungsgerechte« Bezahlung immer unverhohlener eine erhebliche Steigerung ihrer üppigen Gehälter fordern. Die Öffentlichkeit rümpft zwar die Nase und erinnert an traditionelle Werte wie Bescheidenheit und soziales Gewissen, aber letztlich wird die von den Managern gegebene Begründung doch weitgehend akzeptiert. Aufgrund der Globalisierung der Wirtschaft sei eine weitere »Spreizung« der Einkommen zu Lasten der weltweit überreichlich verfügbaren Massenqualifikationen und zu Gunsten der seltenen Spitzenqualifikationen unabwendbar. Das sei eben die Logik des Marktes. Dass die Verstärkung der sogenannten »leistungsabhängigen« Bestandteile des Gehalts (vorrangig in Form von Aktienoptionen), nach der die Topmanager derzeit rufen, im Kern nichts anderes bedeutet als eine zusätzliche Honorierung ihrer gehobenen sozialen Herkunft, der sie zu wesentlichen Teilen schon ihren beruflichen Aufstieg verdanken, bleibt dabei völlig außerhalb der Diskussion. Die Öffentlichkeit hat sich mittlerweile daran gewöhnt, dass Spitzenverdiener wie etwa Filmstars, Spitzensportler, Topanwälte oder bekannte Journalisten unter Hinweis auf ihre »außergewöhnlichen Leistungen« und die Gesetze des Marktes für sich herausholen, was herauszuholen ist, und sich dabei immer weniger für die Opfer dieser gesellschaftlichen Umverteilung interessieren. »Leistung muss sich wieder lohnen« ist das Motto all jener, die von der umfassenden neoliberalen Deregulierung profitieren. Elite zu sein verpflichtet in ihren Augen nicht, es berechtigt.

Anmerkungen

1 Selbst gegen die Regierung Brandt ging man nach 1969 nicht derart massiv vor. Zwar erschien im Herbst 1971 in mehreren großen Tageszeitungen ein Aufruf »Wir können nicht länger schweigen«, in dem Hans-Günther Sohl, der ehemalige Vorstandsvorsitzende des Thyssen-Konzerns und damalige neue BDI-Präsident, und weitere 62 prominente Industrielle wie z. B. die Chefs von Bayer, Bosch, Daimler-Benz, Mannesmann und VW eine unmittelbar bevorstehende Rezession ankündigten (vgl. Volker Berghahn, *Unternehmer und Politik in der Bundesrepublik,* Frankfurt/M. 1985, S. 319 f.), aber dieser Aufruf richtete sich im Unterschied zu den Angriffen auf das Steuerreformkonzept von Oskar Lafontaine nicht direkt gegen die Regierung und eines ihrer Vorhaben, blieb also trotz seiner außergewöhnlichen Schärfe prinzipiell im Rahmen der üblichen Drohgebärden.

2 Es ist im Übrigen interessant zu sehen, wie viele jener Politiker, Publizisten oder Wissenschaftler, die marxistischen Analysen stets vorgeworfen haben, der Ökonomie ein zu großes Gewicht einzuräumen, heute völlig umstandslos auf Positionen umschwenken, in denen der Wirtschaft eine absolut dominierende Rolle für fast alle gesellschaftlichen Bereiche zugestanden wird. Typisch für die neue Sichtweise sind Äußerungen wie die des nordrhein-westfälischen Ministerpräsidenten Clement, der zufolge es die vordringlichste Aufgabe des Staats sei, der Wirtschaft die notwendigen Rahmenbedingungen für ein erfolgreiches Wirken bereitzustellen, oder des Stadtdirektors von Solingen, Ernst Schneider, der seine Stadt mit ihren 160 000 Einwohnern in Zukunft wie einen Konzern führen will, und vor allem die inflationäre Verwendung von betriebswirtschaftlichen Begriffen (wie vor allem dem der Kunden und Anbieter) auf allen Gebieten vom Gesundheitssystem über die Universitäten bis hin zu den Kirchen.

3 Erwin K. Scheuch/Ute Scheuch, *Bürokraten in den Chefetagen. Deutsche Karrieren: Spitzenmanager und Politiker heute,* Reinbek 1995, S. 29 f.

4 Susanne Risch, »Eine feine Gesellschaft«, in: *Manager Magazin* 4/1999, S. 264 ff.

5 Zu dieser Kontinuität vgl. Hervé Joly, *Großunternehmer in Deutschland. Soziologie einer*

industriellen Elite 1933-1989, Leipzig 1998, und Wolfgang Zapf. *Wandlungen der deutschen Elite,* München 1965.

6 Trotz zahlloser augenfälliger Korruptionsskandale in der Wirtschaft hielten fast zwei Drittel der von Scheuch/Scheuch befragten Topmanager die Wirtschaft für sauberer als die Politik (Scheuch/Scheuch, a. a. O., S. 103).

7 Hervé Joly, »Les élites économiques Allemandes existent-elles encore?«, in: *Europe de l'est. Europe de l'ouest,* Cahiers No. 1, Juin 1995, S. 84 ff.

8 S. Michael Hartmann, *Topmanager. Die Rekrutierung einer Elite,* Frankfurt/M. 1996.

9 S. Michael Hartmann, »Die Rekrutierung von Topmanagern in Europa. Nationale Bildungssysteme und die Reproduktion der Eliten in Deutschland, Frankreich und Großbritannien«, in: *Archives Européennes de Sociologie,* 38, S. 13 f., und Michael Hartmann, »Soziale Öffnung oder soziale Schließung. Die deutsche und die französische Wirtschaftselite zwischen 1970 und 1995«, in: *Zeitschrift für Soziologie,* 26, S. 303 f.

10 Eine detaillierte Analyse der Rekrutierungskriterien in Michael Hartmann, *Topmanager,* a. a. O. Diese Kriterien gelten im Übrigen auch für die Besetzung von Führungspositionen in den größeren Unternehmen der Zukunftsbranche EDV (s. Michael Hartmann, *Informatiker in der Wirtschaft. Perspektiven eines Berufs,* Berlin 1995, S. 148 ff.).

11 Zur Bedeutung von Vertrauen im Topmanagement s. Michael Hartmann, »Auf dem Weg zur transnationalen Bourgeoisie? Die Internationalisierung der Wirtschaft und die Internationalität der Spitzenmanager Deutschlands, Frankreichs, Großbritanniens und der USA«, in: *Leviathan,* 27, S. 135 ff.

12 Pierre Bourdieu, *Die feinen Unterschiede. Kritik der gesellschaftlichen Urteilskraft,* Frankfurt/M. 1982, S. 531. Um keiner unangebrachten Glorifizierung des bourgeoisen Habitus Vorschub zu leisten, sei hier kurz darauf hingewiesen, dass bürgerliche Kultiviertheit und Souveränität, wie das Verhalten des deutschen Bürgertums und gerade auch Großbürgertums im Nationalsozialismus gezeigt hat, durchaus mit extremer Unmenschlichkeit Hand in Hand gehen kann. Die Kolonialgeschichte Frankreichs und Großbritanniens bietet dafür ebenfalls reichlich Beispiele.

13 Max Horkheimer, *Dämmerung,* Zürich 1934, S. 23.

14 P. Bourdieu, a. a. O., S. 568.

15 Diese Kluft ist durch die fortschreitende Ökonomisierung fast aller gesellschaftlichen Bereiche zwar schon seit den Sechzigern Stück für Stück verringert worden (vgl. Hannes Siegrist, »Der Wandel als Krise und Chance. Die westdeutschen Akademiker 1945-1965«, in: Klaus Tenfelde/Hans Ulrich Wehler (Hrsg.), *Wege zur Geschichte des Bürgertums,* Göttingen 1994, S. 289-314), ganz verschwunden ist sie aber bis heute nicht.

16 S. Michael Hartmann, »Die Rekrutierung ...«, a. a. O., S. 3-37, und Michael Hartmann, »Klassenspezifischer Habitus und/oder exklusive Bildungstitel als soziales Selektionskriterium? Die Besetzung von Spitzenpositionen in der Wirtschaft«, in: Beate Krais (Hrsg.), *An der Spitze. Deutsche Eliten im sozialen Wandel,* Konstanz 2000.

17 S. Michael Hartmann, »Auf dem Weg ...«, a. a. O., S. 113-141.

18 Auf dieser Betrachtungsweise beruht auch der Erfolg all jener in unglaublich hoher Zahl auf den Markt geworfenen Beratungsbücher, die dem Käufer suggerieren, sie enthielten die entscheidenden Tips für den Aufstieg ins Management. Sie leben von der Illusion der Chancengleichheit und ignorieren dementsprechend konsequent die vorhandenen strukturellen gesellschaftlichen Barrieren.

Katharina Rutschky
Die Frau an seiner Seite

Die Frauen mächtiger Männer kommen in zwei Sorten vor. Die eine ist gut eingeführt, ziemlich reputierlich und heißt »First Lady«; die andere ist in jedem Fall viel jünger und glamouröser und läuft unter der noch nicht ganz durchgesetzten Bezeichnung »trophy wife«. Aristoteles Onassis zum Beispiel hat sich zweimal eine Frau als Trophäe geleistet: zuerst Maria Callas, danach Jackie Kennedy. Ob Brigitte Seebacher-Brandt, die Mimi von Papadopoulos oder andere, die mächtige, aber viele Jahrzehnte ältere Männer ehelichen, jeweils als Trophäen dieser Männer oder gerade umgekehrt als Beutemacherinnen einzuordnen sind, die ihr bloßes Geburtsdatum in eine scharfe Waffe verwandeln konnten, muss im Einzelfall geklärt werden. Jede Analyse hätte auch das Faktum zu berücksichtigen, dass der weibliche Mensch, der auf den Papa als Liebesobjekt fixiert bleibt, niemals ausstirbt. Viele mannweiblichen Konstellationen, mit denen man im Gesellschaftsleben zu tun bekommt, sind anders als durch die mädchenhafte Verklärung des männlichen Teils nicht begreiflich. Wo unsereins ein sehr ungleiches Paar sieht, erlebt eine kindlich gebliebene Frau die Erfüllung ihrer ödipalen Träume. Die Parallelaktion, nämlich einen Mann an der Seite einer mächtigen Frau, trifft man so gut wie nie. Das finden viele ungerecht, reaktionär und frauenfeindlich, weil sie nicht wissen, dass im Unterschied zur kleinen Frau der kleine Mann immer eine lächerliche Figur abgibt, für sich und für andere. Auch wenn man sich aus politischen Gründen zum Respekt zwingt, wissen wir doch in irgendeinem Winkel, dass Lächerlichkeit der schlimmste Liebestöter überhaupt ist ... Daraus folgt erstens, dass mächtige Frauen mächtige Männer brauchen; den Mann für ihre Seite wird es nie geben. Zweitens folgt daraus, dass mächtige Frauen, wenn sie nicht in einem früheren Leben Beziehungen (vornehmlich Kinder) erwirtschaftet haben, sehr einsam sind und ewig bleiben werden; denn dass eine mächtige Frau auf einen mächtigen Mann trifft und es funkt, das ist so wahrscheinlich wie ein Lottogewinn.

Vernünftigen Menschen, schon gar feministisch belesenen Frauen sind alle Männerbegleiterinnen dubios, die in einer dichten Beziehung, sie sprechen nur von Abhängigkeit, zu einem Mann stehen. Aus guten Gründen wird überall die völlige Selbständigkeit und Unabhängigkeit von Frauen begünstigt und als Ideal gepriesen. »Männer sind Schweine«, habe ich mir neulich von einer Zwölfjährigen vorsingen lassen. Es handelt sich hier um den Refrain eines Popsongs von den »Ärzten«, der trotz oder vielmehr gerade wegen seiner drastischen Botschaft über das männliche Geschlecht bei heranwachsenden Frauen im Pubertätsalter sehr beliebt war. Wie die Band überhaupt, die wegen vergleichbarer Lieder schon mehrfach mit dem Jugendschutz kollidierte.

Was ist dran an der Behauptung, dass Männer Schweine sind? Die Statistik beweist, dass nach wie vor der Frauenbewegung es Männer sind, die Karriere machen, Geld und Macht akkumulieren und dann, ganz oben angekommen, die Frau zurücklassen, die ihnen so lange den Rücken freigehalten hat bzw. sogar gestärkt und sich außerdem um die Kinder, den Hund, die Schwiegereltern und die kranke Tante gekümmert hat. Über all den aufopfernden Tätigkeiten sind natürlich eigene Ambitionen den Bach hinuntergegangen, und die gute Laune hat gelitten. Sie haben durchgehalten, mit zusammengebissenen Zähnen, und das kostet seinen Preis. Was sie davon haben und worauf sie hoffen, weiß man eigentlich nicht. Jedenfalls lassen sie sich nicht scheiden wie die dazugehörigen Männer, welche weibliche Opfergänge gar nicht gern honorieren. Von Frauen, die in vierter Ehe gebunden sind, habe ich jedenfalls noch nichts gehört, während mir spontan ein Dutzend Männer einfallen, die viermal geheiratet haben, ohne als Exzentriker zu gelten. Die rot-grüne Fraktion ist merklich überrepräsentiert – wem fielen nicht Brandt, Fischer, Schröder und Lafontaine ein? Aber, machen wir uns nichts vor, sie liegen bloß deutlicher im Trend als die konservativen Kader der Republik. Ein oder zwei Prominente und Mächtige mit dem Mitgliedsbuch der CDU in der Tasche, katholisch sind sie sowieso, wiegen doch mehr als zwölf glaubenslose Radikalinskis! Auch ein Herr Waigel hat eine langdienende Ehefrau verlassen, um mit einer jungen Skiweltmeisterin noch mal von vorn anzufangen.

Geschichten von Prominentenscheidungen wecken bei fast allen Frauen, die ich kenne, mich natürlich eingeschlossen, eine fast bedingungslose Solidarität mit dem weiblichen Part. Die Angst, Unschuld, Jugend und allzu schnell vergehende Frische und Schönheit womöglich doch an den Falschen, einen Verräter, vergeudet zu haben, steckt in unseren Knochen und hat keineswegs in dem Maß abgenommen, wie das Patriarchat alten Stils liberalisiert wurde. Gehörte über Jahrzehnte die dritte, vierte, ja n-te Ehe bloß zur öffentlich zelebrierten Exzentrik von Hollywoodstars, darunter auch Frauen (ZsaZsa Gabor, Elizabeth Taylor, Melanie Griffith), so tut es inzwischen der Karriere von bürgerlichen

Männern in verantwortlichen Positionen ganz oben auch keinen Abbruch mehr, wenn sie dem Beispiel der Stars folgen.

Die Frauenpolitik als Erbe der Frauenbewegung hat auf die neue Situation mit schwachen Interpretationen, lebensfremden Forderungen und Vorschlägen reagiert. Es klingt wie das Pfeifen im dunklen Wald, wenn darauf hingewiesen wird, dass mehrheitlich Frauen die Scheidung einreichen, als ob solche Verzweiflungstaten den Wechsel von der gefürchteten weiblichen Passivität zum aktiven selbstbewussten Handeln signalisierten. Als wenig zukunftsweisend hat sich auch die Idealisierung der Alleinerziehenden herausgestellt, vom autarken, erfolgreichen weiblichen Single ganz abgesehen. Claudia Nolte, Senkrechtstarterin in der Ära Kohl, ging 1999 mit dem rührenden Geständnis in die Öffentlichkeit, dass sie sich vor Weihnachten fürchte. Über der Arbeit ganz oben in der Politik ist ihr nämlich nicht bloß der Ehemann, sondern sogar ihr kleiner Sohn abhanden gekommen. Aus eigener Schuld, wie sie mit einer Tapferkeit bekannte, die Männern in vergleichbarer Lage bisher fremd ist. Wer die Beziehungsarbeit über der Karriere so sträflich vernachlässige, wie sie es getan habe, müsse nun eben die Folgen tragen. Mit dem Trost, den Macht und Erfolg spenden, scheint es also bei den Frauen nicht weit her zu sein.

Noch nicht, sagt die Frauenpolitik. Wenn jede Einzelne das oberste Gebot erfüllt hat und bei Ausbildung und Karriereplanung keine falschen Kompromisse eingegangen ist (»Ich heirate ja doch, will Kinder und Familie«), dann bleiben der Politik noch zwei große Aufgaben. Erstens muss die Vereinbarkeit von weiblichen Karrieren oberhalb schlichter Berufstätigkeit mit der Familienarbeit durchgesetzt werden. Man kann Frauen spezifisch fördern und privilegieren und außerdem Männer, die die Familienarbeit bislang links liegen lassen (Statistiken haben wir), strikter, womöglich per Gesetz zur Übernahme ihrer Hälfte anhalten. Dann käme man zweitens dem Ziel einer gerechten Verteilung fifty-fifty von Macht und Reichtum zwischen den Geschlechtern in unserer Gesellschaft immer näher. Diese Vorstellung der sogenannten Geschlechterdemokratie beruht auf dem Fehler, Gleichheit für ein Ziel und nicht nur für ein Korrektiv in immer neuen Fällen anzusehen.

Was will, um doch einmal ein drastisches Beispiel zu nennen, die Frauenpolitik, vertreten durch Alice Schwarzer, gegen die höchst unkorrekte Entscheidung von Doris Köpf, verehelichte Schröder, unternehmen, die aus der Rolle der berufstätigen, alleinerziehenden Mutter in die einer Kanzlergattin geschlüpft ist, mit all den repräsentativen Gratisjobs, die ihr nun an der Seite des Bundeskanzlers zufallen? Wieder eine von den jungen Frauen, die das Erbe der Frauenbewegung und ihre Lehren verschmähen und in die Falle der Liebe tappen, statt sich ihre Unabhängigkeit zusammen mit dem qualifizierten Journalistenjob zu bewahren! Doris

Köpf-Schröder hat sich gegen Schwarzers Kritik nicht schlecht zur Wehr gesetzt. Die Frauenbewegung sei viel zu sehr auf das Ideal der berufstätigen, unabhängigen Frau fixiert gewesen und habe ihr, einer berufstätigen Mutter, deshalb wenig zu sagen.

Als noch bedenklicher denn ihr Beispiel kann jenes gelten, das unsere allererste First Lady gibt, und dies nicht erst, seit sie als Gattin des Bundespräsidenten im Schloss Bellevue residieren darf. Die Messlatte der Emanzipation, wie wir sie kennen, hat sie von Anfang an unterlaufen. Sie war 25, als sie einen doppelt so alten mächtigen Mann heiratete. Ihr Studium ließ sie sausen, von Berufstätigkeit keine Spur, ganz geht sie in der Rolle der Gattin und Mutter dreier Kinder auf. Eigentlich ist Frau Rau eine klassische Hausfrau und Mutter, wie wir sie schon von ihrer Vorgängerin kennen – nur dass die einer anderen Generation angehört und einer Partei nahe steht, die feministische Pioniere nie vorzuweisen hatte. Stattdessen hat sich Christiane Herzog volksnah im Fernsehen als Serienköchin präsentiert und genauso wie Hannelore Kohl Kochbücher veröffentlicht. Tendenz der Rezepte: bodenständig. Dass Frau Rau oder Frau Schröder-Köpf in die Fußstapfen ihrer Vorgängerinnen am Herd treten werden, ist wohl nicht zu befürchten. Ersparen sie sich die Kür, so ist das bei der Pflicht nicht möglich. Es ist ein ungeschriebenes Gesetz, dass alle First Ladys sich auch einem karitativen Zweck verschreiben müssen: Mukoviszidose, jugendliche Trebegänger, Hirntraumatisierte – das Feld ist weit. Ich behaupte, dass seit den Tagen der heiligen Elisabeth (1207-1231), wahrscheinlich noch viel länger, die Damen der Mächtigen die Aufgabe hatten, mit demonstrativer Wohltätigkeit die Menge mit der Macht zu versöhnen. Keine Macht ist wirklich legitimiert, wenn ihr das mütterliche Element fehlt mit den Kennzeichen der irregulären Sorge und der Verschwendung an gänzlich Unwürdige. Deshalb heißt es auch heute noch: »Her mit den Kindern und Kranken!« Und das, obwohl wir mit Versicherungen, Sozialämtern und Jugendfürsorgern hinreichend bekannt sind – anders als zu Zeiten der heiligen Elisabeth, die in einem Korb, unter Rosen versteckt, Lebensmittel an ihrem Gatten vorbeischmuggeln musste. Was sich seit damals auch geändert hat: Der Gatte ist einverstanden und überlässt es der Referentin, ein passendes karitatives Objekt für die First Lady herauszufinden. Mit einem radikalen Engagement über die Stränge schlagen – sich als Radikalökologin, Tierschützerin und Vegetarierin usw. outen und betätigen – darf sie aber heute so wenig wie zu Zeiten der hessischen Landgräfin. Elisabeth wurde noch heilig gesprochen, Hillu Schröder abserviert (geschieden).

Lässt sich auf der einen Seite der Modernitätsfaktor unserer diversen First Ladys erörtern und auf der anderen leicht eine Vorgeschichte erzählen, die bis ins 13. Jahrhundert zurückreicht, so darf doch nicht übersehen werden, dass ihr Auftreten an sich ein Phänomen erst der allerjüngsten Vergangenheit ist. Es hat sie früher in der Geschichte der Demokratien und Republiken gar nicht gegeben, und in der Verfassung vorgesehen oder im Besoldungsrecht berücksichtigt werden sie ja auch bis heute noch nicht. Vorkommen tun sie seit einigen Jahren im Protokoll. Bei großen internationalen Konferenzen und Staatsbesuchen wird ein eigenes, teils der Unterhaltung, teils der Repräsentation dienendes Damenprogramm aufgelegt. Am Anfang und am Ende solcher Veranstaltungen, bei den großen Fototerminen, sind Männer und Frauen, die sonst getrennte Wege gehen, aber auf einem Bild zu sehen.

Das ist neu: Fotos wie vom Besuch des italienischen Staatspräsidenten Ciampi im vergangenen Jahr sucht man in der Presse der Weimarer Republik vergeblich. In Versailles, Rapallo und wo auch immer gab es keine Frau, die mitverhandelt, aber auch keine (ehrbare), die jemanden begleitet hat. Nun sehen wir Herrn Ciampi, der selbstverständlich zusammen mit seiner Gattin Franca angereist ist, und natürlich steht auch Johannes Rau, dem Gastgeber, seine Frau zur Seite, als hätten wir nicht Präsidenten, sondern Präsidentenpaare gewählt. Wer mit der Bundesrepublik zusammen aufgewachsen ist, der hat tatsächlich die Frauen aller Präsidenten von Heuß bis Rau und von Elly bis Christine genauso klar vor Augen wie diese selbst. Man könnte fast vermuten, dass knapp hinter unserer demokratischen Fassade royalistische Überzeugungen konserviert wurden. Wenn aber aus gewählten Funktionsträgern Personen werden, die mit Haut und Haaren und Frau und Kindern rund um die Uhr die legitime Macht repräsentieren müssen, dann wären wir doch mit der Monarchie wirklich ehrlicher bedient.

Tatsächlich erfreuen sich ja in allen Demokratien die Royals, soweit sie überlebt haben, eines großen Interesses, vor allem bei weiblichen Lesern. Verwicklungen in einer Herrscherfamilie, und sei sie auch so dubios wie die monegassische, von reputierlichen wie der spanischen, englischen, schwedischen oder niederländischen ganz zu schweigen, beschäftigen den Geist und das Herz so vieler Menschen, dass es dumm wäre, bloß mokant die Brauen zu heben. Viele werfen sich auf das Beziehungsleben von Prominenten ohne blaues Blut, darunter auch das von Politikern. Das heftigste Interesse gilt keineswegs Verfehlungen, die das Amt betreffen – wie Nepotismus, Unterschlagung, Bestechung, Vorteilsnahme, kurzum: Korruption. Nein, was man will, ist, das Privat-, ja Intimleben der Mächtigen kennenlernen, durch Sympathie und Kritik an ihm teilnehmen, als wär's das eigene oder doch das eines nahen Verwandten. Das bürgerliche Gebot der Diskretion, welche das Privatleben, schon gar das Sexualleben öffentlicher Personen und Würdenträger ebenso zu ignorieren befahl wie den Fauxpas eines Gastes , ist nicht mehr gültig. Die Leserinnen und die

Medien, die ihnen zu Diensten sind, und schließlich die Frauenbewegung haben es außer Kraft gesetzt. Die einen schienen immer bloß ihrem Unterhaltungsbedürfnis nachzugeben, das mit Klatsch und Tratsch zufrieden zu stellen war – die andern machten politische Gründe geltend. Für alle Frauen gilt aber: Die Privatsphäre ist ihnen nicht heilig, weil sie die Trennung von Privatheit und Öffentlichkeit, die Rechenschaftspflichtigkeit hier und die Diskretion dort nie mitgemacht und nie von ihr profitiert haben. Die bürgerliche Frau war ja in der paradoxen Lage, von der Öffentlichkeit ausgeschlossen zu sein und trotzdem im Privatleben auf eine Rolle, ein Amt festgelegt zu werden (Mutter, Gattin und Hausfrau), aus denen es kaum ein Entrinnen gab. Funktionale Differenzierung, der Schlüssel zur modernen Gesellschaft, ist dem ganzheitlichen Denken der Frauen deshalb fremd geblieben – egal, ob wir auf die Leserinnen des *Goldenen Blatts* oder unsere Frauenministerin schauen. Die Trennung von Öffentlichkeit und Privatheit hat immer nur im Interesse der Männer gelegen. Soll das der Frauen auch bedacht werden, betreten wir unsicheres Gelände. Es kommt zu Rückfällen in die moralische Barbarei, weil zum Beispiel Männer sich die ganzheitliche Denkweise progressiver Frauen zunutze machen wie in der Affäre Lewinsky-Clinton, wo eine bunte reaktionäre Mischung die Diskretion Clintons in einer Privatangelegenheit zur Lüge eines Amtsinhabers ummünzen wollte, um ihn dann zu stürzen. Hier wurde die Moral durch die Politik diskreditiert – ein andermal wird Politik durch den Sieg der Moral über die Tatsachen unmöglich gemacht.

Zukunftsweisend ist eine Meldung über den Zustand der Ehe unseres Bundesfinanzministers. Herr Eichel ist keineswegs in die Reihe der Männer zu stellen, die außen hui und innen pfui agieren, um doch mal eine Redeweise des Haushalts i. e. S. auf öffentliche Belange umzumünzen. Nein, Herr Eichel ist nicht in die Reihe der Täter zu stellen, die im öffentlichen Leben ein Muster an Korrektheit abgeben und zu Hause dann die Sau rauslassen, wie es das feministische Stereotyp vom normalen Mann wissen will. Herr Eichel hat sich auch außerhalb der vier Wände nicht zu Handlungen hinreißen lassen, die Frau und Kinder kränken, demütigen oder bloßstellen könnten. Nein, was es vom Ehepaar Eichel und seinen beiden fünfzehn- und zehnjährigen Kindern zu melden gibt, ist zwar traurig, aber auch banal und wäre täglich von tausend anderen zu melden, auch wenn der Vater und Ehemann dort nicht Minister ist: »Hans Eichel und seine Frau Karin haben sich getrennt. Wir haben uns seit längerem auseinandergelebt, sagten sie in einer gemeinsamen Erklärung, die von *Bild am Sonntag* veröffentlicht wurde. Wir beabsichtigen aber keine Scheidung, setzten sie fort, und sorgen weiter gemeinsam für unsere Kinder. Eichel zieht nach Berlin. Seine Frau bleibt mit den Kindern in

Wiesbaden« – wo sie als Gattin des Ministerpräsidenten, also als First Lady von Hessen, ja schon längst heimisch ist.

Aus strenger frauenpolitischer Sicht gäbe es an dieser Presseerklärung aber doch noch einiges zu monieren. Konnte der Vater Ministerpräsident vor Ort in Wiesbaden schon vermutlich nur bedingt gemeinsam mit der Mutter für die Kinder sorgen, so grenzt doch die Behauptung, er wolle das als Bundesfinanzminister von Berlin aus fortsetzen, heute schon an schlimme Heuchelei! Wahrscheinlich gehört Eichel schon lange und in Zukunft wohl erst recht zu der Spezies von Sonntags- und Ferienvätern, die Rechte und Ehren gern wahrnehmen, aber den Alltag, aus dem Familien- und Kinderarbeit nun einmal vor allem besteht, nicht mittragen. Ob nicht können oder wollen, ist den Frauen heute schon egal. Fest steht, dass es so nicht weitergehen darf, behauptet die Frauenpolitik und richtet ihr Vertrauen auf neue Gesetze ...

Ich dagegen werde beobachten, wie es mit Eichel weitergeht. Wie lange wird es dauern, bis wir von der vorläufig vermiedenen Scheidung und der neuen Lebensgefährtin aus dem Vorzimmer oder woher auch immer erfahren werden? Die Frau an seiner Seite zu sein, war ein Traum meiner Kindheit in den frühen Fünfzigern. Meine ältere Schwester und ich beschlossen damals, entweder einen bedeutenden Mann zu heiraten oder ehelos zu bleiben. Als bedeutend erschien mir ganz speziell ein Architekt, obwohl ich persönlich keinen einzigen kannte. Im Hause gab es allerdings einen älteren Gymnasiasten, der Modelle klebte und später tatsächlich Architekt werden sollte. Es war die Zeit, wo ich die Idee, einen Mann zu heiraten, der ganz genauso wie mein Vater zu sein hätte, bereits aufgegeben hatte.

Sei's drum. Beobachten werde ich auch, genauso wie Millionen anderer Frauen, wie Bill Clinton die Kandidatur seiner Ehefrau für den Posten des Senators im Staate New York begleiten und ihren möglichen Erfolg ertragen wird. Er selbst wird sich, nachdem er Wahlkaiser der mächtigsten Nation gewesen ist, mit den Aufgaben eines reisenden Redners zufrieden geben müssen. Wird er Hillary verlassen, notorischer Schürzenjäger, der er ist, oder wird er endlich honorieren, was sie für ihn getan hat? Oder wird sie ihn verlassen, weil der Erfolg sie so beflügelt, dass sie Bill nicht mehr braucht? Männer und Frauen unterscheiden sich auch darin, dass – anders als erfolgreiche Männer – erfolgreiche Frauen noch mehr als andere auf ihre Freunde, Lover, Ehemänner etc. angewiesen bleiben. Ganz oben zu sein macht Frauen furchtbar liebesbedürftig, wie ich aus zahllosen Gesprächen zum Beispiel mit Frauen weiß, die zur Elite der C4-Professoren gehören. Ohne Liebe, die im Durchschnitt von Männern erwartet und erhofft wird, sieht es mau aus. Mehr Zeit und Nerven als die Arbeit kostet sie oft die Regulierung der Gemütslage. Erschwerend kommt hinzu, dass

Frauen nicht bereit sind, Geld und Macht so umstandslos in erotische Überzeugungskraft zu transformieren wie Männer. Ihre Ansprüche sind außerdem einfach zu hoch. Der Mann muss schlau sein, gut aussehen und auch als Mensch verlässlich agieren …

Neulich las ich, dass Newt Gingrich, der ehemalige Sprecher der Republikaner im amerikanischen Kongress, jetzt nach seiner Scheidung eine Mitarbeiterin geheiratet hat. Das beigegebene Foto zeigte, was mancher schon wusste, dass Gingrich an Fettsucht leidet, und damit nicht genug, wird sein Alter auf 56 beziffert, während die neue Ehefrau gerade mal 33 Jahre alt ist. Man kann sich nur wundern, was diese Frau, offenbar vom Anlehnungstyp aus vergangenen Tagen, an ihm außer Macht, Geld und Prestige noch gefunden haben mag.

Es gilt eben die Regel für Männer an der Macht, an der Spitze und hoch oben, dass sie von diesem Zustand rundum profitieren, selbstverständlich auch erotisch und sexuell und menschlich. Frauen in vergleichbarer Position mögen öffentlich durchaus als VIPs hofiert werden, dann ruft man ihnen aber ein Taxi, und sollte ein junger Fant auf die Idee kommen, seine Begleitung anzubieten, dann ist das eine Gelegenheit, sich lustig zu machen über beide. Und sie wird nie versäumt. Madonna zum Beispiel ist eine geehrte und geachtete Künstlerin. Ich gestehe, dass ich Mitleid empfunden habe, als ich las, dass die Tochter Lourdes sich der Verbindung mit einem Nobody, einem Sporttrainer verdankt, mit dem Madonna sich natürlich nirgendwo im Ernst präsentieren wird. Der Rückgriff auf einen anonymen Samenspender wäre weniger peinlich gewesen. Umgekehrt gewinnt ein mächtiger Mann an Attraktion und Überzeugungskraft immer durch eine neue, junge Frau. Es reicht sogar, wenn sie nur neu ist oder nur jung. Der Appell an die Bewusstseinsänderung, dieses große Projekt der siebziger Jahre, wird zwar zur Verbesserung der Verhältnisse immer wieder vorgetragen, aber nur von ganz Hartgesottenen, und ich fürchte, dass die Hypothese grundlegender Geschlechterdifferenzen vorläufig nicht von der Hand zu weisen ist. Männer an der Spitze sind als einsame und trostbedürftige Helden im Einklang mit sich selbst und allen kulturellen Idealen – Frauen dagegen, die es zum Heldentum gebracht haben, geht es zwar nicht anders, aber niemand glaubt es … Sie selbst wundern sich, warum ihr Erfolg sie nicht glücklich macht, sondern das Gefühl der Leere und Sinnlosigkeit hinterlässt. Die Zivilisationskrankheit der Frauen, gerade der emanzipierten und modernen, ist nicht die Bulimie, die Anorexie, sondern die Depression. Liebessüchtig, wie sie nun einmal sind, leiden sie unter dem Verlust ihrer Liebesobjekte, den Groupies, Vorzimmerherren und Verehrer aller Art nicht kompensieren können – wenn es sie denn gäbe.

Kommen wir auf das Ehepaar Hans und Karin Eichel von vorhin zurück. Bemerkenswert, dass wir in der Zeitung gleichberechtigt neben seinem auch ihren Vornamen erfahren. Mag schon sein, dass die gemeinsame Presseerklärung der Eheleute zur Trennung ganz politisch-pragmatische Gründe hat, von denen Herr Eichel Frau Eichel zu überzeugen gewusst hat. Aber ist es nicht interessanter, dass er seinerseits gezwungen war, die Mitteilung über private Veränderungen an die Presse zu geben? Eichel erklärte sich im Hinblick auf die weibliche Wählerschaft (in der Mehrheit) und den Zeitgeist (frauenfreundlich) für rechenschaftspflichtig – sonst hätte eine gute Journalistin ihm Knüppel zwischen die Beine werfen können, die ihm dann die Partei wieder vorgehalten hätte. Möglich sind auch, gerade bei Eichel, ein paar Millimeter Einsicht. Er wollte seine Frau und seine Kinder, die leider unheilvoll mit seiner Karriere vom Oberbürgermeister in Kassel zum hessischen Ministerpräsidenten und nun zum deutschen Finanzminister verbandelt waren und unter ihr gelitten haben, so gleichberechtigt zur Sprache bringen wie nur irgend möglich. In diesem Punkt unterscheidet er sich von Gerhard Schröder, der nicht imstande ist, Erklärungen zu seinen drei gescheiterten und nun zu seiner vierten Ehe abzugeben – ein einziger Punkt, der ihn mit Oskar Lafontaine verbindet; auch er ist inzwischen im reschen Fünfzigeralter zum vierten Mal verehelicht und nie verwitwet. Wir müssen es Joschka Fischer hoch anrechnen, dass er die ersten zwei seiner bislang vier Ehen als Jugendirrtümer ganz gut wegerklären kann. Wer mit 17 mit seiner Freundin nach Gretna Green durchbrennt, um sie dort zu heiraten, hat schon einige Punkte gut.

Hillu, der notorisch querulanten Ehefrau Nr. 3 von Schröder in seiner Niedersachsenzeit, müssen wir trotz der peinlichen Gefühle, die sie in uns auslöste, wegen ihrer Offenheit dankbar sein. Man hat sehr daran gezweifelt, ob das Publikum wegen ihres Vegetarismus auf der einen, seines Fleischhungers auf der andern behelligt werden musste. In Wahrheit offenbart ihr Scheitern ganz exemplarisch, dass im Verhältnis zu mächtigen Männern alles, was über Pflegehandlungen hinausgeht, tabu sein muss. Ich verstehe diese Männer mit ihrem 18-Stunden-Tag ganz gut – genauso wie Hillu, die das Wortspiel von der gleichberechtigten Partnerschaft, dem Nutzen der Auseinandersetzung (»wir müssen nicht, aber wir können über alles reden«) wortwörtlich genommen hat – schließlich ist Schröder SPD und Anführer der ersten rot-grünen Koalition.

Dass Pflegehandlungen das Geschlechterverhältnis pazifizieren und dadurch (auf Kosten der eheweiblichen Entwicklungs- und Mitsprachebedürfnisse) stabilisieren könnten, diese der dritten Schröder-Ehe abgewonnene Einsicht wird von der ersten Kopper-Ehe allerdings widerlegt. Bei einer Affäre ertappt, beschwerte sich der damalige Vorstandssprecher der Deutschen Bank darüber, dass er von seiner Ehefrau Irene, der Mutter seiner inzwischen erwachsenen Kinder, quasi 38 Jahre lang gezwungen worden sei, abends Abendbrot zu essen. Hilmar Kopper beklagte nicht die Qualität des Abendbrots, sondern die Tatsache als solche. Ja, was für den einen ein beruhigendes Ritual, kann für den andern das Sterben vor dem Tod markieren. Über seine neue Beziehung zu Brigitte Seebacher-Brandt wollte er nicht reden; denn die hält er für seine Privatsache. Umso entschlossener ist diese prominente, sieben, acht Jahre jüngere Frau vor der Presse aufgetreten. In wünschenswerter Klarheit hat sie über eine Beziehung gesprochen, die schon einige Jahre dauert, ohne dass Frau Kopper oder die Kinder etwas wissen. Es war Liebe auf den ersten Blick, hat Seebacher-Brandt behauptet, auch wenn diese Liebe schon seit Jahren heimlich gelebt werden musste. Jetzt, wo sie sich geoutet hat, ist eigentlich nur noch unklar, ob die beiden und wann zusammenziehen und wohin.

Ich will nicht verbergen, dass Frau Seebacher-Brandt mir genauso unsympathisch war und ist wie den meisten SPD-Kadern und SPD-Wählern von Anfang an. Ihr, und nicht unserem Willy, verübelt man ganz allein, dass dieser, ein notorischer Schürzenjäger, unsere Rut hat sitzen lassen, die First Lady von West-Berlin im Kalten Krieg und dann die der ersten wirklich gewünschten und gewollten Bundesregierung aus meiner Sicht. Dazu kamen drei Söhne, von denen einer zu allem Überfluss auch noch eine erstklassige Figur in der Verfilmung von »Katz und Maus« nach Grass (Nobelpreisträger 1999) abgab ... Alles in allem mustergültig antifaschistisch und antiautoritär, außerdem streng sozial. Gegenüber diesem Fortschritt imponierte Frau Seebacher früh als Ehrgeiz-kranke Revisionistin, die sie bis heute geblieben ist. Ja, es fällt schon schwer zu glauben, dass Enthüllungen ausgerechnet aus ihrer Feder es sind, welche die Weiterentwicklung der Beziehungskultur signalisieren.

Während die Gratisleistungen der Frauen im Ehe- und Familiensystem von der Frauenpolitik hinreichend hervorgehoben werden, hat sie das Freundinnen- und Geliebtensystem noch gar nicht beachtet. Es ist das Verdienst von Seebacher-Brandt, die als Feministin ja eigentlich nie aufgefallen ist, die Parole vom Persönlichen, das politisch sei, auch auf dieses System bezogen und damit Hilmar Koppers patriarchalischen Träumen vom Privatleben, das niemanden etwas angeht, ein Ende gemacht zu haben. Wer weiß, wie viele fügsame Freundinnen mächtiger Männer nach dem Outing von Seebacher-Brandt den Mut gefasst haben, es ihr nachzutun! Trotzdem ist Seebacher-Brandt nirgends als feministische Pionierin verstanden und gewürdigt worden – so wenig wie seinerzeit Hillu Schröder mit ihren Enthüllungen aus dem Beziehungsalltag hinter den Kulissen der Macht –, und schon gar nicht von Frauen, die Frauenpolitik verantworten. Eigentlich soll ja nicht nur unentwegt das Persönliche politisch interpretiert, sondern zusätzlich auch noch unentwegt das

Schweigen gebrochen werden. Man kann es sich nur aus der nachträglichen Identifikation mit männlichen Vorurteilen gegenüber tratschenden und klatschenden Weibern erklären, die, für Höheres zu dumm, alles ins Niedere ihres dumpfen Gefühlslebens herunterziehen, dass Frauenpolitik sich aufs Hantieren mit Statistiken und die Verbreitung moralischer Gemeinplätze beschränkt, was niemanden trifft und niemandem weh tut. Was fürchtet eine emanzipierte Frau mehr als den Vorwurf, emotional und unsachlich zu argumentieren sowie der Wissenschaft und anderen Anforderungen nicht gewachsen zu sein?

Über der Identifikation mit dem Feind sind den Frauen ihre wahren Freunde verborgen geblieben. Nicht bloß der Zeitgeist, sondern vor allem die Medien sind nämlich der Sache der Frauen strukturell – nicht unbedingt inhaltlich – sehr gewogen. Das Infotainment ist wegen seinem Zwang zur Personifizierung des Allgemeinen, zur Vermenschlichung jeder Botschaft ihrem Aufklärungsinteresse ganz und gar homolog. Mögen die Frauen statistisch gesehen immer noch arm und schwach erscheinen, so ist heute kein mächtiger Mann davor gesichert, mit peinlichen Storys aus seinem Privatleben um jeden Erfolg gebracht zu werden. Das große Interesse an Prominenz aller Art, darunter eben auch die mächtigen Männer, hat es mit sich gebracht, dass die sensationslüsternen Medien eine basisdemokratische Kontrolle der oberen Zehntausend ermöglichen, die es so noch nie gegeben hat.

Über First Ladys müsste man heute nicht mehr sprechen, wenn es mächtige Frauen gäbe. Hinweise auf bestimmte Damen wie Frau Süssmuth, Frau Limbach, Frau Merkel, Frau Schipanski und demnächst Frau Birthler als Chefin der Gauck-Behörde, gegen die keiner was hat, können mich nicht irritieren. Sie vertreten immer nur einen gewissen mütterlich gefärbten Common Sense, der nicht unangenehm ist, aber für seine Existenz auf das männliche Gegenüber angewiesen bleibt und ohne keinen Sinn ergibt. Erinnern wir uns einmal an Queen Victoria, die ausgerechnet im bürgerlich-patriarchalischen 19. Jahrhundert das Los traf, die Krone des britischen Imperiums zu tragen. Wie konnte sie als Frau dieser Aufgabe gerecht werden? Die Achtzehnjährige erfuhr als Erste von den Problemen, mit denen eine Frau an der Spitze in modernen Gesellschaften konfrontiert ist, Gesellschaften, die der Geschlechterdifferenz auf Kosten anderer Differenzen so viel Bedeutung zumessen wie nie zuvor. Auf Vorbilder konnte Victoria nicht zurückgreifen, denn andere Zarinnen und Kaiserinnen waren, als sie gekrönt wurden, weniger Frau als legitime Erbinnen eines auf Abstammung gegründeten Herrschaftsanspruchs gewesen.

Wenn es in England besser gelungen ist als anderswo, die Monarchie zu erhalten, dann nicht zuletzt wegen der soliden Fundamente, die Victoria gelegt hat. Es gelang ihr, das Mysterium des königlichen Blutes mit dem Leben der Untertanen zu verknüpfen, dessen Banalität es spiegelte und zugleich verzauberte und erhob. Zwar war Victoria eine Königin, zugleich spielte sie aber für die Öffentlichkeit die quasi willenlose Ehefrau, die sich bedingungslos dem Mann unterordnete. Sie vermied es sorgfältig, in repräsentativer Pose zu erscheinen. Stattdessen förderte sie die Verbreitung gemütlicher Fotografien, die das häusliche Glück der ersten Familie in eine vorbildliche Beziehung zum Leben der Untertanen brachte. Mit regelmäßigen Pressebulletins wurde dafür gesorgt, dass Nachrichten aus dem königlichen Haushalt in der gewünschten, die Macht verharmlosenden Weise an die Öffentlichkeit kamen. Als nach dem frühen Tod von Prinz Albert die Familienidylle nicht mehr taugte, die Königin zu rahmen und die Monarchie zu stützen, griff Victoria zu anderen Mitteln. Wenn sie auftrat, erschien sie in schwerer Witwentracht. Sie sorgte dafür, dass allüberall Denkmäler des Toten errichtet wurden, und veröffentlichte zwei Bestseller, die sich mit der Jugend des Prince Consort und dem traulichen Leben der Königsfamilie in den Ferien beschäftigten. Margaret Homans, eine englische Historikerin, die das sorgfältig kalkulierte Versteckspiel einer mächtigen Frau erforscht hat, spricht resümierend von einem Versuch, die Tugenden der Mittelklasse allen zu erläutern und die Empathie für die königliche Familie als Kitt der Gesellschaft zu benutzen.

Andererseits war sie die erste Frau mit Macht, die zielstrebig ihre Position unterspielte, um der bürgerlichen Frauenrolle gerecht zu werden und gleichzeitig der Monarchie zu nützen. Weiblichkeit und Macht, wie wir sie kennen, stehen bis heute in einem Widerspruch. Am meisten Glück haben Frauen, die dem Alter der Reproduktion entwachsen oder als keusche Witwen die Nachfolge mächtiger Männer antreten können. Wie Sonja Gandhi in Indien, so gibt es in den Vereinigten Staaten eine Reihe Frauen, die als Nachfolgerinnen ihrer toten Ehemänner politisch reüssieren. Noch als Tote sind sie den Frauen Halt und Stütze, und das Publikum schreckt nicht vor einer Frau zurück, die pietätvoll agiert und Männer keinesfalls bedroht ...

Die Matrone andererseits ist selbst in traditionellen und streng patriarchalischen Gesellschaften eine Respektsperson, der Verhaltensweisen zugebilligt werden, welche man weiblichen Wesen sonst bei Todesstrafe untersagt. Auch bei uns sind Weiblichkeit und Macht nicht kompatibel, was viele Frauen auf dem Sprung, eine anspruchsvolle Ausbildung anzufangen oder sonst ihren Ehrgeiz hoch anzusetzen, sehr irritiert und dann abschreckt. Schon allein die Frage, was eine mächtige Frau anzieht, wie sie sich zu putzen und zu frisieren hat, kann ja überzeugend niemand beantworten. Mokante Bemerkungen über die Rüschenblüschen von Claudia Nolte habe ich von Männern nie gehört. Auch keine Kritik an der Körpersprache von Angela Merkel. Einer feministischen Journalistin war es vorbehalten, sie mit einer krummen Haltung und einem devoten Blick auszustaffieren, der angeblich heute schon ihren Misserfolg signalisiert. Mit den boshaften Kommentaren von Frauen zum Äußeren von Margaret Thatcher, die immerhin elf Jahre lang britische Premierministerin war, ließen sich ganze Bände füllen. Neulich wurde ihrer als Gouvernante mit neurotischen Zügen gedacht – von einer Frau. So viel Biss haben mächtige Männer nicht zu fürchten. Und apropos Gouvernante, Lehrerin, Matrone – sind das nicht ehrwürdige Rollen, die wir akzeptieren sollten, zumal es für mächtige Frauen noch gar keine gibt? Mit der Matronenrolle reüssiert zur Zeit Madeline Albright, die erste Außenministerin in der Geschichte der Vereinigten Staaten. So wie sie heute, im Alter von jenseits von Gut und Böse, aussieht, muss sie früher direkt hässlich gewesen sein. Heute jedoch greift sie in Verhandlungen auf ein Verhalten zurück, das man Frauen allgemein, Matronen besonders gern zubilligt. Sie setzt sich durch, indem sie schimpft. Mir scheint das eine bessere Strategie als das Kastrationsprogramm, dem Thatcher den Vorzug gab und das noch heute in aufgeklärten Frauenkreisen als das Nonplusultra in der Frauenpolitik gilt.

Solange Frauen an der Macht ein Kleiderproblem haben und, zumindest in jüngeren Jahren, mit ihrer Weiblichkeit über Kreuz liegen müssen, weil sie keine Softies begehren und diese bei einer starken, schönen Frau sowieso sadomasochistisch regredieren, so lange müssen wir uns mit der First Lady befassen, den zahllosen Männerbegleiterinnen, die mit Takt und Geschmack, verheiratet, versorgungsberechtigt oder nicht, ganz vorn und ganz oben zu sehen sind. Ich behaupte, dass sie nicht für eine Renaissance der alten Arbeitsteilung zwischen den Geschlechtern stehen und schon gar nicht für eine Rückkehr des Patriarchats sprechen. Im Gegenteil, ihre neue Popularität leitet sich aus einer Tatsache her, die erst heute – postfeministisch – Bedeutung bekommen hat: Für die wichtigsten Dinge sind immer zwei vonnöten, ein Mann und eine Frau. Erst mit der First Lady wird die Macht so komplett, wie wir sie in der Kindheit erfahren haben, als die Macht von Mama und Papa. So groß, überzeugend, mächtig und überwältigend wie die ihre ist keine andere mehr, die wir je erfahren. Der Ödipuskomplex, den viele zusammen mit der Freudschen Psychoanalyse längst auf dem Müllhaufen der Geschichte wähnen, im Buch der Irrtümer und Ideologien abgelegt, ist erst heute in der Wirklichkeit angekommen. Neben mächtigen Männern stehen mächtige Frauen – wenn wir die Statistiken einmal beiseite lassen ... Eigentlich sind die Frauen sogar viel mächtiger, und das nicht nur im Hinblick auf die rechtlichen Regelungen bei einer Scheidung. Man stelle sich nur für einen Augenblick einmal vor, dass die Frauen aller möglichen Mächtigen und Prominenten zu plaudern anfingen ...

Stefan Hornbostel
Von Überlebenden, Kolonisten und Newcomern

Neue und alte Eliten in Ostdeutschland

Zu »Friedenszeiten«, wie man die Epoche des realen Sozialismus in den neuen Bundesländern gern bezeichnet, gab es offiziell keinerlei Probleme mit Eliten. Diese waren als Relikte bürgerlicher Gesellschaft einfach wegdefiniert worden. An ihre Stellen traten in der DDR – ganz in der Tradition der »Avantgarde der Arbeiterklasse« – die sozialistischen Kader. Ein über Nomenklaturen gesteuerter und zentral kontrollierter Apparat der Machtausübung, der planmäßig mit den »besten Vertretern der Arbeiterklasse« ergänzt und erneuert werden sollte. Dass man damit weder das Problem der Legitimation von Eliten noch das Problem des Elitenwandels losgeworden war, ließ sich 1989 auf den Straßen besichtigen. Was da zu sehen war, schien zunächst ganz jenem Bild zu entsprechen, das der Nationalökonom und Soziologe Vilfredo Pareto zu Beginn unseres Jahrhunderts gezeichnet hatte: Wenn die »Löwen«, von starken Idealen getrieben, die Macht errungen haben, geht die Sicherung dieser Macht in eine Phase der Dekadenz über. Immer weniger können sie sich durch Gewaltanwendung an der Macht halten, immer mehr müssen sie ihren Gegnern den Frieden abkaufen. Diese Gegner, die »Füchse«, gewinnen an Einfluss, bis sie schließlich die Machtpositionen selbst okkupieren.

Soweit scheint auch die DDR dem Wechselspiel von Löwen und Füchsen gefolgt zu sein: 1989 zeichnete sich ein massiver interner Wechsel in der DDR-Elite ab. Wie bekannt, war dies Phänomen jedoch von kurzer Dauer. Die DDR-interne Elitenzirkulation konnte den Systemkollaps nicht mehr verhindern. Anders als in den osteuropäischen Staaten durchlief die DDR nach ihrer Selbstauflösung jedoch keinen endogen gesteuerten Veränderungsprozess, sondern integrierte sich in die Institutionenordnung Westdeutschlands. Das hatte zur Folge, dass ein Elitereservoire im Westen zur Verfügung stand (und durch materielle Anreize – Buschgeld – motiviert wurde), das die Lücken in der gesäuberten sozialistischen Elite schnell schließen konnte. Diese außergewöhnliche Konstellation führte dazu, dass im Osten der Republik ein tiefgreifender Umbau gesellschaftlicher Institutionen, bei Aufrechterhaltung ihrer Funktionsfähigkeit, begann. Nicht nur die Pferde, sondern auch die Kutscher wurden bei voller Fahrt gewechselt. Wenngleich die »blühenden Landschaften« noch auf sich warten lassen, gelang es auf diese Weise unzweifelhaft, in kürzester Zeit das Rechts- und Institutionengefüge der alten Bundesrepublik in den neuen Bundesländern zu implementieren und über einen enormen Ressourcentransfer diesen Umbau bei relativ steigendem Wohlstand der Bevölkerung zu bewältigen. Seit die Aufbruchseuphorie verflogen ist, werden allerdings zunehmend die Schattenseiten dieses Prozesses erkennbar.

Zu diesen Schattenseiten gehört das »Unzufriedenheitssyndrom« der Ostdeutschen. Es speist sich nur zum Teil aus den materiellen Lebensverhältnissen und den daraus resultierenden Problemlagen. Zum größeren Teil verdankt sich diese Unzufriedenheit einem diffusen Deprivationsempfinden gegenüber den Westdeutschen. Dabei handelt es sich nicht um eine Attitüde älterer »Wendeverlierer«, sondern durchaus um die Erfahrungswelt junger Menschen. So geben 1998 mehr als die Hälfte der 25-Jährigen einer sächsischen Paneluntersuchung zu Protokoll, dass nach ihren Erfahrungen die Ostdeutschen von den Westdeutschen als Bürger zweiter Klasse behandelt würden. Nur 20 Prozent der Befragten glauben, einen gerechten Anteil am gesellschaftlichen Wohlstand zu erhalten, und die Chancen, es durch Leistung zu etwas zu bringen, werden äußerst skeptisch eingeschätzt. Es wundert daher kaum, dass diese Jugendlichen sich selbst gleichermaßen als Bundesbürger wie als Bürger der untergegangenen DDR verstehen und sich diese doppelte Identität – trotz der inzwischen großen zeitlichen Distanz – kaum verändert hat. Verändert hat sich lediglich die Zufriedenheit mit dem heutigen politischen System: Sie befindet sich seit 1992 im Sinkflug; gerade noch 21 Prozent der Befragten äußern sich 1998 zufrieden über das politische System der Bundesrepublik (vgl. Förster 1999).

Sichtet man die Versuche, diese Unzufriedenheit zu erklären, dann stößt man schnell auf widersprüchliche Diagnosen: Die einen stellen eine Kolonialisierung des Ostens fest, die sich nicht nur wirtschaftlich äußert (die verlängerte Werkbank), sondern vor allen Dingen in der Okkupation der Elitepositionen durch westdeutsches Personal. Unzufriedenheit resultiere also aus mangelnder Repräsentanz ostdeutscher Eliten oder, anders formuliert, aus »westdeutscher Fremdherrschaft«. Andere bemerken genau das Gegenteil: eine Persistenz ostdeutscher Eliten, die durch die Wende nicht aufgebrochen wurde. Ein Elitenwechsel habe in Ostdeutschland gar nicht stattgefunden, vielmehr seien die alten DDR-Kader zugleich auch die neue Elite Ostdeutschlands. In diesem Sinne besteht die Unzufriedenheit eher darin, dass Privilegien und Aufstiege nicht in dem Umfang realisiert werden können, wie zu DDR-Zeiten geplant und erwartet.

Wie passen derartig unterschiedliche Wahrnehmungen zusammen?

Wird auch die Frage der Eliten nach wie vor durch eine ideologische Brille gesehen? Sind die Identitätskonstruktionen – Ost wie West – auf unterschiedliche Realitätswahrnehmungen gegründet?

Um etwas Licht in die verworrenen Verhältnisse zu bringen, empfiehlt es sich, am Anfang zu beginnen, das heißt im Falle Ostdeutschlands am Ende (der DDR). Dabei ist weniger jener kleine Kreis der Machtelite im engeren Sinne interessant, der teils schon in der agonalen Phase der DDR abtrat, spätestens jedoch nach der Wiedervereinigung politisch unhaltbar geworden war. Weitaus interessanter ist jener Teil der DDR-Elite, der – weniger exponiert – in Entscheidungs- und Leitungspositionen in der Wirtschaft, dem Handel, der staatlichen Verwaltung, in den Kommunen und Bezirken saß. Das einfache Bild einer Kaderauslese nach ausschließlich politischen Opportunitäten wird dieser Elite nicht gerecht. Und zwar aus einem einfachen Grund:

Das Führungspersonal auf den mittleren Führungspositionen stand im Schnittpunkt ausgesprochen widersprüchlicher Anforderungsstrukturen. Mit seinen spezifischen Rekrutierungsmustern, Kompetenzen, Orientierungen, symbolischen Abgrenzungen und mehr oder weniger großen Handlungspielräumen bildet es insofern einen Schlüssel für das Verständnis der Funktionsweise einer sozialistischen Gesellschaft, als es in der Kontrollhierarchie in einer prekären Vermittlungsposition zwischen oben und unten placiert war, in der Effizienz und Erfolge nur durch Zugeständnisse an die Eigensinnigkeit der jeweiligen Bereiche und die Kompetenzen des Personals möglich waren, Aufstieg und Sicherung der eigenen Position jedoch in bisher nicht genau bekanntem Umfang durch politischen Einfluss und die Demonstration von Systemloyalität zu erreichen waren. Ausgefeilte Nomenklaturen und eine extensive Kaderpolitik zeigen, dass auch in der Selbstwahrnehmung des DDR-Systems den mittleren Elitepositionen große Bedeutung zugemessen wurde. Dieses Spannungsfeld von politischer Loyalität und fachlicher Kompetenz war einerseits entlang der Positionshöhe im jeweiligen Tätigkeitsbereich, andererseits entlang der Bedeutsamkeit der jeweiligen gesellschaftlichen Sektoren für die politische Machtzentrale aufgebaut. Wirft man einen Blick in die detaillierten Aufzeichnungen, die der Ministerrat der DDR über die Leitungskader führte, dann ergibt sich folgendes Bild (vgl. Hornbostel 1999): Das durchschnittliche Bildungsniveau, aber auch die Zahl der Parteimitglieder lagen in der Wirtschaft deutlich niedriger als in der staatlichen und regionalen Verwaltung; die Selbstrekrutierung aus der Intelligenz fiel in der Justiz, der Ministerialbürokratie und in der Wissenschaft deutlich höher aus als etwa im politisch irrelevanten Bankwesen oder im Einzelhandel; hauptamtliche Tätigkeiten in der SED und der FDJ fanden sich häufig in den Berufsbiographien des Personals der zentralen staatlichen

Verwaltung und in den Räten der Bezirke, kaum jedoch in Wirtschaft und Handel. In jedem dieser Sektoren galt wiederum, dass mit steigender Positionshöhe die politischen Loyalitätsverpflichtungen zunahmen. In den Zentren der Macht begann diese Verpflichtung bereits auf den unteren Karrierestufen, in der Wirtschaft und im Binnenhandel hingegen erst auf den oberen Leitungspositionen. Den deutlichsten Ausdruck dieser doppelt gestuften Nähe bzw. Distanz zur Macht findet man im symbolischen Kapital, das die DDR ihren Leitungskadern zukommen ließ, den Ehrungen, Orden und Auszeichnungen. Derartige Auszeichnungen wurden zwar en masse vergeben (angefangen bei den Schülern und Jungen Pionieren, über die Arbeitskollektive bis hin zum Karl-Marx-Orden), die Wertigkeit dieser Auszeichnungen (gemessen an der Höhe der materiellen Dotierung und der Häufigkeit der Vergabe) war allerdings höchst unterschiedlich: Sie reichte vom wertlosen und massenhaften Blechsegen bis zu höchst attraktiven Auszeichnungen, die nicht nur materiell interessant waren, sondern dem Träger auch ein Maß an Loyalität attestierten, das Handlungsfreiheit mit sich brachte. Geht man von der Wertigkeit der verteilten Orden aus, dann rangiert das Spitzenpersonal der Ministerien und der zentralen Staatsorgane ganz oben, gefolgt von den Räten der Bezirke und dem politisch wichtigen Außenhandel, in weitem Abstand folgte die Wirtschaft und der Binnenhandel. In jedem Bereich wiederum sind die Hierarchiestufen deutlich getrennt: Die Generaldirektoren der Kombinate und ihre Stellvertreter waren im Durchschnitt ungefähr viermal so hoch dekoriert wie die Abteilungsleiter; ähnlich sind die Abstufungen in den übrigen Sektoren.

Zwei weitere Sachverhalte lassen sich der akribischen Buchhaltung der DDR über ihr Kaderpersonal entnehmen: 1. In den besonders machtnahen Bereichen (zentrale Staatsorgane, Räte der Bezirke, Außenhandel) findet sich – im Vergleich mit Wirtschaft und Binnenhandel – ein weitaus höherer Anteil von Führungspersonal, der bereits vor 1945 politisch aktiv war, und zwar zum größeren Teil in der NSDAP und in faschistischen Organisationen, zum geringeren Teil im Widerstand oder in Arbeiterparteien. Das gilt auch für das politische Engagement der Eltern dieser Personengruppe. Es gab also in der DDR, trotz des massiven Elitenwechsels in der Nachkriegszeit, eine Art genealogisch tradiertes Politprofitum, das sich auf den verschiedensten Ebenen der Politik artikulierte. 2. Die oft herausgestellten gesellschaftspolitischen Fortschritte der DDR, wie Gleichberechtigung der Frauen oder ein proportionaler Anteil von Arbeiterkindern auf allen Hierarchieebenen, fanden gegen Ende der DDR gar nicht oder nur in Nischen statt. Frauen waren in Führungspositionen völlig unterrepräsentiert und erreichten größere Bedeutung nur dort, wo sie politisch gefördert wurden (Räte der Bezirke) oder eben in typischen Frauenberufen (Einzelhandel). Arbeiterkinder hatten gegen Ende der DDR-Zeit weitaus schlechtere Chancen, in Führungspositionen aufzusteigen, als Kinder aus der »Intelligenz«, was nicht zuletzt an der starken Selektivität des Bildungssystems lag. Das Bildungssystem war die Schaltstelle, über die in den achtziger Jahren in der DDR eine sozialistische Dienstklasse sich selbst reproduzierte und eine geschlossene Klassenlage erzeugte, in der die Kinder der unterprivilegierten Schichten nachgerade systematisch am sozialen Aufstieg gehindert wurden.

Versucht man holzschnittartig zu resümieren, was sich gegen Ende der DDR unterhalb der exponierten Spitzenpositionen in der DDR-Elite abspielte, dann lässt sich Folgendes festhalten: Das Primat der Politik – oder besser der Allmachtsanspruch der SED – setzte sich nicht nur auf den verschiedenen Hierarchieebenen sehr unterschiedlich durch, sondern differierte auch sektoral sehr stark. Das hatte einerseits zur Folge, dass sich insbesondere in der Wirtschaft, aber auch in der regionalen und lokalen Verwaltung ein Typus von Leitungspersonal – unterhalb der Spitzenpositionen – etablieren konnte, der sich selbst weitaus stärker über eine professionelle Identität definierte als über politische Loyalität. Ein Grund, warum westliche Beobachter lange Zeit in der Wirtschaft der DDR eine technisch-naturwissenschaftlich gebildete Gegenelite vermuteten. In den Verwaltungen dominierten ebenfalls technisch gebildete Quereinsteiger, deren professionelle Identität weder über formale Rechtsanwendung noch über politische Konformität gestiftet wurde. Damit entstand sowohl in der Wirtschaft als auch in der lokalen und regionalen Politik Spielraum für einen Kadertypus, den man als pragmatisch orientierten »Macher« umschreiben könnte. Keine Gegenelite, sondern eher eine politisch tendenziell indifferente Führungsgruppe, die auf Problemlösung unter widrigen Umständen orientiert war und nicht selten am Rand der Legalität agierte, ohne jedoch das politische System in Frage zu stellen. Eine Dienstklasse, der es gelungen war, ihren Kindern – wider alle Ideologie – besonders gute Chancen auf ähnliche Positionen zu sichern und so die Elitenreproduktion gerade durch Orientierung an professioneller Identität zu gewährleisten.

Welche Überlebenschancen hatte nun diese sozialistische Elite nach der Wende? Zunächst einmal reduzierte sich in allen Bereichen rein quantitativ die Menge der verfügbaren Leitungspositionen. Der verbleibende Rest wurde exakt im gleichen Koordinatensystem, das schon zu DDR-Zeiten Gültigkeit besaß, von den alten oder schon neuen Osteliten gereinigt. Die Mechanismen sind dabei sektoral unterschiedlich, die Wirkungen aber ähnlich: Je höher die Position in der jeweiligen Hierarchie von Unternehmen, Verwaltungen, Körperschaften usw., desto größer die Wahrscheinlichkeit, dass diese Positionen nach der Wende durch importierte Westeliten besetzt wurden. In der Wirtschaft wurde dieser Effekt über die

Auflösung der Kombinatsstrukturen und die Privatisierung der Unternehmensteile bewerkstelligt. Ostdeutsche kamen dabei kaum zum Zuge, sodass die Eigentumsstruktur weitgehend in westdeutsche Hände überging. Im öffentlichen Dienst waren es vor allen Dingen rechtsförmige Überprüfungsverfahren und die neuen Kompetenzanforderungen, an denen die Ostelite scheiterte. Die Nähe zum Machtapparat der DDR wurde auch formal zum Stolperstein für die administrative Elite. Die Ergebnisse spiegeln sich in den empirischen Untersuchungen zur bundesdeutschen Elite: Trotz eines Bevölkerungsanteils von ca. 20 Prozent stellen die Ostdeutschen nur 12 Prozent des gesamten bundesdeutschen Führungspersonals, davon den ganz überwiegenden Teil in der Politik, wo Ostdeutsche aufgrund des Wahlmechanismus weitaus bessere Chancen haben, Positionen in den Landesvorständen der Parteien, in den Landtagsfraktionen oder in den Landesregierungen zu besetzen (auf der Bundesebene spielen die Ostdeutschen quantitativ keine Rolle). Von den Führungspositionen in Ostdeutschland werden dennoch 41 Prozent von gebürtigen Westdeutschen eingenommen. Ostdeutsche sind in einzelnen Sektoren (Justiz, Militär, Wirtschaft, Verwaltung) auf den Spitzenpositionen so gut wie gar nicht zu finden (vgl. Bürklin u. a. 1997). In den Karrieren der geschrumpften neuen/alten Ostelite finden sich diese Umstrukturierungen wieder: Gut drei Viertel dieser Elite haben ihren Karrierebereich gewechselt und dabei oft gleich mehrere Schritte auf der Karriereleiter genommen.

Ebenso wie schon die DDR versucht hatte, politische Loyalität und professionelle Kompetenz durch abnehmenden Kontrolldruck von oben nach unten auszutarieren, wurde auch nach der Wende bei der Säuberung der Verwaltungseliten verfahren. Von der Bonner/Berliner administrativen Elite blieben die Ostdeutschen ausgeschlossen, in den Landesministerien der neuen Bundesländer wurde der höhere Dienst zu mehr als der Hälfte von westdeutschen Beamten besetzt. Je tiefer man allerdings in der Hierarchie der Gebietskörperschaft (und der Positionen) geht, desto mehr gewinnt ostdeutsches Personal an Gewicht. In den Landkreisen und Städten liegt der Westanteil in der kommunalen Elite deutlich unter 20 Prozent, mehr als die Hälfte dieser Positionen sind von Ostdeutschen besetzt, die im Zuge des Elitenaustauschs in die Verwaltungspositionen aufrückten, und immerhin bis zu einem Drittel des kommunalen Spitzenpersonals besteht aus ehemaligen Kadern, die bereits in der DDR in Amt und Würden waren. In den kleineren, kreisangehörigen Städten liegt der Anteil der Bürgermeister, die schon zu DDR-Zeiten ein entsprechendes Amt bekleideten, und der ehemaligen Ratsmitglieder, die wieder gewählt oder weiter beschäftigt wurden, noch höher (vgl. Berg u. a. 1996).

Sieht man einmal davon ab, dass auch das erhebliche westdeutsche Reservoir an potentiellen Kandidaten nicht ausgereicht hätte, alle Positionen mit Westimporten zu besetzen, so deuteten bereits die Kommunalwahlen 1994 und die Möglichkeiten plebiszitärer Abwahlen, die erheblich zu Lasten der im Westen rekrutierten Akteure gingen, darauf hin, dass hier offenbar Altpersonal zur Verfügung stand, dessen Kompetenzen auch durch eine kompromittierende politische Vergangenheit nicht entwertet wurden, sondern ganz im Gegenteil als Sozialkapital unter den neuen Bedingungen sehr erfolgreich eingesetzt werden konnten. Dem korrespondiert, dass – laut *Spiegel* – schon 1993 rund 46 Prozent der Ostdeutschen der Meinung waren, dass zu viele westdeutsche Beamte in den neuen Bundesländern eingesetzt seien.

Wie ist ein solcher Überlebenserfolg der Altfunktionäre trotz Systemwechsel erklärbar? Offenbar gibt es im Bereich kommunaler Politik eine Art strukturelle Kontinuitätserfahrung, in der zwar die Akteure heute andere sind, die Handlungsstrukturen aber ähnlich. Als »Sozialmakler« jonglieren diese Alt-Bürgermeister mit klientelistischen Interessen, insbesondere der Wirtschaft, in alten und neuen Netzwerken ebenso souverän, wie sie zuvor mit Kombinatsdirektoren, Parteileitung und Bezirksverwaltungen informelle Steuerungspolitiken betrieben hatten. (vgl. Neckel 1999). Der ehemalige, eher technokratisch und pragmatisch orientierte Funktionärstypus der DDR stößt heute im lokalen Bereich auf Probleme und Handlungsanforderungen, die sich nicht grundsätzlich von denen sozialistischer Provenienz unterscheiden. Und wohl auch nicht von kommunalpolitischen Konstellationen im Westen. Größere Ost-West-Differenzen sind jedoch durch die strukturelle Kontinuität der Verwaltungsapparate entstanden. Während in den westdeutschen Städten das Führungspersonal mit juristischen und verwaltungsspezifischen Ausbildungen überwiegt, stellt es in den ostdeutschen Städten eine Minderheit dar, die zudem überwiegend im Westen rekrutiert ist. Verwaltungen waren in der DDR ausgesprochen »rechtsnihilistisch« und rekrutierten sich aus überwiegend verwaltungsfremden Fachexperten. Zwar hat mit der Wende der Normierungsdruck der bundesdeutschen Rechtsordnung diese Verwaltungspraxis schnell beendet, nicht jedoch den Qualifikationshintergrund des Führungspersonals (häufig Quereinsteiger), das bis heute überwiegend verwaltungsfremde, meist technische, naturwissenschaftliche oder medizinische Ausbildungsprofile aufweist. Diesen Ausbildungshintergrund zeigt auch die heutige Führungsspitze der kommunalen Verwaltungen in den neuen Bundesländern, die überwiegend aus amtsunerfahrenem Neupersonal (nicht selten aus der systemkritischen Gegenbewegung der DDR) besteht und in erheblichem Maße auf erfahrene Altkader als Amtsleiter oder Ratsmitglieder zurückgreifen muss. Ob aus dieser Konstellation wirklich ein neuer Typus von Verwaltung entsteht, der weniger rechtsdogmatisch, dafür stärker problembezogen operiert, oder ob es sich dabei lediglich um einen Schritt in Richtung jener hochbürokratisch, aber formaljuristisch korrekten Verwaltungspraxis à la Westdeutschland handelt, muss sich wohl erst noch erweisen. Immerhin, die Akzeptanz der Verwaltung in der Bevölkerung wächst und erzeugt ein dem Westen sehr ähnliches Institutionenvertrauen.

Für das politische und administrative System lässt sich insgesamt festhalten, dass mit der Einführung der neuen Länder eine ganze Reihe von neuen Spitzenpositionen auf Länderebene entstanden sind. Diese Positionen konnten aber nur zu einem vergleichsweise kleinen Teil von ostdeutschen Alt- oder Neueliten besetzt werden. Die politischen Säuberungen erzeugten ein Vakuum, das vorwiegend durch Import von Eliten aus dem Westen gefüllt wurde, die damit historisch einmalige Aufstiegs- oder Wiederaufstiegsoptionen erhielten. Unterhalb der Spitzenebene ist hingegen ein erhebliches Maß an Kontinuität zu verzeichnen. Und diese Kontinuität zeigt deutlich konservative Züge: Von den Mitgliedern der »oberen Dienstklasse« der DDR mit professionellen Tätigkeiten (Ärzte, Lehrer, Wissenschaftler, höheres Verwaltungspersonal usw.) gelang es immerhin 75 Prozent, auch nach der Wende in der oberen Dienstklasse zu verbleiben. Die neue Dienstklasse ist im Großen und Ganzen die alte (Solga 1996). Die Leidtragenden dieser Kontinuität sind vor allem die jüngeren Geburtskohorten, die schon zu DDR-Zeiten schlechtere Aufstiegschancen hatten und mit der Wende ein zweites Mal ausgebremst wurden. Ein Effekt, der aus sozialverträglichem Personalabbau, Besitzstandswahrung und Umfang des verwertbaren Erfahrungswissens resultierte.

Geht man davon aus, dass im öffentlichen Bereich mit dem Dienst- und Beamtenrecht der alten Bundesrepublik Strukturen eingeführt wurden, die sich in der Mischung von politischer Loyalität und professioneller Qualifikation nicht grundsätzlich von der sozialistischen Bürokratie unterscheiden, dann könnte man erwarten, dass in der Wirtschaft ganz andere Bedingungen der Elitentransformation zum Tragen kamen. Auf den ersten Blick scheint das auch der Fall zu sein, denn rund zwei Drittel der privatisierten Unternehmenseinheiten wanderten in die Hände von westdeutschen oder ausländischen Eigentümern, womit die Kontrolle über das Produktivvermögen den alten DDR-Eliten eindeutig entzogen wurde. Das überalterte Führungspersonal an der Spitze der Kombinate wurde weitgehend in den Ruhestand ›abgewickelt‹. Ganz anders sieht das Bild allerdings aus, wenn man die kleinen und mittleren Unternehmen betrachtet und insbesondere die neugegründeten Betriebe einbezieht. Die Besitzverhältnisse kehren sich dann um, der größere Teil dieser Unternehmen befindet sich in Ostbesitz. Hier gelang also eine Elitenreproduktion: Aus einem kleinen Teil der sozialistischen Manager wurden kapitalistische Eigentümer und damit Angehörige der lokalen oder regionalen Eliten.

Was aber geschah mit der Mehrzahl der sozialistischen Wirtschaftselite, die Leitungspositionen in den volkseigenen Betrieben und Kombinaten innehatte? Zunächst einmal erlebte die Wirtschaft einen radikaleren und schnelleren Stellenabbau als der öffentlich kontrollierte Sektor. Insgesamt dürfte wohl ein Führungskräfteabbau von über 70 Prozent stattgefunden haben (vgl. Windolf 1996). Ein Teil des Personals wanderte in andere gesellschaftliche Sektoren ab, vorzugsweise in die Politik, ein Teil schied über Verrentung oder die Vorruhestandsregelung aus, und immerhin mehr als die Hälfte der Leiter auf der mittleren Hierarchieebene hatte (1991) ihre Position halten können. Anders als die Kolonialisierungsthese vermuten lässt, wurden die verbliebenen Stellen kaum durch Westimporte besetzt: Von den mittleren Managementpositionen wurden (nach verschiedenen Untersuchungen) zwischen 60 Prozent und 80 Prozent durch ehemalige sozialistische Leiter, von den Geschäftsführerpositionen zwischen 75 Prozent und 100 Prozent durch ehemalige Kader besetzt. Auch hier konnten sich die 45- bis 54-Jährigen gegenüber den Jüngeren weitaus besser positionieren. Letztere wanderten verstärkt in die alten Bundesländer ab. Die Ostmanager ähneln ihren westdeutschen Kollegen insofern, als auch sie von einer Art sozialer Vererbung profitieren: Die Mehrzahl der Väter der jetzigen Manager oder (Mit-)Eigentümer hatte bereits eine Eliteposition inne. So fremd war der Arbeiter- und Bauernstaat bei näherem Hinsehen gar nicht.

Welche Bedeutung den jeweiligen Akteuren des Take-over zufiel, lässt sich im Detail im Bereich der Medien studieren: Das staatliche Rundfunk-, Fernseh- und Pressewesen der DDR wurde einerseits über die Treuhand privatisiert (die Printmedien), andererseits in drei Länderanstalten in öffentlich-rechtliche Strukturen überführt (Rundfunk und Fernsehen). Während in den privatisierten Printmedien nur in geringem Umfang Westimporte in die Chefredaktionen einzogen und ein erheblicher Teil der ostdeutschen Printmedienelite aus der Wendezeit seine Position halten oder sogar verbessern konnte, sah es im öffentlich-rechtlichen Bereich völlig anders aus. Von 21 Inhabern hoher Positionen bei Funk und Fernsehen stammten 1994 lediglich vier aus den neuen Bundesländern, von den Intendanten kein einziger. Betrachtet man auch die weniger exponierten Führungspositionen – schließt man also die Redakteursposten und auch die lokalen Zeitschriften mit ein –, dann steigt zwar der Anteil der Ostdeutschen, der Unterschied zwischen öffentlich und privat bleibt aber frappant: Der Westimport beim Fernsehen beträgt dann 40 Prozent, in den Printmedien 18 Prozent (Derlien 1997). Als »Entstasifizierung« legitimiert, wurden im öffentlich-rechtlichen Bereich zunächst alte und erneuerte Ost-Eliten entfernt, um dann – nun mit Kompetenzanforderungen begründet – durch Berufsaufsteiger aus dem Westen ersetzt zu werden. Eine Ersetzung, die fatal an das gerade untergegangene Regime erinnert:

Das politische Primat wird nun nicht mehr von einer SED durchgesetzt, sondern weitaus pluralistischer von CDU/CSU und SPD, es gibt keine Kadernomenklaturen mehr, dafür aber Personal- und Stellenpläne, die nach Parteibuchproporz besetzt werden. Es wundert dann kaum noch, dass zwar im privatisierten Printbereich qualifiziertes Personal übernommen werden konnte, im öffentlichen Bereich aber – so der MDR-Intendant – auch begabte Ostdeutsche an den Herkules-Aufgaben, die ein öffentlich-rechtlicher Rundfunk zu bewältigen hat, scheitern. Was an einem derartigen Elitenwechsel irritiert, ist weniger die Kolonialherrenart, mit der dem Westpersonal aus dem zweiten Glied der berufliche Aufstieg ermöglicht wurde, als vielmehr die Strukturähnlichkeit zwischen realsozialistischer Kaderauslese und öffentlich-rechtlicher Personalpolitik.

Verglichen mit den osteuropäischen Staaten haben die neuen Bundesländer zweifellos einen Sonderweg beschritten. Eine Konversion der alten Machtelite fand – anders als in Russland, Polen oder Ungarn – nicht statt. Vielmehr gingen die Spitzenpositionen und die gesellschaftlichen Sektoren, auf die die Politik gezielt Einfluss nehmen konnte, in westdeutsche Hände über. Die Frage der Kontrolle wurde eindeutig durch neue Eigentumsverhältnisse oder politische Säuberung gelöst. Anders als im Falle der nur wenig gebrochenen Elitekontinuität zwischen dem nationalsozialistischen Deutschland und der Bundesrepublik wurde im Falle der DDR tatsächlich das realsozialistische Spitzenpersonal dauerhaft aus zentralen Entscheidungspositionen entfernt. Der Take-over aller entscheidenden Kontrollinstitutionen durch Westeliten erleichterte insbesondere in der Politik die Zirkulation der Ostelite. In den neuen Landtagen (1990) hatten 84 Prozent der Abgeordneten erstmals ein Mandat, wovon der größere Teil oberhalb der Lokalebene amtsunerfahren war. Zugleich ermöglichte diese starke Kontrolle aber auch den Fortbestand jener sozialistischen Dienstklasse. So wie die politischen Loyalitätsverpflichtungen in der DDR mit der Positionshöhe und der politischen Relevanz des Beschäftigungssektors wuchsen, so verringerten sich nach der Wende die Überlebenschancen der Altelite. Umgekehrt bedeutet dies, dass die Chance gerade des mittleren Führungspersonals bzw. der Inhaber von Positionen lokaler oder regionaler Bedeutung, ihre Karrierewege unter dem neuen System fortzusetzen, vergleichsweise gut war. Sie konnten in der Kommunalpolitik ihr Sozialkapital vor Entwertung bewahren, auf mittleren Managementebenen ihre gegen Politisierung geschützten professionellen Identitäten einbringen und waren in der Administration durch einen – gemessen an den personellen Überkapazitäten – milden, sozialverträglichen Personalabbau geschützt. Die politische Säuberung in den Spitzenpositionen garantierte gewissermaßen, dass diese Dienstklasse nicht über Seilschaften, Clanbildung oder weitreichende soziale Netzwerke zu einem eigenständigen Machtfaktor wurde, erlaubte ihr zugleich aber den Schutz ihrer Besitzstände und die Fortsetzung ihrer schon zu DDR-Zeiten weit fortgeschrittenen Selbstreproduktion.

Bilanziert man diesen besonderen Transformationsprozess, ist sicherlich der extrem schnelle und vergleichsweise friktionslose Umbau einer ganzen Gesellschaft durch eine Mischung von Elitenimport, Elitenzirkulation und -reproduktion auf der Habenseite zu verbuchen. Die Sollseite tritt erst allmählich in Erscheinung: Mit dem Elitenimport untrennbar verknüpft ist ein ebenfalls importiertes Institutionensystem, dessen Schwächen wohl bekannt waren, ein Verwaltungsapparat, dessen notorische Leistungsschwäche lange debattiert wurde, ein Dienst- und Beamtenrecht, dessen Leistungs- und Innovationsfeindlichkeit fast sprichwörtlich ist, kurz ein Strukturkonservatismus, der nur in den Wendewirren unsichtbar bleiben konnte, dessen Medusenhaupt nun aber im Spiegel der Globalisierung wieder deutlich sichtbar wird. Die importierten Westeliten brachten gerade die Voraussetzungen und auch ein Interesse an der Implementierung jener längst fragwürdig gewordenen Strukturen mit, sie selbst profitierten schließlich davon. Paradoxerweise trafen sie sich in diesem Punkt mit den Interessen der alten Ostelite, die weniger auf Machterhalt als auf Besitzstandssicherung zielte (die kleine Gegenelite der Bürgerbewegung hatte in den neuen Bundesländern nie eine Chance).

Diese große Koalition wider Willen stimmt in mehrfacher Hinsicht skeptisch. Nicht nur, weil sie mit der produzierten Elitenkontinuität in den neuen Bundesländern gerade die innovativen und die jüngeren Köpfe systematisch zurückdrängte, sondern auch, weil das hochpolitisierte »muddling through« der Importelite phänomenologisch doch an manches aus realsozialistischen Zeiten erinnert. Die Westeliten brachten ein gutes Stück Sozialismus westdeutscher Prägung mit. Es macht denn wohl auch den Kern des Kolonialisierungsvorwurfs aus, dass das Versprechen einer strikt meritokratisch orientierten demokratischen Leistungsgesellschaft enttäuscht wurde. Umgekehrt sind auch Revisionen am landläufigen Bild der DDR notwendig: Jenseits der Politrhetorik hatte die DDR sich in den letzten Jahrzehnten ihres Bestehens so weit funktional ausdifferenziert, dass Sachverstand nicht ohne weiteres durch politische Loyalität zu ersetzen war. Vielmehr hatten sich offenbar Rekrutierungsmuster, Einstellungen und Handlungsorientierungen beim weniger exponierten Führungspersonal herausgebildet, die Raum für professionelle Identitätsbildung ließen. Bezahlt wurde dies mit wachsender Ungleichheit in der DDR und immer stärkerer Selbstreproduktion insbesondere der Intelligenz im Arbeiter- und Bauernstaat.

Was sich derzeit in den neuen Bundesländern an neuer Ostidentität abzeichnet, hat daher weniger mit Nostalgie zu tun als vielmehr mit einer oszillierenden Suchbewegung, die den verblassenden Glanz der Westeliten ebenso nüchtern registriert wie die Defekte der untergegangenen DDR. Die Werbeagentur Fritzsch & Mackat (junge Ostelite pur) beschreibt das neu aufkeimende Selbstbewusstsein als *Ostimismus*: eine optimistische, leistungsbezogene Identität mit einer starken gemeinschaftlichen und sozialen Komponente (eine neue soziale Marktwirtschaft?). Da das Parteiensystem in den neuen Bundesländern nur geringe Integrationskraft hat, fällt den Eliten in ganz besonderem Maße die symbolische Gestaltung dieser immer noch nicht ausbuchstabierten Identität zu. Als Repräsentanten für diesen Ostimismus scheiden aber längerfristig die importierten Eliten ebenso aus wie die Alteliten. Die Mischung aus Kolonisten in den Spitzenpositionen und alten Kadern in den nachgeordneten Positionen war als transitorische Konstellation durchaus funktional. Zukunftsweisend ist die damit einhergehende Melange aus Klientelismus, Ämterpatronage, Subventionsmentalität und Besitzstandswahrung allerdings nicht. Vermutlich werden es ohnehin nicht die Positionseliten sein, denen man maßgeblichen und regelmäßigen Einfluss auf zentrale gesellschaftliche Entscheidungen zuschreibt, die die gesellschaftliche Integration aufrechterhalten, sondern eher ein bunter Strauß sektoraler und regionaler Eliten. Es bleibt also spannend, ob der Ostimismus zwischen den Polen eines Kartells der Macht auf der einen Seite und einer desintegrierten und fragmentierten Gesamtelite auf der anderen etwas Neues hervorbringt.

Literatur

Berg, Frank u. a., *Kommunaler Institutionenwandel. Regionale Fallstudien zum ostdeutschen Transformationsprozess,* Opladen 1996.

Bürklin, Wilhelm u. a., *Eliten in Deutschland,* Opladen 1997.

Derlien, Hans-Ulrich, »Elitezirkulation zwischen Implosion und Integration«, in: Wollmann, H. u. a., *Transformation der politisch-administrativen Strukturen in Ostdeutschland,* Opladen 1997.

Förster, Peter, »Die 25jährigen auf dem langen Weg in das vereinte Deutschland«, in: *Aus Politik und Zeitgeschichte*, B43-44, 1999.

Hornbostel, Stefan (Hg.), *Sozialistische Eliten. Horizontale und vertikale Differenzierungsmuster in der DDR*, Opladen 1999, darin die Beiträge von Sabine Lorenz, Hanjo Gergs und Markus Pohlmann, Stefan Hornbostel.

Neckel, Sighard, *Waldleben*, Frankfurt/M. 1999.

Solga, Heike, »Zum Verbleib der Angehörigen der oberen Dienstklasse der DDR nach 1989 ...«, in: Hradil, Stefan und Eckart Pankoke (Hg.), *Aufstieg für alle?*, Opladen 1996.

Windolf, Paul, »Die Transformation der ostdeutschen Betriebe«, in: *Berliner Journal für Soziologie*, Nr. 4, 1996.

Hamburger Edition
Institut für Sozialforschung

Heinz Bude
Die ironische Nation. Soziologie als Zeitdiagnose
187 Seiten. Gebunden
DM 32.- / ÖS 234.- /SFr 31.-
ISBN 3-930908-47-6

Nachdem die Bundesrepublik vergangen ist, stellt sich die Frage, was wir an ihr verloren haben. Die kollektive Lerngeschichte der Nachkriegszeit hat im Westen eine ironische Nation hervorgebracht, der ein tragisches Volk aus dem Osten beigetreten ist. Nachträgliche Abstandsnahmen, wilde Empörungen und eine Jugendbewegung von rechts bestimmen das Bild der vergrößerten Bundesrepublik. Am Ende der neunziger Jahre zieht Heinz Bude eine soziologische Bilanz dieses Einigungs- und Wendejahrzehnts.

Heinz Bude / Bernd Greiner (Hg.)
Westbindungen. Amerika in der Bundesrepublik
358 Seiten. Gebunden
DM 48.-/ ÖS 350.-/SFr 46.-
ISBN 3-930908-50-6

Ohne den Einfluß der Vereinigten Staaten wäre die Geschichte der Bundesrepublik anders verlaufen. Warum, zeigt der vorliegende Band am Beispiel der politischen Kultur, des »amerikanisierten« Unternehmers und Konsumenten, der Debatte um das Grundgesetz und die Bundeswehr, der Literatur, des Films sowie der Psychoanalyse und Geschichtswissenschaft. In ihrer Summe erscheinen die vielfältigen »Westbindungen« als Voraussetzung einer gefestigten Demokratie.

Beate Krais
Die Wissenschaftselite

Eine Heldengeschichte

»Ignoriert, bekämpft, verhöhnt ... und jetzt gefeiert« – so überschrieb die *Zeit* ihren Bericht über den diesjährigen Nobelpreisträger für Medizin, den in Deutschland geborenen, in den Vereinigten Staaten arbeitenden Wissenschaftler Günter Blobel. Der Bericht liest sich wie ein modernes Heldenepos: Da ist ein junger Mann, der in die Fremde gehen muß, weil er in der Heimat nicht findet, was er sucht, Wissenschaftler nämlich, bei denen er etwas lernen kann. Er kommt zu einem geachteten, später mit dem Nobelpreis geehrten Manne, der nach dem Verständnis der deutschen Wissenschaftslandschaft Vaters Stelle bei ihm vertritt, also sein Doktorvater wird. Früh entwickelt er die bahnbrechende Idee, für die ihm dann der Nobelpreis zuerkannt wird, doch muss er auf diese Anerkennung fast drei Jahrzehnte warten. In diesen langen Jahren hat er mit enormen Widerständen zu kämpfen: Das wissenschaftliche Establishment ignoriert ihn; er hat Konkurrenten, die Gegenthesen entwickeln, seine Idee in den zentralen Arenen des wissenschaftlichen Disputs – in den Publikationsorganen *nature* und *Science* – bekämpfen; die Institutionen der Forschungsförderung verweigern ihm die Mittel. Und, vielleicht das Schlimmste, was einem Wissenschaftler widerfahren kann: er muss sich nicht nur mit dem Hohn und der Missachtung auseinandersetzen, die ihm von außen, von Gegnern und Konkurrenten, zuteil werden, er hat auch lange Zeit keine überzeugenden experimentellen Beweise für seine Idee in der Hand und kommt immer wieder in neue Beweisnöte, sowie er ein Problem gelöst hat. Schließlich, nach Jahrzehnten der Anstrengung, nach Jahrzehnten »penibler Laborarbeit«, in denen er sich nicht hat abbringen lassen von seiner Idee, ist der Durchbruch da. Seine Entdeckungen zeigen neue Wege in der Behandlung von bisher unheilbaren Krankheiten auf, doch werden Pharmafirmen reich mit seinen Forschungsergebnissen, nicht er selbst. Für ihn ist wichtig, daß seine Leistung anerkannt wird: Er veröffentlicht in *nature* und *Science*; er erhält – im Alter von 63 Jahren – den Nobelpreis, und zwar allein, ohne ihn mit anderen teilen zu müssen. Auch die Heimat erkennt ihn an und feiert ihn.

Gehört so ein Mann zur gesellschaftlichen Elite?

Wissenschaftliche Leistungen, gesellschaftliche Anerkennung und die Welt der Wissenschaft

Nach allgemeinem Verständnis bilden Nobelpreisträger und andere Wissenschaftler – und vielleicht auch Wissenschaftlerinnen –, die in der Welt der Wissenschaft Führungsaufgaben übernehmen oder Spitzenpositionen innehaben, eine spezifische gesellschaftliche Elite, die wissenschaftliche Elite. Sie haben eine persönliche, ihnen individuell zurechenbare Leistung erbracht, die in unserer Gesellschaft als bedeutsam erachtet und gesellschaftlich anerkannt wird. Allerdings könnte man die Frage aufwerfen, wer denn eigentlich feststellt, was eine Leistung ist. Der Soziologe Dreitzel (1962) verweist auf den impliziten Konsens der »öffentlichen Anerkennung«, wie auch immer diese zustande gekommen sein mag. Aber selbst wenn man zugesteht, dass es in vielen Fällen nicht ganz so einfach ist festzustellen, wer nach den Normen des Auslesekriteriums für eine bestimmte Leistung die höchste Bewertung erhalten soll, und dass dies auch durchaus strittig sein kann – man denke z. B. an die in Wahlen zu ermittelnden besten politischen Leistungen –, so dürften die Bewertungen in der Wissenschaft doch eindeutiger, objektiver, unstrittiger sein, zumal in den Naturwissenschaften. Immerhin gibt es in der Wissenschaft auch eigens eingerichtete Beurteilungsorgane wie Gutachtergremien, das Nobelpreiskomitee usw. Wenn man sich allerdings die eingangs vorgestellte Geschichte des Nobelpreisträgers ins Gedächtnis ruft, wird deutlich, dass es mit der Anerkennung von wissenschaftlichen Leistungen nicht ganz so einfach ist, wie es im Alltagsverständnis erscheint. Warum wurde die Leistung von Günter Blobel nicht früher anerkannt? Welche Rolle für die Anerkennung spielen missgünstige oder unverständige Kollegen, Konkurrenten, begriffsstutzige Gutachter, auf die der Bericht in der *Zeit* anspielt, kurzum, die viel zitierte *scientific community*? Und ab wann ist der Nobelpreisträger eigentlich zur Elite zu rechnen: Vom Moment der mit dem Nobelpreis ausgesprochenen öffentlichen Anerkennung, also vom Jahre 1999 an? Müsste er nicht schon von 1971 an zur wissenschaftlichen Elite gezählt werden, als er seine bahnbrechende Idee veröffentlichte? Was wäre gewesen, wenn ihn ein früher Tod dahingerafft und andere mit seinen Ideen weitergearbeitet hätten oder aber diese in der Schublade gelandet wären? Je mehr man sich in das Problem vertieft, desto mehr Fragen tauchen auf.

Ich will in zwei Schritten vorgehen, um hier Klarheit zu gewinnen. In einem ersten Schritt will ich pragmatisch bei den Inhabern von wissenschaftlichen Spitzenpositionen ansetzen und fragen, wer nach diesem Elitenverständnis zur Elite der Wissenschaft zu rechnen ist und wie man in diese Positionen kommt. In einem zweiten Schritt will ich auf die komplizierte Frage der Anerkennung wissenschaftlicher Leistungen und die Rolle der *scientific community* eingehen.

1. Wissenschaftliche Spitzenpositionen

In Deutschland umfasst der Personenkreis, der Wissenschaft zum Beruf gemacht hat, im Wesentlichen Männer und Frauen, die in Unternehmen und Behörden als Forscher arbeiten, vor allem aber die Professoren an den Hochschulen und in außeruniversitären Forschungsinstituten und den sogenannten wissenschaftlichen Nachwuchs. Jedoch gehören nicht per se alle Personen, die diesem Kreis zuzurechnen sind, zur wissenschaftlichen Elite. Das ist nicht von vornherein selbstverständlich, genießen doch Professoren in Deutschland ein hohes Ansehen, trotz aller gern und häufig geübten Professorenschelte in den Medien und von Seiten der Politik, wie im Übrigen Wissenschaft ganz generell hoch geschätzt wird, wahrscheinlich sogar höher denn je. In der verbreiteten Wissenschaftskritik schlägt sich wohl eher die Einsicht in die enorme Bedeutung nieder, die Wissenschaft für unseren Alltag hat, als eine Geringschätzung wissenschaftlicher Erkenntnisse. Auch die Einkommen der beamteten Professoren liegen deutlich über dem Durchschnittseinkommen und reichen in der Spitze bis in die winzige Gruppe der Einkommensmillionäre. Zur »guten Gesellschaft«, wie Norbert Elias (1989) in seiner Untersuchung über die dominanten Schichten des deutschen Kaiserreichs die soziale Formation an der Spitze der Gesellschaft nannte, wären die Wissenschaftler im Deutschland der neunziger Jahre daher wohl allemal zu rechnen; hier aber geht es um jene Wissenschaftler, die auf ihrem Gebiet herausragende und öffentlich anerkannte Leistungen erbringen, d. h. als spezifische, wissenschaftliche Elite gelten können.

Wer gehört nun zu dieser Elite der Wissenschaft? Da wären zunächst jene Personen zu nennen, deren wissenschaftliche Leistungen in Form von Preisen und Auszeichnungen öffentliche Anerkennung gefunden haben. In den Naturwissenschaften, genauer gesagt, in der Physik, der Chemie und der Medizin gibt es seit 1901 den Nobelpreis, mit dem herausragende Leistungen gewürdigt werden; 1969 ist noch der Alfred-Nobel-Gedächtnispreis für Wirtschaftswissenschaften hinzugekommen, der von der schwedischen Zentralbank gestiftet wurde. Der Nobelpreis ist ein internationaler Preis von außerordentlichem Prestige, der seine Träger in die »Ultra-Elite« der Wissenschaft befördert (Zuckerman 1977). Neben dem Nobelpreis gibt es eine Reihe von nationalen Preisen, die entweder fachspezifisch oder allgemein für herausragende wissenschaftliche Leistungen vergeben werden, gleichgültig, um welches Fach es sich handelt. In Deutschland ist der Leibniz-Preis eine solche hoch angesehene Auszeichnung. Weitere Auszeichnungen sind Mitgliedschaften in Akademien, Ehrendoktorate und besondere Stipendien für Forschungsaufenthalte an renommierten Institutionen wie z. B. Wissenschaftskollegs. Auch für den wissenschaftlichen Nachwuchs gibt es Preise, die von Universitäten, Forschungsinstituten, Institutionen der Forschungsförderung, wissenschaftlichen Fachgesellschaften, Stiftungen usw. verliehen werden. Das bedeutet, dass nicht nur solche Leistungen bzw. Personen gewürdigt werden, bei denen sich die Bewertung auf die Arbeiten eines längeren Zeitraums, auf ein Lebenswerk gar, stützen kann, sondern auch die Leistungen und Leistungspotentiale von Wissenschaftlern und Wissenschaftlerinnen, die erst am Beginn ihrer Karriere stehen – was sehr viel riskantere Urteile impliziert. Eine komplette Aufzählung all dieser Auszeichnungen und Würdigungen, mit denen allein in Deutschland wissenschaftliche Leistungen öffentlich sichtbar anerkannt werden, ist nahezu unmöglich und wäre auch ausgesprochen ermüdend. Wichtig ist: Es gibt sie, und es gibt sie in großer Vielfalt; gerade in ihrer Vielfalt sind sie jedoch in Deutschland erst neueren Datums. Das entscheidende Datum wird markiert durch die Veröffentlichung des Wissenschaftsrates zum Wettbewerb im Hochschulsystem von 1985, die auf die Differenzierung der deutschen Hochschullandschaft, verbunden mit stärkerer Transparenz der Leistungsdifferenzierung, und eine entsprechend differenzierte Ressourcenverteilung zielt. Die Vervielfältigung von Auszeichnungen, obwohl sie keineswegs »auf höhere Weisung« des Wissenschaftsrates oder anderer Institutionen zurückgeht, ordnet sich in diesen Zusammenhang ein: Sie fungieren als Anreize, die wissenschaftliche Spitzenleistungen hervorlocken, aber auch sichtbar machen sollen und damit zur Herausbildung einer wissenschaftlichen Elite – dieser Begriff wird allerdings selten verwendet – beitragen.

Doch mit all diesen ausgezeichneten Wissenschaftlern und Preisträgern ist die wissenschaftliche Elite dieses Landes noch nicht hinreichend erfasst. Es gibt darüber hinaus Positionen an der Spitze von wichtigen Wissenschaftseinrichtungen wie z. B. der Deutschen Forschungsgemeinschaft, dem Wissenschaftsrat o. ä., die zugleich die öffentliche Anerkennung ihrer Inhaber als Zugangskriterium voraussetzen und ihrerseits als Auszeichnung fungieren, und Wissenschaftsinstitutionen, die eine klar herausgehobene Stellung haben und daher mit Fug und Recht als »Eliteinstitutionen« bezeichnet werden können: Das sind in Deutschland in erster Linie die Max-Planck-Institute und die Fraunhofer-Institute, die reine Forschungsinstitute sind, in Frankreich, um nur ein Beispiel zu nennen, das Collège de France und in den Vereinigten Staaten die sogenannten Eliteuniversitäten und eine Reihe von Forschungsinstitutionen. In Deutschland wird es allerdings jenseits dieser ausdrücklich als Institutionen der

Spitzenforschung eingerichteten Institute unübersichtlich: Zweifellos werden an den Universitäten wissenschaftliche Spitzenleistungen erbracht, u. a. mit Unterstützung der Deutschen Forschungsgemeinschaft, deren explizites Ziel die Aufrechterhaltung eines hohen Standards in der universitären Forschung ist, es gibt jedoch keine öffentlich dokumentierte, anerkannte Einstufung der Universitäten und Fachhochschulen in einer Rangliste entsprechend dem amerikanischen Modell. Und ebenso zweifellos zirkulieren in der *scientific community*, differenziert nach Fächern, relativ unstrittige, aber auch durchaus strittige Bewertungen und Einschätzungen darüber, welche Leistungen zu den herausragenden zu zählen sind, wie übrigens auch in der Öffentlichkeit. Allerdings stimmen die Einschätzungen der breiteren Öffentlichkeit und die der *scientific community* durchaus nicht immer überein, insbesondere im Bereich der Geistes- und Sozialwissenschaften. Und selbstverständlich ist auch nicht alles, was an den Einrichtungen der Spitzenforschung wie z. B. den Max-Planck-Instituten geforscht wird, zu den wissenschaftlichen Spitzenleistungen zu rechnen.

Angemerkt werden soll an dieser Stelle, dass in all diesen Fällen »wissenschaftliche Leistung« ausschließlich identifiziert wird mit »Forschungsleistung«. Die akademische Lehre wird, wenn überhaupt, gesondert bewertet und spielt bei der Anerkennung von Wissenschaftlern als Personen, die herausragende wissenschaftliche Leistungen erbringen, praktisch keine Rolle, obwohl nahezu alle Wissenschaftler auch Aufgaben in der Lehre haben.

Wie gelangt man nun in die Spitzenpositionen der Wissenschaft, wie kommt man zu den Auszeichnungen, mit denen die eigenen Leistungen als herausragend anerkannt werden? Über die soziale Herkunft, den Bildungsweg und die berufliche Entwicklung von Wissenschaftlern in Deutschland wissen wir leider zu wenig, um diese Frage systematisch angehen zu können. Es gibt zwar Biographien, autobiographische Notizen, Laudationes und Nekrologe über berühmte und weniger berühmte Wissenschaftlerinnen und Wissenschaftler, die man zu diesem Zweck auswerten könnte, doch ist dies meines Wissens bisher noch nicht geschehen, und ebenso fehlen systematische berufsbiographische Untersuchungen. Die Arbeit von Martin Schmeiser (1994) über die Berufswege deutscher Professoren endet 1920, und die berufsbiographisch angelegten Studien über Frauen im Wissenschaftssystem beziehen bislang zu selten die Vergleichs- und Mehrheitsgruppe der Männer mit ein, um hier verlässliches Material zur Verfügung zu stellen. Es gibt jedoch Untersuchungen über den Personenkreis, den man als den »harten Kern« der wissenschaftlichen Elite bezeichnen kann: über Nobelpreisträger. Harriet Zuckerman (1977, 1990) hat über amerikanische Nobelpreisträger, ausschließlich Naturwissenschaftler, eine gründliche Untersuchung vorgelegt, die einige wichtige Informationen liefert.

Ihr zentrales Ergebnis lässt sich in einem Satz zusammenfassen: Wer hat, dem wird gegeben, ein Effekt, den Robert K. Merton (1973) als »Matthäus-Effekt« bezeichnet hat. Damit ist gemeint, dass sich bei den späteren Nobelpreisträgern die günstigen Bedingungen akkumulieren, angefangen mit der sozialen Herkunft über die Ausbildung bis zu den Arbeitsgelegenheiten für den wissenschaftlichen Nachwuchs. Etwa die Hälfte der amerikanischen Preisträger hatte Väter mit akademischen, wissenschaftsnahen Berufen, während dies in der Vergleichsgruppe aller promovierten Naturwissenschaftler der Jahre 1945-1950 nur bei gut einem Viertel der Fall war. Ebenfalls etwa die Hälfte der in den Vereinigten Staaten ausgebildeten Nobelpreisträger studierte an den Elite-Universitäten der Ostküste oder anderen hoch selektiven Einrichtungen; bei den *graduate studies* und der Promotion ist die Konzentration auf wenige Eliteinstitutionen mit 76,6 Prozent noch ausgeprägter. Und wiederum etwa die Hälfte der zukünftigen Preisträger hat während des Studiums oder als jüngere Kollegen bei Nobelpreisträgern der älteren Generation gearbeitet. Interessanterweise kamen, wie in der Heldengeschichte vom Anfang dieses Beitrages, fast alle diese »Meister/Schüler«-Konstellationen zustande, *bevor* der Ältere den Nobelpreis erhielt. Über die Hälfte der preisgekrönten Arbeiten wurde wiederum an Eliteuniversitäten und -forschungsinstituten durchgeführt. Und die meisten Preisträger waren zu dem Zeitpunkt, als sie den Nobelpreis erhielten, wissenschaftlich längst keine »unbeschriebenen Blätter« mehr; vielmehr hatten sie bereits eine Reihe anderer Auszeichnungen erhalten. Im Zeitverlauf findet man bei den Preisträgern der Jahre 1973-1988 eine etwas geringere Konzentration auf Eliteeinrichtungen beim Studium und bei der Arbeit als bei den Preisträgern im Zeitraum von 1901-1972.

Bemerkenswert an diesen hier äußerst kurz zusammengefassten Daten ist jedoch, dass sie nicht nur den Matthäus-Effekt belegen, sondern auch sein Gegenteil: Immerhin knapp die Hälfte der preisgekrönten Leistungen ist *nicht* an einem so genannten Eliteinstitut entstanden, und dies in einer Forschungslandschaft wie den Vereinigten Staaten, die explizit und weitgehend konsensuell mit dem Begriff »Elite« etikettierte Institutionen kennt und diese durch entsprechende Ressourcenströme und Personalentscheidungen auch in die Lage versetzt, dieser Zuschreibung über einen längeren Zeitraum gerecht zu werden. Ein Blick auf die Verhältnisse in Deutschland ergibt ein ähnliches Bild: Zwar sind die meisten Nobelpreise, die in den letzten 30 Jahren an Wissenschaftler in Deutschland gingen, an Mitglieder von Max-Planck-Instituten vergeben worden – aber eben fast die Hälfte an Wissenschaftler, die an anderen Institutionen, meist Universitäten, tätig waren. Bedenkt man außerdem, dass einige Nobelpreisträger erst im Jahr der Preisverleihung oder kurz vorher an ein Max-Planck-Institut gekommen sind, so fällt die Zuschreibung der Leistung an eine spezifische Eliteinstitution weniger eindeutig aus. Man muss daraus schließen, dass es auch an den nicht als Eliteinstitutionen etikettierten Instituten Arbeitsbedingungen gibt, die die Voraussetzungen für die später mit dem Nobelpreis oder anderen Auszeichnungen gewürdigten Leistungen bieten.

Harriet Zuckerman benennt ein wichtiges Merkmal dieser Arbeitsbedingungen: Die Arbeit bei einem Nobelpreisträger (oder bei einem anderen renommierten Wissenschaftler) bewegt sich nicht nur an der vordersten Linie der wissenschaftlichen Entwicklung, formuliert neue Fragestellungen und verwendet neue Methoden; noch wichtiger ist, dass im Verlaufe dieser »Lehrzeit« vor allem der Sinn für das wissenschaftliche Arbeiten und für einen hohen Standard geformt wird. Dabei kommt es nicht einmal in erster Linie auf spezielle und umfangreiche Fach- und Methodenkenntnisse an, vielmehr auf den, wie Zuckerman schreibt, »subtileren Bereich« von Urteilsfähigkeit und Qualitätsmaßstäben. Und nicht nur der renommierte Institutsleiter, der als Mentor fungiert, ist wichtig, offensichtlich wird dessen Institut auch dadurch besonders attraktiv, dass die jungen Leute, die Kollegen und Konkurrenten in der gleichen Situation, dort ebenfalls herausragende und anregende Wissenschaftler sind. Ein »gutes Institut«, ist daraus zu schließen, hat nicht nur einen hervorragenden Leiter, sondern auch exzellente junge Leute. Die Begründung, die Günter Blobel dem Journalisten der *Zeit* für seinen Weggang aus Deutschland 1967, nach Abschluss seines Studiums, gibt, enthält genau dies: »In Deutschland gab es damals zu wenig gute Leute und viel zu wenig gute Institute.« Und wenn man weiß, dass bis heute die Ochsentour über die Habilitation mit ihrer langjährigen materiellen und intellektuellen Abhängigkeit, mit ihren Demütigungen und Entsagungen charakteristisch ist für wissenschaftliche Karrieren in Deutschland, kann man annehmen, dass er immer noch zum gleichen Urteil käme.

2. *Die Anerkennung wissenschaftlicher Leistungen und die scientific community*

Zum Erfolg, und damit zum Zutritt zur Elite, gehört nicht nur die Leistung, sondern unabdingbar auch deren öffentliche und öffentlich sichtbare Anerkennung. Zwar mag es angesichts der Vielzahl eigens zur Bewertung wissenschaftlicher Leistungen eingerichteter Komitees und Begutachtungsgremien so aussehen, als ginge es gerade in der Wissenschaft vergleichsweise demokratisch und sachlich zu; aber dieser Eindruck trügt.

Die Wirklichkeit ist, wie so oft, komplizierter; das wurde schon bei der eingangs vorgestellten Heldengeschichte deutlich. Zunächst einmal ist Wissenschaft eine Sache, die sich dynamisch entwickelt, und so sind auch die »gesicherten Kenntnisse« in den Disziplinen, wo es sie gibt, oft nur für kurze Zeit »gesichert« oder bekommen in einem anderen Kontext, unter dem Blickwinkel anderer Erkenntnisse, einen anderen Stellenwert. Die Unsicherheiten bei der Bewertung wissenschaftlicher Leistungen sind tatsächlich hoch: Die Nobelpreise beispielsweise wurden ursprünglich für die beste wissenschaftliche Leistung des vorhergehenden Jahres verliehen, das Nobelkomitee hat diese Regelung jedoch fallen gelassen und vergibt den Preis inzwischen immer seltener für eine einzelne Entdeckung oder Erfindung und häufiger für ein ganzes Forschungsprogramm oder gar Lebenswerk, d. h. dann, wenn die Bedeutung bestimmter Leistungen im Kontext einer ganzen Entwicklung einzuschätzen ist. Noch problematischer ist die Bewertung in den Geistes- und Sozialwissenschaften, in denen es immer auch darum geht, der Unterschiedlichkeit der Erfahrungen mit der Welt und den entsprechend unterschiedlichen Sichtweisen Rechnung zu tragen. Es kommt hinzu, dass es immer sehr viel mehr preiswürdige Leistungen als Spitzenplätze gibt. So ist bei den Nobelpreisen im Regelfall nicht strittig, dass X den Preis bekommt, sondern strittig ist, wer ihn alles *nicht* bekommt, d. h. nach Einschätzung der relevanten *scientific community* mindestens gleichwertige Leistungen erbracht hat — das Phänomen des »einundvierzigsten Sitzes« in der Wissenschaft, wie es in Anlehnung an die vierzig Sitze der Académie Française genannt wird, bei der es eine lange Liste von berühmten »Inhabern des einundvierzigsten Sitzes« gibt. Im Sport, wo es immer einen Sieger geben muss, ist man darauf verfallen, die Messung z. B. bei den Wettläufen bis in den nicht mehr wahrnehmbaren (und nicht mehr zuverlässig messbaren) Bereich hinein zu verfeinern; in der Wissenschaft ist wohl in erster Linie die Vervielfältigung von Auszeichnungen eine Reaktion auf das Problem.

Von entscheidender Bedeutung ist jedoch, dass es keine »externe Erfolgskontrolle« gibt: Bei der Bewertung wissenschaftlicher Leistungen spielt die *scientific community*, und das sind die Kollegen, die unausweichlich zugleich die Konkurrenten sind, die zentrale Rolle. Die *scientific community* ist ein in sich differenziertes – nach Fächern differenziertes – soziales Feld, in dem es um Macht und Einfluss geht. Und die Geltung einer wissenschaftlichen Position, die Anerkennung einer wissenschaftlichen Leistung in diesem sozialen Feld ist gebunden an die soziale Anerkennung der Person, die diese Leistung hervorgebracht hat, in der *scientific community*. Wissenschaftliche Positionen, methodische Standards und Forschungsergebnisse setzen sich nicht »von selbst« durch, sondern nur insoweit, als die jeweiligen Protagonisten sich im wissenschaftlichen Feld durchsetzen. Dazu reicht es aber nicht aus, über Fachwissen und Methodenkenntnisse zu verfügen, man muss sich auch in dem sozialen Geschehen bewegen können, mit dem das »Wissenschaft-Machen« untrennbar verwoben ist. Die Verhaltensweisen und das Auftreten einer Person, ihr ganzer Habitus, gehen immer mit ein in die Beurteilung der Leistungen eines Wissenschaftlers, wenn sie nicht gar unmittelbar zur Beurteilung der Leistung herangezogen werden. Der »Goldstandard« des wissenschaftlichen Feldes, mit dem der Wert der Leistungen gemessen wird, ist in erster Linie die Reputation eines Wissenschaftlers; sie entsteht im feinen Netzwerk der Beziehungsgeflechte, gegenseitigen Positionierungen, Abgrenzungen und Unterstützungen. Es gibt die berühmten Zitierkartelle in den Sozialwissenschaften, es gibt in Gutachterverfahren Vetternwirtschaft und andere soziale Einflüsse wie Sexismus (vgl. Wenneras/Wold 1997), und es gab – und gibt sicher auch heute noch – massive Einflussnahmen von Nobelpreisträgern zugunsten ihrer Schüler (vgl. Küppers/Ulitzka/Weingart 1983). Bemerkenswert daran ist vor allem, dass die Akteure des wissenschaftlichen Feldes immer wieder von neuem an die Objektivität der Leistungsindikatoren glauben, die sie gerade eben unter Aufbietung aller Beziehungen und sehr zielgerichtet konstruiert haben: Kaum hat man den Zitierindex mit Hilfe der Zeitschriften, über die man selbst die Kontrolle hat, »geeicht«, gilt er einem als unbestechlicher Indikator für wissenschaftliche Leistung, und kaum hat man sich unter Einschaltung näherer und fernerer Kollegen den zehnten Ehrendoktorhut beschafft, berichtet man im Kollegenkreis stolz über die erneute Ehrung und Anerkennung, die einem zuteil wurde.

Es wäre falsch, daraus zu schließen, dass die *scientific community* keine Maßstäbe und anerkannten Kriterien zur Beurteilung wissenschaftlicher Leistungen kennt oder dass es keine Innovationen und keine bahnbrechenden neuen Einsichten in der Wissenschaft gibt. Aber manchmal dauert es lange, bis die *scientific community* in der Lage ist, das Neue und Bahnbrechende zu sehen und damit weiterzuarbeiten, besonders wenn die neue Idee dem *mainstream* weit voraus ist, und nicht alle Geschichten, die beginnen wie die von Günter Blobel, finden zu einem Happy End. Die Bewertung wissenschaftlicher Leistungen ist – anders, als es das an das Kriterium der Leistung gebundene Elitenverständnis nahelegt – dem Streit der Meinungen und Interessen keineswegs entzogen. Eine irgendwie »objektiv« zu ermittelnde, eindeutig identifizierbare Elite kann es daher auch in der Wissenschaft nicht geben – und vielleicht ist es überhaupt vordringlich, sich pragmatischer mit Maßnahmen der Qualitätssicherung und mit der Verringerung von sozialen Abhängigkeiten in der Wissenschaft zu beschäftigen.

Literatur

Dreitzel, Hans Peter, *Elitebegriff und Sozialstruktur. Eine soziologische Begriffsanalyse.* Stuttgart 1962.

Elias, Norbert, *Studien über die Deutschen: Machtkämpfe und Habitusentwicklung im 19. und 20. Jahrhundert.* Frankfurt a. M. 1989.

Krais, Beate (Hrsg.), *An der Spitze.* Konstanz 2000 (erscheint demnächst).

Küppers, G., N. Ulitzka und Peter Weingart, »Factors Determining the Award of Nobel Prizes in Physics and Chemistry«, in: *Endeavour,* Neue Reihe 7, 7, 1983, S. 203-206.

Merton, Robert K., *The Sociology of Science.* Chicago und London 1973 (dt: *Entwicklung und Wandel von Forschungsinteressen,* Frankfurt a. M. 1985).

Schmeiser, Martin, *Akademischer Hasard. Das Berufsschicksal des Professors und das Schicksal der deutschen Universität.* Stuttgart 1994.

Wenneras, Christine und Agnes Wold, »Nepotism and Sexism in Peer Review«, in: *nature* 387 1997, S. 341-343 (dt. »Nepotismus und Sexismus in Gutachterverfahren: Zum Beispiel Schweden«, in: Beate Krais (Hg.), *Wissenschaftskultur und Geschlechterordnung.* Frankfurt a. M. 2000).

Wissenschaftsrat, *Empfehlungen zum Wettbewerb im deutschen Hochschulsystem.* Köln 1985.

Zuckerman, Harriet, *Scientific Elite: Nobel Laureates in the United States.* New York 1977.

Zuckerman, Harriet, »Die Werdegänge von Nobelpreisträgern«, in: Peter Hans Hofschneider und Karl Ulrich Mayer (Hg.), *Generationsdynamik und Innovation in der Grundlagenforschung.* Max-Planck-Gesellschaft, Berichte und Mitteilungen, Heft 3/1990, S. 45-65.

Claus Leggewie
Bimbes und Brimborium

Das Ventura-Phänomen oder: Politiker als Prominente

»Seit jenem Tag, da Pfiffige begriffen,
Der Bilder Flut werd' alle Dämme brechen,
War zugleich klar: Auf Anstand ist gepfiffen.
Die Welt will Dreck. Nun soll sie dafür blechen.
Und wenn dabei Herz, Seele, Aug' und Hirn versiffen –
Das Bild bringt Geld. Und das gehört den Frechen.
Denn keine Zeit und keine Macht entwickelt
Entseelten Sinn von Bubenhand zerstückelt.«
Aus: Robert Gernhardt, *Unworte, optisch*

Mit wenigen Ausnahmen sind Politiker in allen westlichen Demokratien unbeliebt, jedenfalls solange sie dem politischen Establishment angehören. Was könnte da zum Beispiel für einen schon von Amts wegen ungeliebten Minister der Finanzen, der überdies ein wenig spröde wirkt, näher liegen, als zur Verbesserung seiner Popularitätswerte an einer Talkshow mitzuwirken? Auch Eichels oberster Dienstherr Gerhard Schröder hatte ja anfangs kaum eine Seifenoper und Samstagabendbelustigung ausgelassen. In »heiteren« Talkshows *(low politics)* bekommen Politiker gewöhnlich ein, zwei seriöse Fragen gestellt – sind die Renten sicher, bleibt die Welt friedlich? Nachdem sie beides mit ernstem Gesicht bejaht haben, müssen sie sich in die Gesellschaft anderer Prominenter einreihen und ebenso kurzweilig-verspielt sein wie diese. Auch umgekehrt wird neuerdings ein Schuh daraus: So genannte Promis werden in »ernste« Politiksendungen *(high politics)* eingeladen, wo sie Volkes Stimme repräsentieren und »der Politik« mal die Leviten lesen.

Passt das zusammen? Politik ist die Sphäre, in der kollektiv verbindliche Entscheidungen getroffen werden, was selten spaßig ist. Unterhaltung ist etwas anderes, bestenfalls kunstvolle Sublimierung des Alltags, ansonsten ein Mittel, Zeit totzuschlagen. Vor allem elektronisch-visuelle Medien verwischen die Grenze zwischen den beiden Sphären, und auch politische Inszenierungen folgen zunehmend Gesetzen unterhaltsamer Zerstreuung, die sie doch niemals zur vollen Zufriedenheit des Publikums erfüllen können. Spektakelpolitik ist deshalb keineswegs, wie manche Puristen glauben, per se schon eine Perversion des Politischen: Jede soziale Beziehung weist Elemente von Inszenierung auf, und wenn wir, wie Soziologen zu Recht behaupten, »alle Theater spielen« (Goffman), trifft das natürlich auch auf das Subsystem Politik zu.[1] Von Politikern erwarten wir Sachverstand und vor allem hinreichend Kompetenz, Interessenkonflikte zu schlichten und tragfähige Konsense zu erzielen. Darüber hinaus sollen Volksvertreter seit jeher sympathisch und volksnah sein, folglich auch gute Darsteller dessen, was sie jeweils tun. Diese Doppelrolle der politischen Eliten zu leugnen hieße, einen Wesenszug des Politischen zu verkennen, der darin besteht, in aller Öffentlichkeit in Erscheinung zu treten und um Zustimmung zu werben. Die im Folgenden beschriebenen Phänomene sind deshalb nicht, wie oft behauptet wird, Ausdruck einer »Amerikanisierung« der Politik. Schon im alten Rom wurde im politischen Machtkampf hemmungslos personalisiert, visualisiert und kommerzialisiert, und in jüngerer Zeit spielte selbst der altmodische Adenauer Katz und Maus mit den Medien. Aber einiges hat sich – aus Gründen, die noch aufzuzeigen sind – in den Vereinigten Staaten früher und schärfer ausgeprägt und scheint, angesichts der vorherrschenden Amerikabegeisterung, exportfähig. Schließlich haben US-Präsidenten das Weiße Haus zur Kulisse von Diebestouren *(Watergate)*, Sternenkriegsspielen *(SDI)* und Quickies *(Monica)* degradiert, und wer prominent genug war oder entsprechend zahlte, durfte eine Nacht in Abraham Lincolns Bett verbringen.

In den USA war auch erstmals von der »Medienelite« die Rede, womit heute dreierlei gemeint sein kann: die Elite *des* Medienbetriebs, die *in den* Medien auftretende Elite und die Zugehörigkeit zur (inter)nationalen Elite *via* Medienprominenz. Man kann feststellen, dass sich diese drei Personenkreise überlappen und dabei eine kaum noch umzukehrende Vermischung der »strategischen« Funktionseliten mit »expressiven« Reputationseliten stattgefunden hat. Diese fungieren sogar wieder als Werteliten, welche nach allgemeiner Auffassung in der Moderne von den Funktionseliten abgelöst worden sind. Werteliten beanspruchen die Höherwertigkeit ihrer eigenen Sicht der Welt und verordnen diese der gesamten Gesellschaft als Maßstab, unabhängig von konkreten Leistungen, die sie selbst erbracht haben, und dem Einfluss auf Entscheidungen, den sie nehmen können oder wollen. Funktionseliten hingegen dominieren dank der in spezialisierten Aufgaben vollbrachten Leistungen, und zwar allein in ihren Aufgabenbereichen, wo sie legitime Führung ausüben, bis ihnen diese, ebenso legitim, bestritten und abgenommen wird. »Reputation« – also wie jemand angesehen und wem wer bekannt ist – wird eher als Messfaktor bei der Ermittlung von Elitepositionen betrachtet. Diese rein methodische Verwendung dürfte zu kurz gegriffen sein. Denn es gibt heute *Führungsgruppen, deren Anspruch und Geltung allein darauf beruht, dass sie die Reputation besitzen, weithin »bekannt« zu sein.*[2] Das kulturelle Kapital solcher »Prominenter« beruht vor allem auf *Fama* (Nachrede) und *Imago* (Bild); Druckerpresse und Photoapparat, Filmkamera und (Computer-)Bildschirm sind die wichtigsten Medien dieser

Elite, die auf der Grundlage von *Fame* und *Image* zur Medienelite aufgestiegen ist.

Amerikanische Autoren haben solche *celebrities* bereits in den fünfziger Jahren als Teil der nationalen Elite eingestuft. Seither gibt es zwei Denkschulen: die pathetisch-kritische von Daniel Boorstin bis Neil Postman, welche die Übermacht der Bilder und Pseudoereignisse und damit den Verfall der Funktion zur bloßen Form entlarvt, und eine eher affirmative, die den Wendungen und Ausfransungen der populären Massenkultur materialnah auf der Spur bleibt. Beide Sichtweisen stimmen jedenfalls darin überein, dass »Elite« und »Prominenz« nicht mehr zwei säuberlich voneinander getrennte Welten sind. Prominenz ist vielmehr selbst ein Elitestatus, den traditionelle Führungsgruppen nicht notwendigerweise erwerben mussten, solange sie sich auf Arkanpolitik und Anonymität kaprizieren konnten. Aber Angehörige der neuen Eliten können sie kaum noch entbehren. Die Medienelite reicht so über die engeren Leitungsfunktionen im Mediensystem selbst hinaus. Sie ist – so meine These – eine heterogene Oberschicht, die überwiegend aus anderen sozialen Teilsystemen stammt, die Auslese des Mediensystems erfolgreich durchlief und in der Wertschätzung des breiten Publikums Bestand hat.

Der Gute, der Böse und die Hässlichen

Die Frage ist nun, ob sich Prominenz im Allgemeinen und politische Elite im Besonderen beißen, ob sie also – wie machtgestützte legitime Herrschaft und nicht demokratisch legitimierter Einfluss durch Reputation – miteinander im Konflikt liegen, sich überschneiden, womöglich sogar konvergieren. Überprüfen lässt sich diese Symbiose am Wahlkampf um die US-Präsidentschaft 2000. Sicher träumt, nach Watergate und je zwei Amtsperioden Reagan und Clinton, nicht mehr (so gut wie) jeder amerikanische Junge davon, einmal Präsident zu werden. Aber das illustre Amt zieht weltweit immer noch größte Aufmerksamkeit auf sich, und die Wahlschlacht darum ist in vieler Hinsicht Vorreiter und Modell für Kampagnen andernorts. Schon ein kurzer Blick auf das Bewerberfeld, Anfang 2000, zeigt eine deutliche Kollision von Prominenz und Politik. Früh ausgeschieden sind die aussichtsreichste weibliche Bewerberin aller Zeiten, Elizabeth Dole, der famose Vize Dan Quayle, Kongressabgeordnete wie Dick Gephardt und John Kasich, der Schwarzenführer Jesse Jackson und Pete Wilson, der Ex-Gouverneur von Kalifornien. Ihnen mangelte es nicht allein an Geld, sondern vor allem an Popularität. Vorn in den Umfragen lagen Vizepräsident Al Gore und sein republikanischer Herausforderer George W. Bush, Gouverneur von Texas; als einzige ernsthafte

Konkurrenten galten der Demokrat Bill Bradley und der Republikaner John McCain, während dem religiösen Fundamentalisten Gary Bauer, dem zur Reform Party übergetretenen Patrick J. Buchanan, dem Medienmogul Steve Forbes sowie zwei »bunten Vögeln«, dem Hollywood-Akteur Warren Beatty und dem New Yorker Immobilienmakler Donald Trump keine Chancen eingeräumt wurden. Wer immer am Ende gewinnt: Hier hat man schon das gesamte Spielfeld der Medienelite zusammen – die klassischen Politiker des Apparats, die oft selbst aus der politischen Klasse und ihren Dynastien hervorgegangen sind (Gores Vater war Senator, Bush senior war Präsident) und sich der Medien bedienen, indem sie teure Sendezeit *(prime time)* kaufen; sodann politische Außenseiter, die ihre mediale Präsenz einsetzen, gefolgt von professionellen Medienunternehmern und Moderatoren, welche die Seite gewechselt haben, und Unterhaltungsstars und Stimmungskanonen, die das Metier (ver)wechseln.

Wer dieses Rennen macht, scheint klar zu sein. Aber der Primat der Politik vor der Prominenz ist brüchig geworden, und die gewachsene Bedeutung der Medienelite erweist sich daran, dass der einstige Amtsbonus der Funktionselite mangels Reputationsmasse in einen klaren Nachteil umschlägt. So widerfuhr es Al Gore, der wegen seiner glanzvollen Karriere als junger Senator und acht Jahren Lehrzeit im White House eigentlich unschlagbar sein sollte, ganz abgesehen von der mit 25 Millionen Dollar wohlgefüllten »Kriegskasse«. Auch die Grand Old Party der Republikaner, die in den neunziger Jahren, trotz großer Erfolge bei allen Kongresswahlen, sämtliche Präsidiable in Flügelkämpfen verschlissen hatte (zuletzt war Newt Gingrich im Orkus gelandet), einigte sich auf einen Kandidaten mit Amtsbonus und Geld. Rasch überflügelte Bush den Vize-Präsidenten in den Umfragen, ein Kopf-an-Kopf-Rennen zeichnete sich ab – und, wie Washington-Insider unkten, ein sterbenslangweiliger Wahlkampf. Al Gore möge ja erfahren und kompetent sein, auf dem Bildschirm jedoch sei er eine Ka-ta-stro-phe – steif, langweilig, geradezu linkisch. Überdies sei der Unglückliche zu stark mit Clinton verbandelt, den das amerikanische Volk nun wirklich satt habe. Exit Gore? Nicht ganz: Auch sein Rivale zeigte mediale Schwächen. Gewiss steht er an der Spitze eines florierenden Bundesstaats, verfügt über mehr als 50 Millionen Dollar, ist ein entschiedener Verfechter (und kaltblütiger Vollstrecker) der Todesstrafe und zugleich ein »Konservativer mit Herz«. Aber was nützt das, wenn einer im Fernsehen nicht recht zu sagen weiß, wie viele Jahre er schon drogenfrei war, und bei einem Quiz vier Präsidenten nicht kennt, mit denen er es von Januar 2001 an zu tun bekommen könnte? Der Junior scheint überhaupt schlecht aufgepasst zu haben, wie Daddy das Weiße Haus geführt hat. Im Verhältnis zu Gore sprach allerdings eher für ihn, dass er ohne Washingtoner Stallgeruch ist, denn »draußen im Lande« ist die Bundeshauptstadt ein Synonym für Vetternwirtschaft und Inkompetenz. Von dort nahm Al Gore kurz entschlossen Reißaus, als sein demoskopischer Vorsprung dahinschmolz wie Schnee in der Frühjahrssonne, und ging zurück in den Heimatstaat Tennessee. In Nashville tauschte er den blauen Anzug mit dem rot karierten Hemd und versucht seither, ein völlig neuer Mensch und ein »Alphatier« zu werden. Diese Runderneuerung seines Image legte ihm seine gesamte Entourage ans Herz – bloß nicht mehr »Mr. Vice-President«!

Während Gore im südlichen Exil Lockerung gelobte, bekam Bush intellektuelle Nachhilfe verordnet. Seine Berater hatten gelesen, dass Gore Maurice Merleau-Ponty *(Who??)* gelesen habe, da musste der Texaner wenigstens *eine* hochkarätige Idee aufbieten, was nicht ganz gelang. Gore als Anti-Intellektueller wider besseres Wissen, Bush mangels grauer Masse – was nach Auffassung beider Wahlkampfstäbe einzig zählt, ist ohnehin nicht der Grips, sondern der »Charakter« eines Kandidaten: *Personality,* Lebensgeschichte, ein paar lustige und traurige Geschichten. Die Kandidaten sollen geradezu vorzeigen, dass sie vom Regieren keine sonderliche Ahnung und, Hand aufs Herz, auch nicht viel Lust darauf haben. Seither übertreffen sich beide Bewerber um die Führung der »einzigen und unverzichtbaren Supermacht« in gespielter Ahnungslosigkeit, was insbesondere beim höchst sachkundigen Gore an Selbstverrat grenzt und nach Ansicht aller Washington-Beobachter eine weitere Trivialisierung der Wahlkampfstrategie gegenüber 1992 und früher darstellt[3]: Die Bewerber treten nicht mehr als Berufspolitiker an, sie posieren als Prominente.

Bimbes und Brimborium

Auch damit erfüllt sich ein Versprechen des »amerikanischen Jahrhunderts«. Prominent sein heißt herausragen – *to stand out from the crowd.* Mehr als andere Gesellschaften ist die amerikanische fasziniert von Berühmtheit, und viele Amerikaner sind verrückt danach, irgendwie als *well-known* hervorzustechen, was zugleich Erfüllung und Aufhebung ihres egalitären Individualismus ist. Als Faustregel gilt, dass prominent ist, wer von erheblich mehr Leuten erkannt wird, als er oder sie selber kennt. Begriff und Sache kamen um 1900 auf und waren anfangs auf Schauspieler, vor allem Filmstars, gemünzt, die »man« von bewegten oder unbewegten Bildern kannte und über die man alles Wesentliche in extra dafür geschaffenen Illustrierten und Boulevardblättern lesen konnte. All das ist natürlich nicht in den USA erfunden worden, aber der erste Atlantikflieger Charles Lindbergh gilt heute zu Recht als paradigmatische »celebrity«.[4]

Diese neue Spezies von »Obertanen« (Karl Kraus) hat es nicht immer leicht. Man lese nur unter der Rubrik »Leute« in einer Tageszeitung die Klagen eines einzigen Stichtages über unerwünschte Auswirkungen von Prominenz: Michael Jackson ist die nicht enden wollende Kritik an seiner operierten Nase satt. Franzi von Almsick wird nach Abschluss ihrer Karriere ihre Badeanzüge verbrennen und will mit dem Schwimmen nichts mehr zu tun haben. Diego Maradona macht als Fußballgott immer weiter und berät jetzt die libysche Nationalequipe. Der Dalai Lama hingegen erklärt, zur Jahrtausendwende seien Wunder nicht zu erwarten, die Menschheit müsse ihre Einstellung wohl selbst verändern. Weniger und bisher ganz und gar nicht bekannte Leute drängen nach: Eine rumänische Turnweltmeisterin erhöhte ihren Bekanntheitsgrad durch Nacktfotos im *Playboy.* Ein Pilot der Northwest Airlines ließ die Passagiere seines Fluges anderthalb Stunden warten, weil ihm das Essen an Bord nicht zusagte. Die kleine Mégane Renaud wurde schon mit acht Monaten berühmt, als der Einspruch der Staatsanwaltschaft gegen die Namenswahl der Eltern – nach der Automarke »Renault Mégane« – verworfen wurde. »Das Schwerste ist der erste Schritt«, gab ein gewisser Pat Farmer zu Protokoll, nachdem er Australien umrundet und 14 Paar Schuhe verschlissen hatte. Solche Sensationen füllen das Prominentenregister jeden Tag. Was haben Politiker darin zu suchen?

Das Bundesverfassungsgericht definierte in seinem jüngsten »Caroline-Urteil« als »absolute Personen der Zeitgeschichte« Leute, »deren Bild die Öffentlichkeit um der dargestellten Person willen der Betrachtung wert findet«.[5] Helmut Kohl hat sich um solches Brimborium nie gekümmert, sich stattdessen auf sein Elefantengedächtnis verlassen und sein Beziehungsnetzwerk tunlichst im Dunkeln gelassen. Die Veröffentlichung seines Bildes muss er sich, wie Prinzessin Caroline, gleichwohl ohne vorherige Einwilligung gefallen lassen, wenn die gebotene psychologische Rücksichtnahme geübt wird. Der gewählte Stichtag war genau der Tag, an dem der Ex-Kanzler erstmals nicht mehr die Flugbereitschaft der Bundeswehr nutzen durfte und als »einfacher Passagier« im Warteraum des Flughafens Tegel zu sehen war. Nicht dem CDU-Präsidium, sondern im Fernsehen versuchte er seinen Gesetzesbruch zu erklären: »Ich wollte, dass diese Sendung stattfindet«, raunzte er, als habe er sie persönlich ins Programm genommen. Der entscheidende Satz lautete dann, »dass das Bild eines Mannes ruiniert werden soll«. Wer sich in »die Medien« begibt, kann darin umkommen. Wer aber gar nicht (mehr) vorkommt, ist politisch ein toter Mensch. Immer wieder montags im *Spiegel* abgewatscht zu werden, ist nichts gegen die Killerantwort in Umfragen, die da lautet: »Dieser Politiker ist mir nicht bekannt.«

Während herkömmliche Berufspolitiker Leute waren, die nicht nur für die Politik lebten, sondern auch von ihr, stehen prominente Politiker nicht nur in der Öffentlichkeit, sondern leben auch von ihr. Nicht allein »Bimbes« zählt, es soll auch reichlich »Brimborium« gemacht werden. Als Promis unter anderen müssen Politiker menscheln und Gefühle zeigen, verblüffen und erheitern, Lebensgeschichte offenlegen und ihr Originelles abgewinnen, kurzum: irgendwie (aber nicht zu sehr) aus der Reihe fallen, in die sie gerade eingerückt sind. Steifheit, Farblosigkeit, Sachlichkeit können, wie beim armen Al Gore, tödlich sein, jedes langwierige Einerseits-Andererseits über die Gesundheitsreform oder Amerikas Interessen in Zentralasien lässt die Einschaltquote abstürzen, und ein Schweißgesicht in Nahaufnahme kann eine ganze Partei ruinieren. Die absurde Komik dieses Betriebs tötet ihn nicht etwa, er wird vielmehr strategisch am Leben gehalten. »Sichtbarkeit« soll nicht mehr dem Zufall überlassen bleiben. Ein amerikanischer Ratgeber erklärt präzise, wie man »prominenziert«, also Bekanntheit aufbaut und erhält: Nach dem »Pygmalion-Prinzip« können No-Names, gänzlich unbekannte Leute wie Eliza Doolittle durch einen Professor Higgins zu Stars erhoben, besser gesagt: als solche hergestellt werden wie Autos, Kleider und Computer.[6] Ganze Stäbe widmen sich der Produktion und Erhaltung von Prominenz – persönliche Referenten, Presse- und PR-Abteilungen, Fan-Gruppen, Fundraising-Komitees und Stylisten stimulieren das unstete Publikumsinteresse, vergrößern die Reichweite von Bildern und Originaltönen, sorgen für die Bespielung aller verfügbaren Kanäle und explorieren neue Auftrittsarenen. Das bewirkt eine entscheidende Umstellung: Prominenz nicht mehr als *Folge* eines Erfolgs, sondern als seine *Voraussetzung*. Berühmt wird nicht mehr, wer viel Kundschaft in sein Theater, seine Anwaltskanzlei oder seine Partei gezogen hat, vielmehr kommt die Kundschaft, weil man berühmt ist – Starfriseure, Schönheitschirurgen, Prominentenrestaurants, verfilmte Professoren, der Kanzler aus den guten und schlechten Zeiten, die Geliebte eines Präsidenten. Wenn also Berühmtheit einst mögliche (und nicht unbedingt erwünschte) *Folge* von Status, Macht und Geldbesitz war, so *verschafft* sie heute solche Insignien und Positionen.

Ein interessanter Testfall dafür ist Bill Bradley, der andere aussichtsreiche Bewerber der Demokraten um die amerikanische Präsidentschaft. Anfangs für chancenlos gehalten, schloss er in Umfragen rasch zum Vize-Präsidenten auf. Von ihren politischen Programmen her unterscheiden sich die beiden Demokraten kaum, Bradleys öffentliches Erscheinungsbild und seine rhetorische Begabung sind ähnlich schwach. Wie erzeugt man in dieser Ausgangslage die notwendige Differenz? Eine deutschstämmige, dazu noch hoch gebildete Frau als prospektive First Lady gibt zu wenig her, aber was, wenn sich der als bester Spieler aller Zeiten geltende Basketballstar Michael Jordan (»His Airness«) für den Demokraten aus

New Jersey ins Zeug legte? Gemessen an seiner Bekanntheit und Beliebtheit ist ein solcher Unterstützer fast bedeutsamer als der Unterstützte selbst. Als Bradley einmal in einer Schule gesprochen hatte, meinte ein Schüler, der Mann sei irgendwie *cool*, aber er habe seinen Namen vergessen – was ihm bestimmt nicht passiert wäre, wenn der Typ Basketballspieler gewesen wäre. Was der Junge nicht wußte: Bradley war lange Zeit Senator von New Jersey und zuvor – Basketballprofi in der NBA. Ein »endorsement« (öffentlich bekundete Unterstützung) durch den NBA-Star Jordan, der als Werbeträger für eine große Zahl von Marken und Produkten (darunter die Sportartikelfirma Nike) auftritt[7], wäre mehr wert als ein entsprechendes Indossament auf der Rückseite eines Schecks, jedenfalls attraktiver als der altmodische Beistand von Interessenverbänden, Bürgerinitiativen und anderen Politikern. Der Apparat des Ex-Senators wird alles daransetzen, diese eine Stimme zu bekommen, während Gore, dem normalerweise das Gros der Stimmen der Schwarzen vor allem in den Südstaaten zufließen würde, Jordans Stillschweigen erbitten muss. Bradley streicht seine Körbe und Dribblings zwischen 1967 und 1977 jedenfalls stärker heraus als die anschließenden siebzehn Jahre auf Capitol Hill, von wo er 1996 mit großem Aplomb abgezogen war, weil er die Machenschaften der Berufskollegen satt hatte und von Washington D.C. nichts Gutes mehr ausgehen sah.

Immer schon hat es sich für Berufspolitiker ausgezahlt, wenn sie das Prestige sonstiger Honoratioren in die Waagschale werfen konnten. Neu ist nur, dass auch das Gütesiegel von Berühmtheiten und Berufsgruppen hilfreich ist, deren Renommee bis dato eher gering war und selten politischen Sachverstand ahnen ließ: Schauspieler, Sportler, TV-Unterhalter. Ihre Aufwertung resultiert aus dem parallelen Bedeutungsgewinn der elektronischen Medien, des kommerziellen Spitzensports und der gesamten »industry«, wie die Medienbranche in Los Angeles kurz und bündig heißt. Diese Sparten symbolischen Kapitals durchdringen sich gegenseitig und setzen allerorts Maßstäbe. Während sich John F. Kennedy mit einem Frank Sinatra oder einer Marilyn Monroe schmückte, aber die frivolen Beziehungen zu ihnen ganz bewusst im Dunkeln ließ, ist es heute umgekehrt: Dass Prominente aller Sparten zur Mehrung ihres eigenen Ruhms Politiker heranziehen – und diese nicht müde werden, ihre neuen Freundschaften auszuplaudern.

Als das genaue Gegenteil eines derart Prominenten versuchte sich der vierte aussichtsreiche Bewerber um die Präsidentschaft aufzubauen: John McCain, ebenfalls langgedienter Senator aus Arizona. Obwohl er seit langem dem politischen Establishment in Washington angehört, stilisierte auch er sich zum Außenseiter, wobei er immerhin für sich reklamieren kann, als einsamer Rufer eine drastische Beschneidung der Wahlkampfkosten gefordert und gegen Parteifreunde die allmächtige Tabaklobby angegriffen zu haben, was seiner »Kriegskasse« nicht geschadet hat. Doch sein Image als »Kriegsheld« dürfte heute eher ein Anti-Image sein. McCain war Berufssoldat und wurde über Hanoi abgeschossen; fünfeinhalb Jahre war er Kriegsgefangener in Vietnam, davon einige Monate in völliger Isolation. Angebote zur vorzeitigen Entlassung schlug er mehrfach aus – erst sollten Kameraden freikommen, die vor ihm in Gefangenschaft geraten waren. Diese Art von Kameradschaft und Ehrgefühl verschreibt McCain dem Land, dessen Präsident er werden will. Nicht an »fame«, sondern an »glory« mangele es: »Ruhm erwirbt man dadurch, dass man auf Dauer eine Verpflichtung eingeht zu etwas, das größer ist als man selbst – zu einer Sache, zu deinen Prinzipien, zu den Leuten, denen du traust und die sich umgekehrt auf dich verlassen.«[8] Dieses Gegenprogramm drohte aber zu verpuffen, weil der Senator seine Reden zu schnell vom Blatt herunterlas und kaum Pausen ließ für Applaus. Außerdem ist Vietnam kein Sympathiethema, McCains lange Gefangenschaft erregte vielmehr den Verdacht, der alte Herr habe von dort vielleicht einen Schaden zurückbehalten. Das einzige, was er für sich ins Feld führen kann, ist also eine altmodische Authentizität, die ihn zum genuinen Antipoden Clintons macht, aber kaum zu seinem Nachfolger.

Helden wie wir

McCain strich noch einmal althergebrachte Starqualitäten heraus: Mut, Heroismus, Anständigkeit. Solche Eigenschaften, aber auch politisches Naturtalent und Charisma, lassen professionelle Bild- und Imagefabrikanten kalt. In ihren Augen wirken sie nicht mehr als solche, sondern nur dank planmäßiger Unterstützung. Eine mit System generierte *personal name recognition* darf auch nicht Zufallskonstellationen wie Timing und Instinkt überlassen bleiben. Nicht der Held und sein Moment zählen, sondern der Tross und sein Know-how. Selbst ein Elvis Presley war in ein solches »Umfeld« von Beratern und Vermittlern eingebettet und ging an deren Fehlentscheidung, aus dem Rocksänger einen Filmschauspieler zu machen, zugrunde.[9] Was für die Fabrikation von Superstars und Sportskanonen gut war und auf alle Sparten der Prominenz Anwendung findet, soll für Spitzenpolitiker nicht schlecht sein. Auch Gores und Bushs an sich sympathische Idee, ganz sie selbst zu werden, ist nur eine solche Marotte der Wahlkampfstäbe, die sich vor allem gegenseitig ins Visier genommen haben und jeden Schachzug der anderen Seite genau beobachten. So ist eine selbstreferentielle Welt entstanden, die auch Anwärter auf den Posten des »mächtigsten Mannes der Welt« mit Beschlag belegt. Terminplaner,

Imageberater, Stylisten, Redenschreiber und Werbetexter empfehlen zwingend, wo und wann was zu sehen sein soll und was zu wem gesagt werden muss. In diesem Korsett verkümmert ebenjene persönliche Note, welche die Imagefabrikanten doch zu erzeugen versprochen haben. Und obwohl sie jeweils ganz auf die Person zugeschnittene Beratung andienen, passt ihr Schnittmuster bei Bedarf auf alle zahlungskräftigen Kandidaten gleich welcher Couleur an jedem beliebigen Ort der Welt. Bill Clintons ehemalige Berater – James Carville, George Stephanopoulos und Dick Morris – gehen mittlerweile weltweit ans Werk – die Wahlkampfbranche globalisiert sich. Nur als graue Eminenzen im Hintergrund zu wirken, ist ihnen längst zu wenig geworden; in ihre Memoiren und TV-Auftritten streuen sie süffige Details aus dem Leben eines Präsidenten, was sie ebenso »berühmt« macht wie diesen. Nichts dürfte dem Ansehen politischer Ämter und Eliten mehr geschadet haben als diese unheilige Allianz.

Genauso wie die Diskretion politischer Berater ist McCains Heldentum passé – es sei denn, es passt sich den neuen Gegebenheiten an und lässt sich in die übliche Prominenz transformieren. Prominente sind nicht die Helden von heute, sondern eher Anti-Helden. Wurden in traditionalen Gesellschaften, wenn es hochkam, Päpste, Könige und Fürsten, auch Heilige zu Lebzeiten, Gurus und Mystiker, siegreiche Heerführer und hin und wieder einmal wissenschaftliche Koryphäen, Massenmörder und begnadete Räuber über ihre lokale Lebenswelt hinaus bekannt[10], so meint heute bald jeder, berufen, befugt und befähigt zu sein, sich dem Rest der Welt bekannt zu machen und wenigstens die sprichwörtlichen 15 Minuten auskosten zu dürfen. Damit ist nicht nur das Verhältnis von Star und Vermittlern, sondern auch das von Leistung und Berichterstattung auf den Kopf gestellt. Einst besaß eine spezielle Leistung einen gewissen Nachrichtenwert, heute besteht die Leistung darin, vorne und lange in Nachrichten vorzukommen. Antiquierte Nachrichtensendungen und Magazine folgen noch dem alten Muster: erst Weltpolitik, dann Wirtschaft, Sport und Vermischtes, dann Wetter und Verkehrshinweise, Lokalereignisse am Schluss. Solche Rangordnungen sind nur noch schwer festzulegen, wie die Ordnungs- und Relevanzkategorien von Privatsendern und auch im Internet zeigen.

No more heroes – das bedeutet auch, dass Betrüger wie »Baulöwe« Jürgen Schneider, Hasardeure wie Nick Leason oder ein rechtskräftig verurteilter Egon Krenz ihr Scheitern durch Prominenz wettmachen werden. Berühmt werden ist ein Wert an sich; und das Streben, in den Schlagzeilen zu sein, kann eine ähnliche Gier auslösen wie die Anhäufung von Geld oder Drogensucht. Aus den Videoaufnahmen, die vor dem Massaker an der Colombine High School in Colorado im Mai 1999 entstanden sind, geht hervor, dass die beiden jugendlichen Killer keine bestimmte Gruppe von Mitschülern im Visier, sondern als einziges Motiv hatten, mit dem Anschlag – berühmt zu werden. Spätestens mit diesem schon im Handel befindlichen Video dürfte das gelingen. Denn hervorgebracht und konserviert wird Prominenz vor allem durch visuelle Medien und die endlose Reproduzierbarkeit von Bildern: Jemand gelangt zu Ansehen, weil man ihn oder sie ansehen kann. Wer ins Bild kommt, entscheidet aber die Medienelite, jenes Konglomerat, dessen Bestandteile noch genauer untersucht werden sollen. Als Erste in den Blick geraten durch Amt und Funktion ausgewiesene »Mediengewaltige« – Verleger, Intendanten, Produzenten, Herausgeber, Chefredakteure, Topjournalisten, »Talkmaster« und »Anchor(wo)men«, am Rande auch »öffentliche Intellektuelle«, Funktionäre des Kultur- und Wissenschaftsbetriebs sowie in der privaten Wirtschaft und Kommunikationsbranche tätige Symbolanalysten. Als Gatekeeper und selbsternannte vierte Gewalt standen sie dem politischen System gegenüber und vermittelten rollengemäß zwischen diesem und dem »Volk«, dessen Aufmerksamkeit als Publikum sie stimulierten, wachhielten und pflegten. An politischen Entscheidungen und, jenseits der eigenen Branche, wirtschaftlichen Machtkämpfen war dieser heterogene Personenkreis üblicherweise weder beteiligt noch interessiert; sein Einfluss beschränkte sich auf die Definition und Präsentation derartiger Kämpfe in den anderen Teilsystemen, die man skandalisieren oder auch verschweigen konnte. Wer neuer ZDF-Intendant oder der xte *Stern*-Chefredaktuer wurde, wer das Pay-TV-Geschäft macht und welche Verleger die Konzentrationswelle überleben, ist deshalb über das engere Mediensystem hinaus von erheblichem Interesse. Aber empirische Studien zeichnen von der deutschen Medienelite weiterhin ein geradezu idyllisches Bild, als stünde ein Henri Nannen noch dem *Stern* vor, moderiere ein Werner Höfer noch die »Harald-Schmidt-Show« und sei »Börtlsmän« noch in Gütersloh verwurzelt. Konzentration, Privatisierung und Internationalisierung werden die deutsche Gemütlichkeit dramatisch stören. Dabei dürften nicht bloß rechtlich-regulatorische, nationale und Spartengrenzen fallen, auch in anderer Hinsicht könnte eine regelrechte Landnahme des Mediensystems und seiner »Prominenz« anstehen. Hierzulande ist man eher auf Zensurattacken des Staates und parteipolitische Übergriffe gefasst, mit denen sich politische Eliten Medieneinfluss sichern – wie etwa in dem (natürlich rein fiktiven) Beispiel, dass ein ehemaliger Kanzler einen ihm gewogenen Kulturimpresario mit Hilfe seines ehemaligen Pressesprechers und eines Landespolitikers über den »kurzen Draht« als Abteilungsleiter einer konservativen Zeitung durchdrückt. Solche mit konventioneller »Medienpolitik« getätigten Übergriffe des Politiksystems auf das Mediensystem könnten leicht die Richtung wechseln. Gemeint ist damit nicht die berühmte Schweigespirale, dieses tückische Bermuda-Dreieck, in dem missliebige Politiker den medialen Tod erleiden können, oder die Definitionsgewalt zum Beispiel eines ZDF-Beitrags, der autoritative Zerrbilder über die Stadt Frankfurt/Oder verbreitet, ohne dass lokale Öffentlichkeit und Politik gegen solchen Rufmord noch etwas ausrichten könnten. Gemeint ist vielmehr das nun häufiger auftretende Phänomen, dass Medienprominente aus Sport, Unterhaltung und Fernsehen selbst ins politische System einwandern. Dass der Tagesschausprecher Köpke sich einmal für kompetent hielt, die von ihm verlesenen Nachrichten als Experte zu kommentieren, löste noch Gelächter aus; die Mauer zwischen Machern und Sprechern, Bildnern und Abbildnern stand noch. Heute intervenieren Moderatoren von Nachrichtenshows – wie etwa die »Ankermänner« großer US-Fernsehstationen Dan Rather, Tom Brokaw, Peter Jennings, Jim Lehrer – als »Medienpolitiker« neuen Typs ganz ungeniert ins politische Geschehen. Sie werden von ihrem Millionenpublikum als politische Akteure wahrgenommen und anerkannt. Auch sie werden allmählich abgelöst durch Talkshow-»Gastgeber« wie Oprah Winfrey, die sich nicht mehr als Informationsvermittler gerieren, sondern sich zur moralischen Anstalt mit Orientierungsaufgabe aufspielen – als säkulares Pendant zu Teleevangelisten und Fernsehpredigern. Auch ihnen liegt eine devote Fangemeinde zu Füßen, die mit den Moderatoren eine fast intime »Freundschaft« pflegt, wie sie sonst den im Fernsehen auftretenden Stars zuteil geworden ist. Das bedeutet: Moderatoren, die definitionsgemäß *zwischen* Stars und Publikum angesiedelt waren, schlüpfen selbst in die Rolle der Stars und rücken als Rollenmodelle an die Spitze der Beliebtheitsskala vor. Was sie tragen, ziehen auch ihre Zuschauer an, was sie empfehlen, wird gelesen, was sie (und sei es *en passant*) zum Besten geben, bildet Stile und Meinungen. Von hier war es nur noch ein kurzer Weg zum Vordringen der Medienprominenz ins politische System selbst.

The Body and the Mind: Der unaufhaltsame Aufstieg des James George Janos

Wer nun geglaubt hat, diese Vermengung von Showbiz und Politik sei nicht mehr zu übertreffen, sollte sich den Namen Ventura merken. Jesse »The Body« Ventura ist ein ehemaliger Profiringer, der im November 1998 zum Gouverneur von Minnesota gewählt wurde. Nicht die leiseste politische Erfahrung sprach für ihn, erfahrene Karrierepolitiker und alle Umfragen gegen ihn. Einzig der Kultstatus, den sich das Großmaul während seiner elfjährigen Ringerkarriere und später als Radiomoderator erworben hatte, prädestinierte ihn zum obersten Repräsentanten eines der wichtigsten Bundesstaaten in den USA. Die Mehrheit der Wähler fand Gefallen an einem Außenseiter, der Etablierte auch im politischen Showgeschäft aufs Kreuz zu legen versteht. »Pop-Politik« nennen Kritiker diese Machtübernahme der Schausteller, denen mittlerweile so große Aufmerksamkeit zuteil wird, dass selbst die ehrwürdige Harvard-Universität den Hauptschulabsolventen zum Vortrag bat. Im Hörsaal verteilte Ventura Autogramme und zitierte hauptsächlich aus dem »Skandalinterview«, das er kurz zuvor dem *Playboy* gewährt hatte. Danach ventilierte auch Ventura ernsthaft, ins Rennen um die Präsidentschaft 2000 einzusteigen – wenn sich, wie er es ausdrückte, »das Publikum an allen anderen Köpfen sattgesehen hat«. Fürs Erste scheint er es sich anders überlegt zu haben und will seine vier Jahre als Gouverneur von Minnesota voll machen. Dass er für den eventuellen Marsch aufs Weiße Haus nicht einmal Millionen von Dollar nötig hätte – bis dato eine ganz unabdingbare Erfolgsbedingung für Präsidentschaftsbewerber –, nährt die Vermutung, dass wir tatsächlich von der Geldwirtschaft in die Ökonomie der Aufmerksamkeit übergehen. Für den Kandidaten Ventura zählt weniger Geld als das »Einkommen an Beachtung« (George Franck), das er als eine »bekannte Persönlichkeit« gewinnen kann.

Und so verlief diese politische Tellerwäscherkarriere: Geboren 1951 in Minneapolis als Sohn eines städtischen Bediensteten und einer Krankenschwester, aufgewachsen in bescheidenen Verhältnissen, trat er nach Abschluss der High School für sechs Jahre als Taucher in die Marine ein und wurde 1973 als Vietnamveteran ehrenvoll entlassen. Er heiratete eine Reitlehrerin namens Terry und hat mit ihr zwei Kinder – was eindeutig noch zu wenig ist für einen ordinären »ungewöhnlichen Lebenslauf«. Auch als »Pro-Wrestler« (Berufsringer) war der Hüne von knapp zwei Meter Länge und 230 Pfund Lebendgewicht eher Dutzendware; mit glattpolierter Glatze und Federboa spielte »the Body« den Part des Bösen vom Dienst und war insgesamt elf Jahre in einem Geschäft unterwegs, das in den achtziger Jahren zum Quotenrenner wurde. Die so gewonnene TV-Prominenz brachte Ventura kleine Nebenrollen in Hollywoodfilmen ein, darunter an der Seite Arnold Schwarzeneggers in »Predator«. Sein wichtigster Kinosatz lautete: »Ich hab keine Zeit zu bluten« – woraus später ein Memoirentitel wurde. Bekannter wurde Ventura noch als Wrestling-Kommentator und »Host« in einer Radio-Talkshow, einem vor allem in der Mitte Amerikas beliebten Medium, das gegen die etablierte Politik und die Washingtoner Medienprominenz zu Felde zieht. Ventura war nicht auf den Mund gefallen; außerdem kannte »man« jetzt schon die Federboa und die unvergleichliche Art, wie er sich das Trikot aufreißt. Auch weniger Sportinteressierte erfuhren, dass über der Tür seines Hauses die Warnung steht: »Vergesst den Hund. Gebt auf den Besitzer acht!« Und dass Ventura gar nicht sein richtiger Name ist, er vielmehr als James George Janos auf die Welt gekommen ist.

Genug, möchte man rufen, doch 1990 beschloss Ventura, Politiker zu werden, und ließ sich zum Bürgermeister der kleinen Stadt Brooklyn Park wählen. Das politische Establishment des Staates Minnesota ignorierte den Außenseiter, der sich als Umweltschützer und Verbrechensbekämpfer einen Namen machte und auch für sich reklamierte, eine Firma mit 85 Beschäftigten von der Abwanderung abgehalten zu haben. Ventura selbst hingegen zog es jetzt fort, zu Höherem. Noch lachte man laut, als er auf dem Ticket der »Reform Party« für den Posten des Gouverneurs kandidierte – Minnesota habe schließlich eine lange liberale Tradition und eher linksorientierte Politiker von nationalem Format hervorgebracht wie Eugen McCarthy und zwei Vizepräsidenten, Hubert Humphrey und Walter Mondale. Aber schon bei der Präsidentschaftswahl 1992 hatte der Gründer der Reform-Partei, der texanische Milliardär Ross Perot, in Minnesota fast ein Viertel der Stimmen auf sich vereinigen können. So reich wie dieser Perot war Ventura bei weitem nicht; angeblich ist er im Wahlkampf mit 400 000 Dollar ausgekommen – eigentlich aussichtslos gegen Bewerber wie den Demokraten Hubert Humphrey III, Sohn des einstigen Vizepräsidenten und amtierender Generalstaatsanwalt, und den für die Republikaner angetretenen Bürgermeister von St. Paul. Die versuchten, ihn schlecht zu machen und als politisches Leichtgewicht bloßzustellen, doch in einem für den amerikanischen Populismus typischen Radioclip drehte Ventura den Spieß um: »Während die anderen Typen Schecks von der Regierung kassiert haben, machte er (Ventura) sich als Marinesoldat dreckig und wurde nass.«

Das war genau die richtige Ansprache für Anhänger einer dritten, unabhängigen Partei, die gegen Berufspolitiker Sturm läuft. Ventura, der sich auch nicht auf Perots Seite schlug, bezeichnet sich als steuerpolitisch konservativ (alle Haushaltsüberschüsse sollen auf die Bürger zurückfließen) und als sozialpolitisch libertär. Dort liegt auch seine Achillesferse. Ventura tritt nämlich für die Legalisierung der Prostitution ein – dagegen könne das Gesetz nichts ausrichten. Der Wahlspruch »You can't legislate stupidity« ziert mittlerweile die Homepage des Gouverneurs, ein anderer lautet »Love is bigger than government«, womit der Super-Macho für Toleranz gegenüber Schwulen wirbt. Dass sich Jesse Ventura als *common man* und Durchschnittsamerikaner darstellt und zugleich kein Fettnäpfchen auslässt, ist eine Gratwanderung; er kann, ein typisches Schicksal von Prominenten, rasch abstürzen und wieder in Vergessenheit geraten. Fürs Erste aber hat sein Auftritt der Mehrheit in Minnesota gefallen; in fast allen Altersgruppen, vor allem unter den Jungen, lag der krasse Außenseiter 1998 vorn, und er mobilisierte Amerikaner, die anderswo den Wahlkabinen fernbleiben. Mit 61 Prozent erzielte er die höchste Beteiligung aller Wahlen und wurde so der erste Repräsentant der Reform Party auf Staatsebene – Grund genug, Jesse »the Body« in Jesse »the Mind« umzutaufen. Amerikas politische Eliten waren geschockt; nicht nur in Minnesota teilen sich Demokraten und Republikaner seit mehr als einem Jahrhundert die Macht, jetzt aber ist eine bedrohliche populistische Konkurrenz mit Geld und guten Worten nicht mehr wegzukriegen. Auch die Meinungsforscher waren blamiert und Minnesota peinlich berührt, da sich die ganze Nation lustig machte, als Ventura in Interviews über BH-Größen plauderte, oder empört gab, als er regelmäßige Kirchgänger, also die Mehrheit der Amerikaner, als Weicheier abfertigte.

Die Rache der Couch Potatoes

Peinlichkeit ist aber nur die eine Seite, die »Rache der Couch-Kartoffeln« *(Time)* die andere. Den unaufhaltsamen Aufstieg des Jesse Ventura kann man nämlich so interpretieren, dass vor allem jüngere Amerikaner den aus der Reihe fallenden Gouverneur als Antipoden der politischen Klasse schätzen, deren Wirken sie nur noch zynisch kommentieren. Wie man in den Wald ruft, so schallt es heraus: Ventura ist gewiss nicht Erfinder der Pop-Politik, die lange vor ihm in Gouverneurspalästen und selbst im Weißen Haus Einzug gehalten hat. Wenn Politik also ohnehin nicht mehr ernst zu nehmen ist und Politiker ihren Kotau vor dem Showgeschäft machen, ist es nicht weiter schlimm, sondern realsatirisch oder womöglich sogar subversiv gemeint, dass ein Spaßmacher die Amtsgeschäfte führen soll. Und solange vor allem »gute Show« zählt, läuft Show-Prominenz besser als Spektakel-Politik.

Aura und Abschottung des politischen Systems sind kaum noch aufrechtzuerhalten, und die Kodierungen von Politik (mächtig/ohnmächtig), Unterhaltung (spannend/langweilig) und Prominenz (bekannt/unbekannt) überschneiden sich. Schon immer waren die Grenzen durchlässig: In Demokratien kann sich bekanntlich jeder Bürger um ein politisches Amt bewerben, und die Suche der Parteien nach prominenten »Quereinsteigern« fordert explizit dazu auf. Hehre egalitäre Grundsätze sind längst durch die Vorherrschaft von Bimbes alias »Big Money« verletzt worden. Insofern soll man keine Krokodilstränen vergießen, wenn als Währung nun auch Brimborium gilt und Parvenüs wie Ventura ihr pseudodemokratisches Spiel beginnen. Ob sich ihr Spielgeld in gute Politik rekonvertieren lässt, muss man bezweifeln. Ventura ist bisher ein Ankündigungsgouverneur geblieben. Darob von einem kompetenten und weniger bekannten Abgeordneten kritisiert, gab er zurück: »Gehen Sie mal raus auf die Straße und fragen einen beliebigen Teenager, wer *ich* bin und wie *er* ist. Was *ich* geleistet habe, ist mehr, als *er* jemals leisten wird.« So konsequent deutet er Meritokratie, das in Amerika geläufige Prinzip, wonach nur Leute, die sich durch Leistung ausgezeichnet haben, Führungs- und Machtpositionen übernehmen sollen. Und es sieht nicht so aus, als wolle Gouverneur Ventura noch andere Leistungen erbringen als die, weiter von sich reden zu machen.

Im Ventura-Phänomen vollendet sich die Umstellung von der Funktions- zur Reputationselite: Die populäre Massenkultur erblickt in Bekanntheit und Berühmtsein per se ein Verdienst, ganz egal, wo Prominenz jeweils herrührt, und sie wüsste auch keine sonstigen Kriterien anzugeben, nach denen der Beitrag des einen zu schätzen und der eines anderen zurückzuweisen wäre, als die des Mediensystems, das nur nach neu und veraltet unterscheidet. Man kann diese Entwicklung auf ein altes Dilemma der amerikanischen Republik zurückführen, das im Versprechen eines demokratischen Egalitarismus angelegt war und nun, nach dem Verschwinden der Stände und Klassen, auch in Europa zum Ausdruck kommt. Sicher verstößt neo-elitäre Prominenz gegen Gleichheit, Fairness und Authentizität. Aber gerade eine demokratisch-säkulare Erlebnisgesellschaft hat Medieneliten als Platzhalter von Heiligen und Helden und als Ersatz der alten Nobiltà auf den Schild gehoben. Anders als quasiaristokratische Heroen, die Außergewöhnliches und Übermenschliches leisten mussten, entspricht Prominenz dem Ideal des Selfmademan, der seine Chance nutzt und den Helden bloß noch mimt. Ein Heros ist ein großer Mensch, für den Herostraten reicht ein großer Name – Helden *möchten* viele, Prominente *können* alle sein. Dabei sind die scheinbar unnahbaren *rich & famous* zum Greifen nahe, denn die populistische Inszenierung verlangt zugleich, dass die Hervorgehobenen den Durchschnittsbetrachter nicht wirklich überragen sollen. Prominenz ebnet soziale Differenzen ein und wird letztlich tautologisch: Zur Medienelite zählt, wer häufig »in den Medien« ist. Auf dieser Basis könnten Prominente eine Art »Klasse an sich« bilden, die nicht allein auf Galashows, Charity-Dinners und Bundespressebällen im vertrauten »Du« kommuniziert, sondern auch die gleichen Dienstleister in Anspruch nimmt, dieselben Erholungsorte und Wohnviertel bevölkert, mit anderen Worten: ein eigenes Milieu ausprägt, das am Ende sogar Züge einer »Klasse für sich« annehmen könnte.

Nachtrag: Ein Ventura kommt selten allein. In seinem Gefolge haben sich eine ganze Handvoll Kandidaten ähnlichen Zuschnitts gemeldet, darunter der New Yorker Immobilienhai Donald Trump, der Actionfilmdarsteller

Arnold Schwarzenegger, der Schauspieler und Regisseur Warren Beatty und zum wiederholten Mal der Fernsehmoderator Pat Buchanan. Dank ihrer Verankerung im Mediensystem und ihrer Verbindung zu einer teils diffusen, teils in der Reform Party organisierten populistischen Bewegung sind sie erheblich weiter gediehen als die bei Präsidentenwahlen übliche Freak Show, deren Teilnehmer rasch auf der Strecke blieben. Hierzulande haben herausragende Sport- und Fernsehstars den Weg in die politische Elite noch nicht gefunden, aber immerhin hat ein amerikaerfahrener Mode- und Parfumschöpfer der FDP ein Angebot gemacht, die nach seinen Worten »gesichtslos geworden (war) wie eine Modemarke, die am Boden liegt«. Wieder eine Verwechslung von Politik, diesmal mit einer Modenschau? Keineswegs: Wolfgang Joop hat dem *Spiegel* verraten, dass es »in der Politik mehr um Inhalte als um Verpackung gehen« sollte. Dem ist eigentlich nichts hinzuzufügen.

Anmerkungen

1 Allgemein dazu Herbert Willems (Hrsg.), *Inszenierungsgesellschaft. Ein einführendes Handbuch,* Opladen 1998, und mein Beitrag »Fischer sin Frau und des Kanzlers neue Kleider: Inszenierungen des Politischen – Politik als Theater«, in: Ulrich Streeck (Hrsg.), *Erinnern, Agieren und Inszenieren. Enactments und Szenische Darstellungen im therapeutischen Prozeß*, Göttingen (i. E.).

2 Anregend immer noch Suzanne Keller, *Beyond the Ruling Class. Strategic Elites in Modern Society,* New York 1963, sowie neuerdings Birgit Peters, *Prominenz. Eine soziologische Analyse ihrer Entstehung und Wirkung,* Opladen 1996, und Susan J. Drucker/Robert S. Cathcart (eds.), *American Heroes in a Media Age,* Creskill 1994.

3 Jonathan Chait, »Race to the bottom«, in: *The New Republic,* 20. 12. 1999.

4 So zuletzt A. Scott Berg, *Lindbergh,* New York 1998, ferner: Joshua Gamson, *Claims to Fame. Celebrity in Comtemporary America*, Berkeley 1994.

5 Entscheidung in Sachen Caroline von Monaco gegen Burda-Konzern, zitiert nach *Süddeutsche Zeitung* 16. 12. 1999; vgl. auch: Bruno Seemann, *Prominenz als Eigentum. Parallele Rechtsentwicklungen einer Vermarktung der Persönlichkeit im amerikanischen, deutschen und schweizerischen Persönlichkeitsschutz,* Baden-Baden 1996.

6 Irving, J. Rein u. a., *High Visibility,* New York 1987; ferner Len Sherman, *The Good, The Bad and The Famous,* New York 1990, Richard Schickel, *Intimate Strangers. The Culture of Celebrity,* New York 1985, P. David Marshall, *Celebrity and Power. Fame in Contemporary Culture,* Minneapolis/London 1997.

7 Walter LaFeber, *Michael Jordan and the New Global Capitalism*, New York 1999.

8 *Faith of My Fathers,* New York 1999.

9 Peter Guralnick, *Last Train to Memphis. The Rise of Elivs Presley,* Boston 1994 und ders., *Careless Love. The Unmaking of Elvis Presley,* Boston 1999.

10 Leo Braudy, *The Frenzy of Renown. Fame & Its History,* New York 1986.

Daghild Bartels
Cyberlifestyle

Beunruhigende Kunde von der Lifestylefront: In den USA wuchs in den neunziger Jahren eine neue Kaste heran, die Cash hat wie Rockefeller, sich jedoch demonstrativ als Modemuffel geriert. Die neuen Reichen in Amerika sind vorsätzliche puritanische Konsumverächter, sie verpönen Marmor und Mahagoni. Exzentrische Verschwendung gar, wie alle luxuriöse Extravaganz, gilt ihnen fast als Sünde. Diese neuen Millionäre und Milliardäre, die zwar im Goldrausch, aber in freiwilliger Askese leben, wurden in den Mekkas der Computerindustrie, in Bill Gates' Seattle und im kalifornischen Silicon Valley, gezüchtet, in Gegenden also, die pro Quadratmeile rund 200 Millionäre zählen. Die Helden der boomenden Hard- und Softwarewelt, von Apple, Intel, Novell oder Infoseek, von Yahoo oder Silicon Graphics, Oracle, Netscape oder 3Com, die Steven Kirsch, Richard Garriett, Jim Clark, Larry Ellison, David Filo oder Jerry Yang, bilden die neue Klasse der Superreichen in Amerika, die sich massenhaft und blitzschnell vermehrt. Die Zahl der Milliardäre stieg von 13 im Jahre 1982 auf heute mindestens 267, die Zahl der Multimillionäre geht in die Millionen, so dass das Magazin *Forbes* wahrhaftig glaubt: »Dieses Land ist im Begriff, die erste Massenwohlstandsgesellschaft in der Weltgeschichte zu kreieren.«

Die millionenschweren Cyberboys haben ein gemeinsames Kennzeichen: Sie sind sämtlich unheimlich jung. Der typische Superreiche der neuen Art, so das Phantomporträt der Mode- und Lifestylezeitschrift *Vogue*, ist mit 27 Jahren Millionär – und er hat noch nie eine Krawatte getragen. Diese Anti-Luxus-Attitüde und der freiwillige, asketische Konsumverzicht machen nicht nur die Modebranche nervös, auch die Auguren an den Trendbörsen reagieren verständlicherweise höchst irritiert. Denn die jugendlichen Internet- und Informatik-Genies sind zwar noch reicher als der alte US-Geldadel, aber sie kleiden sich wie die breite Masse der Kleinverdiener: mit Jeans und Khaki-Hosen, mit T-Shirt oder XL-Pullover à la Bill Gates. Als Einheitsschuhwerk haben sich die ästhetischen Gleichmacher, die obligaten Turnschuhe, flächendeckend durchgesetzt.

Ihr Einkaufseldorado – natürlich per Internet – ist die Billigladenkette GAP, Maßschneider in London ignorieren sie, und Haute Couture oder Designer-Klamotten sind für sie ohne jeglichen Appeal. Die Jungmillionäre feixen nur cool darüber, dass die, die *für* sie arbeiten, die Anwälte oder Notare, brav in Anzug und Krawatte auftreten. Der alte »gute Geschmack« ist für sie eine Trivialkategorie. Auch auf teure Restaurants haben sie kaum Appetit, sie ernähren sich mit Vorliebe von Fingerfood (Pizza aus der Faust, Hamburger mit beiden Händen reingeschoben), aber, so wird betont, sie kennen sehr wohl den Unterschied zwischen einer Dessert- und einer Salatgabel. Neue Looks für Partykleider sind von ihnen ebenfalls nicht zu erhoffen, denn sie besuchen keine Wohltätigkeitsgalas, sondern schreiben lieber fette Schecks für gute Zwecke aus. Verkehrte Welt? Die neue Geldelite im Biotop des Netzwerk-Computing ohne elitäre Lifestyle-Allüren, ohne Statusdenken, ohne die klassischen Luxus-Embleme der Oberklasse? Mitnichten.

Die Trendscouts der Hochglanz- und Wirtschaftsmagazine haben herausgefunden, dass auch die neue Millionärsgeneration ihren eigenen (darf man sagen »alternativen«?) Lifestyle entwickelt hat. Er hat sich, wenn auch schwer in alten Stereotypen definierbar, in den neunziger Jahren herauskristallisiert und lässt die Achtziger, die von den an der Wall Street reichgewordenen Yuppies bestimmt waren, uralt und anachronistisch erscheinen. Genossen die Letzteren exhibitionistisch zur Schau gestellte Geldverschwendung, den vulgären Glamour à la Dallas, vor allem öffentlich, so verstoßen die Heutigen allenfalls im Verborgenen gegen den Minimalkonsum. In Wahrheit sollen auch sie heimlich ihre Statusspielzeuge wie teure Yachten oder Privatjets haben. Und in Palo Alto soll die Flüsterparole lauten, Rolls-Royce sei out, Porsche erlaubt. Doch sonst stilisieren die @-Millionäre ihre Freiheit von ökonomischen Zwängen in ganz anderer Weise. Machten sich die Großverdiener in den Achtzigern mit Kokain oder Ecstasy high und mit einem Privattrainer für Aerobic fit, so bevorzugen die Neunziger-Millionäre Drogen wie Prozac (Happypillen) oder Viagra und Extremsportarten. Die Achtziger-Yuppies fuhren mit ihrem Range Rover in den Nobelort Aspen und tranken Mineralwasser. Den Neuen sind alle Drinks recht, wenn sie nur kosmopolitisch klingen, sie setzen sich in ihren VW-Beetle und fahren nach Alaska zum Heliski. Reisegepäck mit dem Emblem Louis Vuitton brauchen sie nicht, sie verschicken alles mit FedEx. Gaben die Yuppies Irrsinnssummen für zeitgenössische Kunst aus, so sammeln die Profiteure der Cybermania elektronische Rechte an Kunstwerken.

Kurz, die neuen Jungmillionäre des digitalen Zeitalters pflegen andere Vorlieben, haben andere Präferenzen als ihre Vorgänger. Sie haben andere Büros, andere Häuser, Gärten und Kunstsammlungen als die alten Neureichen. Wie erklärt sich diese gänzlich unamerikanische Abwendung von der Sucht zur ostentativen Verschwendung? Die einschlägigen Magazine vermuten, die Neuen hätten die Mittelschicht, aus der sie kommen, total verinnerlicht. Unter den 400 Reichsten im Lande, die *Forbes* jährlich ermittelt, waren diesmal 251 Selfmade-Multimillionäre, vor 15 Jahren waren es lediglich 159. Parvenüs hätte man sie zu Balzacs Zeiten genannt, und das heißt, ihr unheimlich schnell gemachtes Geld hatte keine Zeit, eine Aura von Anciennität zu erwerben; andererseits bedeutet diese Verankerung in Mittelschichtnormen, dass – horribile dictu – die Arbeit ihr Stigma verloren hat. Diese Jungs schuften freiwillig rund um die Uhr, nach dem Motto »Arbeit=Spiel=Arbeit«, und sie betrachten Müßiggang, einst das Erkennungszeichen der wahren Aristokratie, als ganz böses Laster, rangierend noch vor dem Rauchen. Im Prinzip, so melden die Trendscouts, orientiert man sich in Cyberland an ganz alten bürgerlichen Tugenden – hoch im Kurs stehen Selbstdisziplin, Gesundheit und ein ausgeprägtes Nützlichkeitsdenken –, nämlich an den protestantischen Werten, mit denen man selbst groß und reich wurde, und die Pioniere der virtuellen Welten wünschen, dass auch ihre Kinder im gleichen alten Wertekanon erzogen werden. »Klassenhypokrisie« ruft Robert Frank dem entgegen; er vermutet in seinem Buch *Luxury Fever,* die Reichen wollten nur vortäuschen, dass sie sich nicht von der Gesamtbevölkerung und deren Grundsätzen entfernt haben. »Sie heucheln Prologefühle« (was derzeit in den USA ausgesprochen »in« sei), »sie halten die Leute zum Narren.« Ursächlich für die Abkehr vom gewohnten, angeberischen Konsumrausch ist demnach die ganz verständliche Angst vor der Neidgesellschaft. Denn manche unter ihnen, heißt es, sehen sehr wohl und kritisch die gewaltigen Unterschiede zwischen Arm und Reich im Land.

Der Sparkurs der Superreichen könnte jedoch auch Zeichen für souveränes Oberschichtbewusstsein sein, als Demonstration der Distanz zur Sphäre des Notwendigen, der unmittelbaren materiellen Bedürfnisbefriedigung. Die freiwillig auferlegte Selbstbeschränkung, eben »understatement«, war früher, speziell im abendländischen Europa, Signum für nobles Elitebewusstsein.

Da die neuen Spitzenverdiener so unsäglich viel arbeiten, um ihre abenteuerlichen Geldsummen zu verdienen, könnte auch schlicht Zeitmangel die Ursache für die Kaufabstinenz sein. Jedenfalls, so tönt es bereits aus den Gazetten, »shopping« ist out. Die Cyberelite shoppt, wenn es denn sein muss, natürlich online. »Fashionable«, also modisch zu sein, ist in diesen Kreisen sowieso out, das könnte »untechnisch« wirken. Als erster Designer soll Giorgio Armani auf die eminente Geschäftsbedrohung reagiert haben, er schickt der offenbar einzigen Frau unter den Cybermännern, der Gründerin von CrossWorlds, Katrina Garnett, seine Kollektionen ins Haus – wohl mit FedEx. Die anderen versuchen die widerspenstige Kundschaft mit einem Schmusekurs in Design zurückzuködern, sie übernehmen oder kopieren deren lässig-saloppe Kleiderfavoriten in ihren Nobelkollektionen, »casual« ist plötzlich in den feinsten Häusern angesagt, Anoraks aus High-Tech-Material, Khakihosen und Edelturnschuhe fehlen weder bei Prada noch bei Jil Sander – »Mode folgt dem Geld«, räsonniert *Vogue.*

Zwar gibt es trotz allem auch das alte Protz- und Prunkgehabe – Bill Gates' überdimensionierter, mehrere Hundertmillionen teurer High-Tech-Palast in Seattle ist schon Legende. Doch soll er wirklich die Ausnahme sein. Yahoos Gründer David Filo und viele andere scheinen sich wahrhaftig mit kleinen Wohnungen oder bescheidenen Häuschen – ohne Aussicht – zu begnügen. Ihr Geschmack geht freilich, wenn sie sich von prominenten Architekten Häuser bauen lassen, in eine Richtung, die hoffnungsfroh stimmt. Die neuen Propheten des Zeitgeschmacks folgen nicht den uralten Geldpionieren, den Vanderbilts, Astors oder Huntingtons, welche sich, um ihrem frischen Geld die Aura alten europäischen Adels zu verpassen, europäische Schlösser kopieren ließen, wo im Innern Marmor- und Verspiegelungsorgien gefeiert wurden, wo rundum Mahagonitäfelungen einen Wettbewerb mit den Goldverzierungen veranstalteten. Die aktuelle Stilparole heißt: neue Einfachheit. In den Büros der Zentrale des online-Buchhändlers amazon.com sollen selbstgezimmerte Holztische stehen, Gründer Jeff Bezos verdient seinen Reichtum an einem Schreibtisch, der einst eine Tür war. Wenn sie sich Designermöbel anschaffen, bevorzugen die Heroen des Computeruniversums Stahl, Glas und Sperrholz, statt barockem Luxus ist spartanischer Minimalismus in, was wiederum die Domäne von international gefeierten Top-Designern wie Jasper Morrison ist, die durchaus zum Zuge kommen dürfen. Vieles spricht dafür, dass die Jungs, die im Zeichen des @ groß wurden, keinen schlechten Geschmack haben. Ebenso stilsicher sind sie bei der Wahl ihrer Architekten. Wenn nach dem Start in der berühmten alten Garage genug Cash für eine neue Behausung zusammengekommen ist, zeigen die Meister der virtuellen Welten, dass sie stilsicher auf dem Boden der Realität stehen, nicht mehr Palladio-, Versailles- oder Sir-John-Soane-Kopien sind gefragt, sondern Entwürfe von avantgardistischen Baumeistern wie Rem Koolhaas, Zaha Hadid, Tadao Ando oder den Schweizer Champions der neuen Schlichtheit, den Architekten Herzog & de Meuron. Von den Baslern, die derzeit auch die neue Tate Galery in London und demnächst das Young Museum in San Francisco bauen, lässt sich gerade das Ehepaar Kramlich eine spektakulär futuristische Villa in Napa Valley errichten. Der Bau, noch längst nicht fertig, hat bereits Furore in der Fachpresse und in Museumsausstellungen gemacht, denn er passt wie maßgeschneidert zu der außergewöhnlichen Kunstsammlung des Ehepaars. Richard und Pamela Kramlich, zur Silicon-Valley-Elite gehörend, wollten eine Kunstsammlung aufbauen, die das berufliche Umfeld von Richard reflektiert, nicht gerade Internetkunst, aber doch Kunstwerke aus dem High-Tech-Bereich sollten es sein. Also elektronisch bewegte Bilder, Video-Filme, -Skulpturen und -Installationen. Inzwischen hat das Sammlerpaar mit über 200 Werken von international renommierten Künstlern wie Bruce Naumann, Bill Viola oder Gary Hill die größte Privatsammlung elektronischer Kunst zusammengetragen.

Die Kramlichs, als »Medici des digitalen Zeitalters« tituliert, sind zwar eher die Ausnahme denn die Regel im Kreise der High-Tech-Millionäre, doch die Galeristen in San Francisco hoffen auf erhebliche Nachahmungseffekte. Immerhin gibt es bereits andere renommierte Sammlungen. Larry Ellison von Oracle hat eine Kollektion asiatischer Kunst von internationalem Niveau zusammengetragen, John Warnock von Adobe Systems nennt eine spektakuläre Büchersammlung mit Ausgaben von Galilei und Kopernikus sein eigen, andere sammeln abstrakten Expressionismus oder amerikanische Kunst des 19. Jahrhunderts. Insgesamt, so die Fachpresse, ist das Kunstinteresse in Silicon Valley weit stärker verbreitet als in Seattle, dort ragt lediglich Jodi Green mit einer splendiden Fotosammlung heraus, erwähnenswert auch die firmeneigene Microsoft-Sammlung mit rund 200 Werken. Dafür zeigen sich die Superreichen von Seattle ausgesprochen generös im philanthropischen Bereich und spenden üppige Summen für karitative Zwecke.

Zwar hat sich jüngst auch Silicon Graphics von Architecture Studios einen imposanten futuristischen Glaspalast als Firmensitz bauen lassen, doch können solche realen und konkreten architektonischen Monumente, selbst wenn sie sich zum Trend auswachsen sollten, ein effektives Gegensteuern sein gegen einen Prozess, dessen Aufstieg und Verbreitung die *Vogue* als unaufhaltsam und unweigerlich prognostiziert – die globale Virtualisierung von allem und jedem. Mit virtuellen Büros und Einkaufsläden, mit virtueller Kommunikation, Literatur und Kunst, mit virtuellem Sex und Entertainment. Und das Blatt fragt sich sorgenvoll, was wird aus dem Kleidercode fürs Büro, wenn es keine Büros mehr gibt? Was wird aus Status und Statussymbolen, wenn sich selbst die Gesellschaft aufgelöst hat, ins Virtuelle?

Eckart Britsch
The New Top Notch

Über die kalifornische Vorhut

Das erste Mal traf ich ihn im Café Trieste in North Beach in San Francisco. Sein Name ließ mich aufhorchen. Alle nannten ihn »Animal«, obwohl er eher aussah wie ein geistesabwesender PhD-Kandidat, der mit seinem Surfbrett auf die große Welle wartet – abgesichert durch den Trustfund eines reichen Vaters. Auf den ersten Blick hatte er nichts Animalisches an sich außer einer Hyperaktivität, die mich an eine am Zaun hin und her laufende Dogge erinnerte und die ihn aus unbekannten Gründen nicht zur Ruhe kommen ließ. Jeden Morgen ungefähr um 9.00 Uhr verabschiedete er sich gähnend mit »Good night«, während er jeden Abend mit einem fröhlichen »Good morning« auf den Lippen hereinkam. Der Spitzname »Animal« ließ mir jedenfalls keine Ruhe. Ich beschloss herauszufinden, zu welcher dunklen Brigade er gehörte.

Das Café Trieste ist das Wohnzimmer für eine Mischung von Leuten, die es in dieser Konzentration allein im multikulturellen Kalifornien gibt. Hier trifft man die smartesten Softwareentwickler und die abgekochtesten Banker, die abgefeimtesten Militärstrategen und die heißesten Bastler. Es ist ein Durchlauferhitzer, der sich seine Funktion als Insider-Platz über 40 Jahre erarbeitet hat. Die Profis, die vor der Arbeit auf einen Espresso oder danach auf ein Cheesesandwich und einen Chianti hereinschauen, sind mit Projekten beschäftigt, die früher oder später in diesem oder jenem Industriezweig ein mittleres Erdbeben auslösen werden. Vor ihnen zittern die Manager traditioneller Branchen. Dass auch Musiker, Künstler, Looser und ein paar Penner im Café herumhängen, stört sie nicht. Es gehört zur kreativen Atmosphäre, die jeder gerne mit ein paar Bucks unterstützt. Früher oder später werden sie ohnehin alle zur Get Rich.com gehören, weil sie im Umfeld der Computerindustrie und des Internets Millionen, wenn nicht gar Milliarden abkassieren wollen. Sie glauben, dass die kalifornische Ökonomie von Anfang an aus Träumen bestanden hat, vom Gold Rush über das Aquäduktempire bis zum Silicon Valley. In nationalökonomischen Größen gerechnet, ist das Tal der Träume das zwölfreichste Land der Welt. Beispielsweise hat Hollywood zwei Lamborghini-Dealer, das Valley der Dollars hat vier. Der einzige wirkliche universelle Wert – das Ziel, das alle teilen – ist das Geld: Take the money and run! Der Tagesbefehl lautet: Setze dein Projekt durch, gehe an die Börse und realisiere den Cash!

Die idealistischen Zeiten, wo Steven Jobs, einer der Apple-Gründer, damit kokettieren konnte, dass er mit dreiundzwanzig Jahren eine Million, mit vierundzwanzig zehn Millionen und mit fünfundzwanzig hundert Millionen besaß, sind vorbei. Die Vorbilder von heute sind smarte Jungs, die mit anderen Potenzen arbeiten. Ihre Parole lautet: Bigger, better, faster, richer. So hat etwa Jeff Bezos, der Erfinder des weltweiten Internet-Buchvertriebssystems Amazon.com, nach knapp fünf Jahren ein Aktienpaket im Wert von 7,8 Milliarden Dollar. Jerry Yang, einer der Posterboys der High-Tech-Szene, der die Yahoo gründete, besitzt 3,7 Milliarden – ein Immigrantenschicksal von Pennys zu Millionen zu Milliarden.

Zu den Darlings in der Silicon-Szene gehören auch Pierre Omidyar und Magaret Whitman, die den ersten Online-Trödelmarkt kreierten, der vier Milliarden und 960 Millionen einspielte. Zwei weitere Cracks sind die einflussreichsten Venture-Kapitalisten John Doerr und Vinod Koshla mit ungefähr einer Milliarde pro Kopf. Wie während des Goldrausches wurde jeder von ihnen über Nacht megareich, weil sie die richtige Ader im weißen Rauschen des Internets fanden.

Die neue heiße Welle der Entrepreneure will es noch schneller wissen. Sie suchen ständig nach dem Killer-Hit. Mit welchem Angebot man mit den 160 Millionen Internet-Benutzern das nächste Megageschäft machen kann, ist die einzige Frage, die sie interessiert. Kein Geld und keine Mühe werden gescheut, um die Shoppingmalls der Welt auf Markennamen abzuklopfen, hinter die man dann dot.com setzen kann. Die symbolische Parole der Business-School-Absolventen lautet: »Bringe die Hunde dazu, Hundefutter zu fressen.« Ihr Interesse an Technologien beschränkt sich auf den schnellen Umsatz. Mehr als jemals zuvor gilt: Wer zuerst kommt, mahlt zuerst. Die Profis nennen das FMA (First-mover-advantage). Das Ziel aller Aktivitäten ist IPO (Initial public offering), also so weit zu kommen, dass das neue Unternehmen an der Börse plaziert werden kann, um dann selber Maserati-reich zu werden. Die Voraussetzung dafür ist, als heißes Unternehmen wahrgenommen zu werden, das schnell wächst und groß wird. Um vielen diesen Anfang (Start-up) zu ermöglichen, ist allein in diesem Jahr der Einsatz von Venture-Kapital in den USA um 77 Prozent auf die Rekordsumme von 7,6 Milliarden gestiegen. Dieses Geld wird fast ausschließlich in superschnelle Internetgründungen investiert. Hier dominiert allein die strategische Überlegung, ob es sich um einen potentiellen Multi-Milliarden-Dollar-Markt handelt oder nicht.

Animal ist anders. Ein technologischer Traditionalist, der sich für bahnbrechende Erfindungen interessiert. Kein Milliarden-Dollar-Baby, wie er die Welle der Geschäftsideensucher spöttisch nennt. Jede Nacht sitzt er in seinem von Kameras und Wärmesensoren überwachten Trailer in der Nähe der Stanford University und arbeitet an seinen Projekten – unter anderem an der Mode von morgen. Wer nicht weiß, wohin er gehen muss, der braucht die Schuhe von Animal. In ihnen ist das Global Positioning System (GPS) eingebaut, das dem Benutzer jederzeit über einen Funkkontakt zu einem geostationären Satelliten sagen kann, wo er sich befindet. Die modisch tragbare Computerkleidung ist für ihn der Trend. Mit ihr soll man alle Funktionen wahrnehmen können, die die Telekommunikation und das Internet bieten. Vor allem das wichtigste: E-Mail-Check und Surfen. High-Tech-Schuhe sind für ihn vorstellbar, die über Sensoren Puls, Atmung und Herzfrequenz überwachen. Sie können dann bei Herz- oder Schlaganfall ein Notrufsystem auslösen. Vielleicht sogar einem Zuckerkranken immer pünktlich seine Insulininjektion geben. Intelligente Unterwäsche, die die Körpertemperatur mißt, um im Schlaf die Heizung zu steuern, ist für ihn bereits machbar. Zur Zeit arbeitet er an smarten Knöpfen für den konservativen Geschäftsanzug, die es dem Manager erlauben, mit einem Kinderüberwachungssystem die Kontrolle über die Familie zu behalten. Im Ernstfall kann der gestresste Papa über ein Handy im Manschettenknopf sofort eingreifen. Die Mutti ist vielleicht mit Animals klugem Einkaufswagen unterwegs, der ihr mitteilt, was im Kühlschrank fehlt. Er sorgt auch dafür, dass nichts vergessen wird, was zur Standardausrüstung für die High-Tech-Küche gehört.

Mein Interesse an ihm schuf Vertrauen. So weihte er mich auch in sein absolutes Lieblingsprogramm ein. »Als Henry Ford das Auto und das Fließband erfand«, verriet er mir, »dachte er nicht an das Auto. Er sah eine Welt auf Rädern. Ich träume von einer Welt, in der Blinde sehen können und Lahme sich bewegen.« Er arbeitet an einem Wahrnehmungssystem, das Blinden hilft zu »sehen« und zu »lesen«. Dann holte er tief Luft und lächelte mich an: »Wenn du Teil einer großen Revolution sein kannst, die die Welt verändert, Hombre, das ist der Trip.« Das leuchtete mir ein. »Und warum nennen dich dann alle Animal und nicht Löwe«, wollte ich noch von ihm wissen. »Das ist doch ganz einfach«, gab er mir Bescheid, »weil ich wie ein Tier lebe. Erstens arbeite ich sieben Nächte die Woche, zweitens war ich seit meiner Graduierung in Stanford nicht mehr in Urlaub, und drittens habe ich keine Zeit für Beziehungen.« Hinzu kam, dass der einzige Luxus, den er sich außer seinem extrem teuren Computerequipment leistete, ein Pizzaservice und zweimal am Tag das Café Trieste war.

Ich kann es mir nicht verkneifen und frage ihn: »Und was ist los mit Sex?« Er grinst mich an: »Dafür habe ich meinen Computer. Ich wähle mich ins Internet ein zu Porn.com. Da gibt es alles. Mehr als ich brauche. Thai-Puffs, schwarze Mösen, leckende Lesben. Selbst Sado-Maso-Nummern: Bitte schlag mich! Über IFilm.Net kann ich mir Emanuelle anschauen, wenn ich die Weichzeichnernummer haben will. Ich frage dich, was brauchst du mehr im Zeitalter von Safer Sex und Aids.« Ich hatte keine Lust, die Frage zu beantworten. Doch dann dachte ich an seine ganzen Patente und Erfindungen und sagte ein wenig schüchtern: »Und was machst du mit deinem vielen Geld?« Jetzt fingen seine Augen an zu leuchten: »Ich finanziere Indianer. Zwei Einrichtungen für die Anonymen Alkoholiker im Reservat. Eine Lehrstätte für traditionelle Silberschmiedearbeiten und Körbeflechten, damit die Jungen wieder lernen, was die Alten verlernt haben, und nicht wie diese herumvegetieren. Ich bin ja nicht blöd. Schließlich weiß ich auch, dass wir es mit einem globalen Weltmarkt zu tun haben und die ja nicht Chips herstellen können.« Er kramt auf seinem Schreibtisch. Dann präsentiert er mir stolz mehrere Geldüberweisungen. Animal hatte in den letzten Jahren ungefähr fünf Millionen Dollar gespendet, um den Indianern in Südchile ein Waldgebiet zurückzukaufen, das die Junta schon an einen japanisch-amerikanischen Holzkonzern verscherbelt hatte. Damit die Bäume stehen bleiben. Jetzt war ich platt. Es kam mir wie ein Wunder vor, dass jemand mit so viel High-Techasozialer Lebensweise solch eine soziale Aufmerksamkeit und auch politische Kompetenz entwickelt hatte.

Animal wunderte sich über mein Staunen. Später erzählte er mir, dass er dachte, ich würde alle Amis für geldgeile Konkurrenztrottel halten. Deshalb brachte er mir eine Konzertkarte für einen Gesangsabend mit Klezmermusik mit. Auf dem Programmzettel war ein Shootingstar der Fernsehserie »Chicago Hope« angekündigt: Mandy Patinkin. »Der kann singen«, versprach mir Animal. Ich dachte an seine deutschen Schauspielerkollegen, von denen heute viele eine CD pressen lassen, um ihre Yellow-Press-Berühmtheit in klingende Münzen zu verwandeln nach dem Modell »Ausstrahlungsarm und Talentfrei«. Doch auch diesmal wurde ich überrascht. Als ich im Orpheum an der Marketstreet eintraf, war der Andrang für einen Montagabend riesig. Die Kassen waren bereits geschlossen: ausverkauft.

Dann trat Mandy Patinkin auf. Ich wollte es nicht glauben. In Klamotten, die mein Vater vielleicht zum Autoputzen angezogen hätte. Er legte los, dass das Rat-Pack seine wahre Freude daran gehabt hätte. Allein mit einem Pianisten, der aussah wie ein jüdischer Kreissparkassendirektor, legte er in einem riesigen Saal eine Show hin, dass der Saal tobte. Standing ovations, obgleich es sich um ein älteres Publikum handelte, das eher der oberen Mittelschicht zuzurechnen war. Mit 85 Dollar war ja auch die Karte nicht eben billig. Dann stellte sich heraus, dass auch Mandy Patinkin kein weltfremder Träumer ist. Vor der letzten Zugabe kam er auf die Bühne mit einem großen Pappkarton und hielt eine kurze Rede. Er beschrieb eindrucksvoll die verheerende Wirkung der amerikanischen Rifle-Association mit ihrem PR-Vorsitzenden Charleston Heston, einem abgehalfterten Hollywood-Weltstar, die bis heute erfolgreich verhindert, dass es irgendwelche brauchbaren Gesetzesinitiativen zur Einschränkung von Waffenerwerb gibt. Gegen diese Ballermafia machte Mandy Patinkin Front. Er zeigte auf seinen Karton und bat darum, nach dem letzten Ohrwurm »Wenn ich einmal reich wär« so lange zu warten, bis er zum Ausgang gegangen sei, um gegen Autogramme Spenden anzunehmen. Seine Gage für den Abend eingeschlossen, war das Geld dafür bestimmt, eine Organisation mitzufinanzieren, die an den Schulen Anti-Gewalt-Programme durchführt und die Lobbyarbeit in Washington D.C. macht. Auf diese Weise sammelt er jedes Jahr ein paar Millionen Dollar, die zum Kampf gegen die Waffenlobbyisten eingesetzt werden. »Jeder Einzelne ist dazu aufgerufen, mit dem Beitrag, den er leisten kann, die Welt zu einem lebenswerten Platz zu machen«, sagte er unter tosendem Beifall, »und wir tun es. Schalom!«

Auch der reichste Mann in der Galaxie, der Herzschrittmacher des Silicon Valleys, Bill Gates, ist ein Big Spender. Allerdings lässt er die Finger von politisch heißen Eisen. Schließlich sitzt einer seiner Hauptabnehmer im Pentagon. Aber immerhin spendierte er der Stanford University ein neues Computer-Science-Gebäude mit Ausstattung und Stipendien. Darüber hinaus machte er die größte Einzelspende, die es jemals in der Geschichte des Fundraisings in der akademischen Welt gegeben hat. Eine Milliarde Dollar von seinen 90 Milliarden spendierten er und seine Frau, damit 20 000 Kinder ethnischer Minderheiten aufs College geschickt werden können, vermutlich um aus ihnen gute Gatianer zu machen. Allerdings tat er dies erst, als Ted Turner, der Vizepräsident von Time Warner, der mit einer Milliarden-Spende der immer kränkelnden UN aus der Patsche geholfen hatte, ihn unter Druck gesetzt hatte, indem er öffentlich seine mangelnde Spendenbereitschaft rügte. Babyface Gates hat daraufhin nach dem Modell »Mal hier, mal da« immerhin vier Milliarden verteilt, um auch ein bisschen Imagepflege zu machen, da viele ihn für den Vorsitzenden des Evil Empires Microsoft halten, das alles kontrollieren will.

Jedenfalls ziehen die Heroen des Golden Gates zu Beginn des 21. Jahrhunderts das Geld an, wie sonst nur Scheiße die Fliegen. Allein zweihundertfünfzigtausend Millionäre leben im Silicon Valley. In seinem Buch *Die Silicon Boys* schreibt der *Newsweek*-Journalist David A. Kaplan: »Es gibt Reichtum, dann gibt es obszönen Reichtum, und dann gibt es Woodside.« Als ich über den Highway 1 die Tunita Creek Road hinauffahre, um den Skyline Boulevard zu überqueren und dann nach Woodside hinunterzufahren, kommt es mir zunächst ein bisschen übertrieben vor. Der erste Eindruck ist nicht schwindelerregend wie in Beverly Hills. Eher scheine ich in einem typischen Dorf auf dem Lande angekommen zu sein mit Pferdekoppeln, einem Postoffice, ein paar Bars und Läden. Doch es bestätigt sich wieder einmal eine alte Regel: Man sieht nur, was man weiß.

Dem unaufmerksamen Betrachter entgeht, falls er nicht aus Versehen in die falsche Einfahrt fährt, dass die Häuser und Anwesen mit Sicherheitsmaßnahmen versehen sind, als handle es sich um eine Außenstelle von Fort Knox. Außergewöhnlich ist auch, dass in dieser Gegend die Polizei in Volvos spazierenfährt, während normalerweise die Chevys so aussehen, als müssten die Sheriffs befürchten, dass ihnen bei einer Verfolgungsjagd das Rad abfällt. Statistisch gibt es in Woodside mehr Pferde als Einwohner, und das Bürgermeisteramt hält für alle neuen Einwohner ein Buch bereit: »Wie halte ich ein Pferd in Woodside«. Wer bauen will, muss ein Grundstück von mindestens 12 bis 15 000 qm erwerben, was die durchschnittliche amerikanische Mittelklasse davon abhält, nach Woodside zu ziehen. »Reiche«, sagt Hela Norman, die Witwe eines kalifornischen Malers der Social-Surrealist-Bewegung, die auf der anderen Seite des Tales in einem Cottage wohnt, »wollen über Geld reden. Und das machen sie am liebsten unter sich.« So kostet auch das durchschnittliche Haus zwischen 3 und 4 Millionen Dollar. Doch wer sich umsieht, entdeckt plötzlich Anwesen, die ein Vielfaches davon gekostet haben: 3000 bis 4000 qm Wohnfläche mit Pool, Gästehaus und Garagen für bis zu 20 Autos. Hinter Schloss und Riegel gibt es beim besten Foodstore Draeger mehr kleine Balsamicoflaschen ab 1500 Dollar als in normalen Supermärkten Shampooflaschen. Hier wird mehr Rosenthal-Porzellan verkauft als sonstwo in den USA. Selbst die Volksschule ist außergewöhnlich. Sie bietet ihren Juniors einen Grundkurs an: »How to be a Millionaire«. Steven Jobs etwa hat zwei Häuser am Robles Drive, in denen Bill und Hillary übernachteten, als sie ihre Tochter in Stanford besuchten. Wer in den Aikido-Club geht, kann mit Glück das Tattoo von Joan Baez betrachten. Vielleicht sieht er auch Neil Young aus seinem Truck aussteigen, um im Pioneers Club ein Bierchen zu zischen. Jedenfalls gibt es nirgendwo auf der Welt so viele private Gulf Streams und Lear Jets pro Kopf wie in Woodside, mit denen die Herren der Dinge um die Welt jetten, um ihren Reichtum zu vergrößern. Gleichzeitig verkörpert Woodside mehr als alle anderen Gemeinden im Valley das Modell: Wir haben mehr Kohle als der Mississippi Wasser, aber wir zeigen es nicht.

Doch der Megaluxus dank der Internet-Milliarder hat auch seinen Preis. »Das soziale Leben«, erzählt mir ein vielbeschäftiger Psychotherapeut in Palo Alto, den ich zufällig bei einer Brown-Bag-Lunch-Party treffe, »existiert praktisch nicht, bevor die Leute nicht aus dem Business aussteigen.« Die Fakten sprechen für sich: achtzig Prozent Scheidungsquote und meistens keine Kinder. »Wer 16 Stunden am Tag hinter den Millionendeals her ist«, klärt er mich auf, »hat praktisch keine Zeit dafür. Die Typen gehen in die Bar für einen quick hit und die Frauen lassen sich von ihrem Fitnesstrainer ficken. Geschäft und Heirat schließen sich praktisch aus. Zwar gibt es in der Bayarea jede Menge dating pools. Aber diese sind für Leute, die Zeit dafür haben, Gefühle zu verschwenden.« Während ich ins Sinnieren komme, ob so ein Leben dann überhaupt lebenswert ist, fährt er fort: »Wenn du Druck hast, lädst du deine Freunde zu einem Strip-Poker in eine Voodoo Lounge ein, rufst den Hostessendienst an und bestellst ein Chickengeschwader. Zur Zeit fahren alle auf Russinnen ab. Die haben keine neurotischen Macken, wissen, was sie wollen, nämlich Dollars, und sind gut erzogen, sodass sie dir manchmal danach eine Fuge von Bach am Klavier vorspielen können. Am nächsten Morgen heißt es dann: Bye, bye. Und wenn's nett war: See you soon.« Er nimmt einen Schluck von seinem Powerdrink: »Das ist die ökonomische Wirklichkeit. Success und Excess oder, um es anders zu sagen: je mehr einer weiß, ein desto größeres Schweinchen kann er sein.«

Daß die Geschlechterspannung an der Westküste wieder neoarchaische Dimensionen angenommen hat, wird seiner Meinung nach jedem klar, der die Zeichen der Zeit richtig zu deuten weiß. Wenn er etwa über die Massaker in kalifornischen Schulen nachdenkt, wo Schüler mit halbautomatischen Waffen ihre Mitschüler und Lehrer umlegen, schließt er daraus, dass das nur in einer Welt der emotionalen Verwahrlosung passieren kann. »Ohne Liebe läufst du irgendwann Amok«, sagt er. Mir fallen die psychoanalytischen Zyniker ein, die das Programm alleingelassener Ehefrauen als »Drink and Dial« beschreiben, weil sie sich aus Langeweile der Marke Southern Comfort zuwenden und dann angesoffen stundenlange Telefongespräche mit allen möglichen Leuten führen. Gibt es Trouble, ruft der überarbeitete und genervte Ehemann die Polizei, um später gute Karten bei der Scheidung zu haben. Es kursiert der Schema-F-Spruch »Find them, feel them, fuck them and forget them«.

Die »Taxidrivers« des neuen Jahrtausends rekrutieren sich nicht mehr aus dem Desillusionierungspotential abgefuckter Vietnamveteranen, die ihren Fuß nach ihrem Napalm-Rock-'n'-Roll-Einsatz nicht mehr auf die Heimaterde brachten, sondern sie kommen aus der zwischenmenschlich verwahrlosten Neureichenszene, die alle Maßstäbe verloren hat und die ihre Kinder schon mit zwölf in Boardingschools abschieben. So wunderte sich auch niemand, als ein dreißigjähriger Jungmillionär aus Wut über verlorene Börsengelder in die Bank stürmte und 14 Investmentberater umlegte, weil sie ihm falsche Insiderinformationen gegeben hatten. Vermutlich bekam er dafür noch heimlichen Beifall. Die Grenze zwischen

Leben und Tod läuft an der Schnittstelle, wo man alles für Geld kaufen kann und ein Arschloch ist, wenn man keines mehr hat.

Viele im Business haben Angst vor dem großen Knall. Selbst die ganz Seriösen. Plausible Firmenstrategien lassen sich erklären. America Online etwa, die den Zugang zum Internet und E-Mail bereitstellt, nimmt dafür 21,75 Dollar Gebühren im Monat. Das rechnet sich über die Masse und die Nebengeschäfte. Die Webseite von eBay führt Käufer und Verkäufer zusammen und bekommt dafür Provisionen. Das ist ein Geschäft. Porn.com verdient Geld, weil jeder, der auf Hasenjagd geht und sich einloggt, eine gültige Kreditkarte braucht, um ins System zu kommen. Über die zu hohen Abrechnungen, mit der die geilen Säcke betrogen werden, entscheiden im Zweifelsfall, wie bei der Telecom, die Gerichte. Manchmal spekuliert eine Internetfirma darauf, vom Wettbewerb aufgekauft zu werden. Das ist legitim, geht aber den Managern und vor allem den Angestellten an die Nerven, weil es letztlich zugeht wie bei der Klassenlotterie. Keiner weiß, wer am Ende gewinnt. Andere setzen auf die Kraft der Werbung, wenngleich die Profis bei mittlerweile 35 000 Augenwerbekontakten täglich glauben, dass die Schmerzgrenze erreicht ist, und deshalb bei der bunten »Alles-ist-gut-Wüste« im Internet eher abwinken. Harte Ökonomen glauben, dass das meiste Geld, das investiert wird, ohnehin aus den Profiten der klassischen Computerindustrie stammt und als Spielgeld eingesetzt wird, das vielleicht schneller wegschmilzt als der Schneemann in der Sonne. Sie interessieren sich hauptsächlich für eine Zahl: wie viele der Internet-Milliardäre wird es im Jahre 2002 noch geben.

Trotzdem scheint die Faszination ungebrochen zu sein. Hinzu kommt die Go-Go-Mentalität westlich der Rocky Mountains. Voraussetzung dafür ist ein großer Freiraum der Nonkonformität bei gleichzeitiger Technikverliebtheit, wie sie allein Kalifornien bietet als Rummelplatz für Innovationen. Wer zudem glaubt, dass er durch das Internet an einer Revolution teilnimmt, die bedeutender und größer ist, als die industrielle es war, der gründet lieber mit ein paar Buddys sein erstes Unternehmen, als dass er sich etwa als Trainee nach einem Studienabschluss von den alten Schnarchern in den klassischen Unternehmen quälen lässt. Das hebt jeder sich zunächst einmal als Restoption für später auf. Daher stürzen sich die Jungs des neuen Jahrtausends mit Schwung und Spaß in die Start-up-Kiste. An Utopien und Ideologien glauben sie ohnehin nicht mehr. Die Firma zu gründen – darin sehen sie ihre Chance. Die gegenwärtige Entwicklung wird hingenommen, und jeder versucht das Beste für sich selbst herauszuholen. Dass die totale Verwertung von allem und jedem, von Informationen und Fakten zu einer völligen Entwertung des Menschlichen führen könnte, darüber mag keiner nachdenken, oder man glaubt, dass der linksliberale Mainstreamzirkus wieder alles miesmachen will. Trotzdem gibt es an den Rändern der großen Geschäfte und der Wissenschaft Webseiten, auf denen Diskussionen über die Zukunft der Moral, der Ethik, der Politik, letztlich über Gott und die Welt geführt werden und auf denen jeder die ganze Palette von seriös bis schrill nachlesen kann.

Alfred Schicketanz, ein gebürtiger Deutscher, der über Australien und Japan in Kalifornien gelandet ist, glaubt zu wissen, warum die meisten politischen und philosophischen Diskussionen überflüssig sind. Er wohnt in einem Hausboot in Sausalito, auf dessen Dach eine große Hand angebracht ist, die nach oben zeigt. Die Botschaft lautet: Orbit. Unter www.immortalitysystems.com betreibt er eine Webseite, die das Thema Unsterblichkeit hat. Er versucht ein Forum für eine internationale Diskussion zu bilden und gleichzeitig die in Frage kommenden Forschungsergebnisse, die er fleißig täglich im Internet sammelt, weltweit anzubieten. Außerdem ist er ein intimer Kenner der Szenen an der Westküste seit den sechziger Jahren. Beatnik, Hippie, New Age, Gruftie, High-Tech-Freak, Space-Monkey, Snakebrothers – Alfred weiß vieles und kennt fast alles. Für den Trend hat er zwei Zauberworte: Dekadenz und Unsterblichkeit. Schließlich geht von keiner Schicht oder Klasse noch eine geistige oder moralische Führung aus.

Am meisten wundert er sich darüber, dass so viele Forschungsressourcen und -mittel noch verschwendet werden, anstatt das Geld in die Lebensverlängerung zu pumpen. Ein Horrorbeispiel für Verschwendung ist für ihn das Ames Research Center der NASA, der National Aeronautics & Space Administration in Moffet Field. Dort lungern seiner Meinung nach Hunderte von hochqualifizierten Wissenschaftlern herum in irgendwelchen Labs zwischen halbgegessenen Pizzas und abgestandenen Diet-Cola-Dosen. Er kennt den Schuppen, wie er ihn nennt, aus eigener Erfahrung, als er sich als Astronaut bewarb. Solche Penner sind dafür verantwortlich, dass die Marsmission schief ging. Er selbst glaubt an die Chance, die Erde in einem Raumschiff zu verlassen, um unter der Bedingung des Erreichens der Lichtgeschwindigkeit unsterblich zu werden. Darauf muss man vorbereitet sein. Seine Message lautet: Be amused. Amüsiere dich über alles.

Prinzipiell, so belehrt er mich, ist alles nur ein Austausch von Energie. Da gibt es weder gut noch böse, weder unten noch oben. Wie im Tai Chi muss jeder seinen Energiestrom positiv lenken lernen. Sich bewegen im Circle of Life. Elton John und das Dschungelbuch lassen grüßen. Für ihn gilt, daß wir nichts zu verschwenden haben, wenn man daran denkt, wieviel Energie notwendig ist, um für immer abzuheben. Was man auch von diesen Theorien halten mag, jedenfalls ist es stets amüsant, sich mit Alfred zu unterhalten und seinen Theorien zuzuhören.

Ein anderes Kaliber in der Orbit-Szene ist Joe Firmago – ein Webside-Milliardär. Seit ein Alien ihn in seinem Schlafzimmer besucht hat, glaubt er an die Existenz außerirdischer Wesen, mit denen wir lernen müssen, in Kontakt zu treten. Mit der kommunikativen Kompetenz von Habermas hat dies allerdings nichts zu tun, eher mit den neuen Forschungsergebnissen der Astrophysik. Sein ganzes Geld investiert er in die International Space Science Organisation. Sein Buch *The Truth* beschreibt den Stand der Dinge und kann unter www.isso.org abgefragt und nachgelesen werden. Ein Link auf seiner Webside führt zu Jack Scarfatti. Unter Stardrive.org organisiert der studierte Physiker eine hochaktuelle Diskussion über alle möglichen Quanten, Knälle, Schwarzen Löcher bis hin zu Fragen der Unendlichkeit des Alls.

Doch wehe dem, der sich zu ernsthaft auf diese Themen einließe. Wo die Nomaden der Milchstraße diskutieren, verliert sich mancher schnell im Zickzack unbeweisbarer Theorien und wacht als therapieresistenter Kryptobuddhist wieder auf. Um nicht auf dumme Gedanken zu kommen, setzen deshalb die Männer des weißen Rauschens in ihrer Freizeit auf hochriskante Sportarten: Klettern ohne Seil, Drachenfliegen, Skysurfen, Helikoptertiefschneefahren in entlegenen Gebieten, Hochgeschwindigkeitsrennen aller Art zu Land, Wasser und Luft. Es scheint, dass alles in der Freizeit so ist wie im Job: The Danger, Danger, Danger and Me. Alles muss schnell gehen und ein Risiko haben, das irgendwie kalkuliert werden kann bis auf das Restrisiko nach dem Motto: Leben ist kein Urlaub. »Ganz einfach«, sagt Jim Clark, »man will ja nicht aus der Übung kommen. Wer einmal nur für fünf Minuten Number One war, der wird süchtig nach diesem Gefühl, ganz oben zu sein. Dann den Motor abstellen und in freiem Fall mit 1000 Metern pro Minute hinunter und kurz vor dem Knall die Maschine auffangen. Wow. Das ist es.« Jim Clark hat drei jeweils milliardenschwere Weltfirmen aus dem Boden gestampft: Silicon Graphics, Netscape und zuletzt Healtheon. Lieber sieht er sich aber als Schöpfer der »Hyperion«. Sie ist die größte Cyberyacht der Welt. Ihre Maschine, ein Superlativ der Computertechnik, ist komplexer als die einer Boeing 747. Mit ihr kann man computergesteuert vom Schreibtisch ihres Besitzers aus unbemannt um die Welt segeln. Die Brücke erscheint wie das Märchen vom fliegenden Teppich – ein High-Tech-Traum. Es ist seine Lebensphilosophie, die dem Buch von Michael Lewis über das Silicon Valley den Titel *The new new Thing* gab. Das neueste Spielzeug von Jim Clark ist ein Hubschrauber Boeing MD 6000, den er für eine Million Dollar gekauft hat. Er kommt einem ein bisschen vor wie ein Verrückter. Das bestätigte mir auch Dr. Don Zugelder, ein Neurochirurg, mit dem ich auf einer Fundraisingparty in Atherton sprach; er ist auf Kopfverletzungen spezialisiert, die bei Sportarten der sogenannten High-Risk-Taker vorkommen.

»Wer ständig bereit sein muss, bei seinem Job Kopf und Kragen zu riskieren«, sagt er, »der kann die Strangulierung durch Langeweile im Alltag nur durch ständige Adrenalin-Schübe ertragen. Solche Leute erleben alles Normale als trostlos. Allein das Außergewöhnliche zieht sie magisch an. Außerdem verstehen sie sich immer als Einzelkämpfer.« Ich grinse und sage: »Je mehr durch porn.com im Internet der eigene Körper ins Hintertreffen gerät, desto mehr gibt es wohl verbissene Kämpfe mit dem eigenen Körper zum Zweck der Selbstvergewisserung?« Er schmunzelt: »Das können Sie so sehen. Man will den Körper spüren. Das Herz vor Angst schlagen hören. Wissen, wie weit man gehen kann. Ihre Hubschrauberstory läuft doch darauf hinaus. Mit einem Flugzeug zu fliegen, erfährt Ihr Held doch als langweilig. Er braucht die Hoffnung, dass er bei einem Motorausfall das Ding noch auf die Erde segeln kann, überhaupt nicht. Zugleich weiß er, dass ein Fehler beim Hubschrauberfliegen Absturz bedeutet, ohne Fallschirm, und das war's dann.« Es ist für mich verblüffend zu sehen, wie das eine in das andere übergeht und offensichtlich Sinn ergibt. Trotzdem habe ich auf einen Freiflug im Hubschrauber über den St. Andreasgraben dankend verzichtet.

Auf der Suche nach einer Alternative fahre ich nach Point Reyes. In der Nähe gibt es ein Vendanta Retreat, das mir mein indischer Mathematikfreund Pratap in Stanford vermittelt hat. Es handelt sich um einen riesigen Landsitz, den ich über eine wunderschöne lange Allee aus Eukalyptusbäumen erreichte. Die Vendanta-Gesellschaft kommt aus Indien und hat umfangreiche Besitztümer in Kalifornien. Wer das Retreat besuchen möchte, muss vorher die Erlaubnis des Abtes bekommen. Dann kann er sich eine Woche lang kostenlos auf dem Gelände aufhalten, das wegen seiner Kühe und Cowboys in der Nachbarschaft ein bisschen an Marlboro Country erinnert. Eine Einladung zu erhalten ist einfach. Jeder ist willkommen, der ein spirituelles Interesse hat, wobei die Religionszugehörigkeit völlig wurscht ist: Hindu, Jude, Christ, Moslem oder Atheist. Er muss sich nur an die wenigen Regeln halten.

Die wichtigste ist, dass man das Retreat während des Aufenthaltes nicht verlassen darf und dass man auf den Kontakt mit draußen weitgehend verzichten muss: kein Fernsehen, kein Radio, keine Zeitungen, kein Internet, kein Handy. Für den Notfall gibt es ein Telefon. Obwohl die Gesellschaft sowie die Klöster Nachwuchsprobleme haben, braucht der Gast in seiner Retreat-Woche nicht zu arbeiten. Er kann allerdings etwas spenden. Das Hauptproblem bei der Nachwuchssuche, erklärt mir der Abt, sei das Studium von Sanskrit, um die alten indischen Schriften lesen zu können. Nur so kann jemand eines Tages Swami werden. Die Gesellschaft selbst lebt von Spenden. Der Abt beantwortete meine Fragen diesbezüglich mit einem gütigen Lächeln. Trotzdem fand ich heraus, dass diese reichlich fließen – vor allem aus der großen indischen High-Tech-Gemeinde im Silicon Valley. Zudem gab es auch immer reiche weiße Spender. Selbst der wertvolle Grundbesitz ist die Schenkung eines kalifornischen Millionärs.

Alles auf dem Anwesen hat eine elegante Einfachheit und strahlt große Ruhe aus. Man glaubt die Steine am nahen Bach nachts singen zu hören. Aber vielleicht hört man nur eine Nachtigall. Nach ein paar Tagen fing ich an, die zeitlosen Elemente der Natur wieder zu spüren: Luft, Erde, Wasser. Der Swami, der in seinem früheren Leben Professor für Mathematik in Berkeley gewesen war, entfachte am Abend ein wunderbares Feuer im Kamin, für das er getrocknetes Holz der vom Meer angeschwemmten Bäume benutzte. Das Licht von Kristallen sprühte. In seiner privaten Kammer hatte er dank einer Ausnahmegenehmigung des Abtes einen Computer. Er wusste mehr über die aktuelle Technologieentwicklung und Märkte als manche Marktforscher, die ich bei meinen Recherchen getroffen hatte. Ich fragte ihn, was für ihn Elite bedeute. Lange sagte er nichts. Dann brummte er vor sich hin: »Vertraue deiner natürlichen Intuition und nicht deinem intellektuellen Gepäck!« – »Sie weichen mir aus«, warf ich ein. Er sah mich streng an und kreischte dann fast: »Ist Elite nicht ein Kühlschrank aus der DDR, oder hieß er Privileg?« Er trank seinen Tee aus und deutete an, dass er über das Thema nicht mehr zu sprechen wünsche. Auch ich schwieg. Als er den Raum verließ, drehte er sich um und sagte: »Menschen sind wir erst wieder, wenn wir ganz nackt sind und ohne Informationen.« Dann verschwand er in seiner Kammer. Durch das Fenster war die ganze Nacht das fahle Licht eines Bildschirms zu sehen. Ich blickte auf »Immortality Systems«. You can't fake the funk.

Frank Sieren
Wie Song Gang den Aufschwung übt

Song Gang saugt den Plastikgeruch der Fototasche ein, schnüffelt in ihrem Inneren, rubbelt an der Oberfläche und zerrt an ihren Nähten. »Die Deutschen haben so feine Nasen«, knurrt der sechsundvierzigjährige Unternehmer: »Sie mögen den Chemiegeruch nicht.« Den Qualitätstest muss Song, der jährlich rund eine Million hochwertige Fototaschen für Firmen wie Canon oder Olympus auch nach Deutschland liefert, noch selbst vornehmen – Stichproben aus jedem Container. Seine Mitarbeiter riechen das Problem nicht: »Sie finden, die Taschen duften neu und damit gut.« Der Fabrikleiter ist erleichtert, als Song ihm die Tasche zurückgibt. Beim letzten Mal wurde das Malheur erst in Deutschland bemerkt. Zwei Container voller Taschen waren unbrauchbar. Sie haben sich gestritten, wer die unbrauchbare Ladung bezahlen muss.

Die Fabrik riecht nach klebrigem Plastik. Song schwitzt. Er zündet sich eine Zigarette an. Der Rauch sammelt sich unter dem Schirm seiner blauen Baseballkappe, die er trägt, seit sein Gesicht voller und sein Haar dünner ist, »Upper Deck« ist rot vorne draufgestickt. Der Auftrag ist abgewickelt. Song steht unbeweglich, beugt sich dann in seinen Sandalen leicht nach vorn und rülpst zufrieden.

Song Gang ist nicht ganz so, wie man sich den durchschnittlichen Elitevertreter einer aufsteigenden Weltmacht wie China gemeinhin vorstellt. Song ist kein elitärer Strahlemann, sondern eher bescheiden und vielseitig. Er gehört zur Minderheit der doppelt verankerten Elite: Song handelt als Kaufmann und Soziologe, ist Teilnehmer und kritischer Beobachter des chinesischen Aufschwungs gleichermaßen. Die Umstände seiner Biographie haben ihn in dieses Zwitterdasein versetzt. Dass Song heute für deutsche Kunden an Fototaschen schnüffelt und einer der führenden Hersteller des Landes ist, hat er im Grunde der blutigen Niederschlagung der Demokratiebewegung 1989 zu verdanken. Denn Song ist ein erfolgreicher Unternehmer und ein verhinderter Politikwissenschaftler. 1989 war er Chefredakteur der reformorientierten Zeitschrift für Auswärtige Politik. In den Juniwochen vor zehn Jahren wurde seine

Zeitschrift geschlossen. Das System machte deutlich, was es von einem hält, der das Anliegen der Demonstranten unterstützt: »Gekündigt hat man mir nie offiziell. Doch plötzlich hatte ich keinen Schreibtischstuhl mehr und habe auch keinen mehr bekommen.« Das Lachen dazu gelingt Song noch immer nicht recht.

Heute hat der Unternehmer sicher mehr Geld als politischen Einfluss. Ein bisschen runder ist er in den zehn Jahren geworden. Seine Sätze sind zynischer und seine Zähne schlechter. Aber er hat den doppelten Blick: »Je unzufriedener man als Intellektueller ist, desto mehr wirtschaftlichen Erfolg braucht man«, räumt er ein, »und desto deutlicher sieht man die Risiken des wirtschaftlichen Aufschwungs.«

Die klassischen chinesischen Aufschwungeliten hingegen sind zwar ebenso belastbar, flexibel und risikobereit, aber sie sind, anders als Song, atemlose Akteure in einer rastlosen Welt, die alles zu geben und aufzugeben bereit sind, um in einem Bereich an die Spitze zu gelangen. Sie forschen nach schädlingsresistentem Reis, indem sie riskante Freilandversuche an genmanipulierten Pflanzen durchführen. Sie bringen Firmen an die Börse, die dadurch für den Augenblick gerettet werden, jedoch mittelfristig nicht halten können, was sie versprechen. Sie sind Politiker, die Stabilität schaffen wollen und doch das Chaos nur vergrößern. Kurz: Die chinesischen Turboeliten sind sich der Ambivalenz ihres Tuns nicht bewusst. Das ist riskant in einem Land, welches sich so schnell in die technische Moderne katapultiert hat, dass sich verbindliche Spielregeln für das Zusammenleben nicht recht entwickeln konnten, während die Zwänge der Kommunistischen Partei mehr und mehr verblassen.

Song ist bei Leibe kein Held. Er hat sich nach außen an die herrschende Politik angeschmiegt. Er verdient Geld und macht sich still seine Gedanken, damit liegt er im erlaubten Trend. In den neunziger Jahren hat die Führung unter Staatspräsident Jiang Zemin die Spielregeln für Chinas Eliten neu festgelegt. Man darf sich in allen erdenklichen Formen am Aufbau des Landes beteiligen. Geld verdienen ist erlaubt, Geld ausgeben auch, und man darf sogar in der Öffentlichkeit auf die Führung schimpfen. Strengstens verboten ist es jedoch, die Allmacht der Kommunistischen Partei in Frage zu stellen und politische Freiheit zu fordern. Junge Chinesen wurden auch in den letzten Monaten mit mehreren Jahren Gefängnis bestraft, nachdem sie versucht hatten, eigene Parteien zu gründen.

Ein politischer Aktivist wollte Song unter diesen Bedingungen nicht werden. Ein politischer Kopf ist der Fototaschen-Unternehmer dennoch geblieben. Auf seinen Inspektionsreisen zu den Taschenfabriken in der Provinz gut dreihundert Kilometer von Peking entfernt konnte Song viel lernen. Zum Beispiel, dass die Frage der politischen Freiheit zwar aus der öffentlichen Diskussion, nicht aber aus den Köpfen der Menschen verschwunden ist. Andererseits erfuhr er, was Demokratie jenseits der Euphorie der Studentenbewegung tatsächlich für die Menschen im Alltag bedeutet: »Es geht nicht um die großen Konzepte. Die Leute machen sich wenig Gedanken, ob sie Jiang Zemin wählen dürfen oder nicht. Auch die eingesperrten Dissidenten sind ihnen egal. Sie wollen in ihrem Umfeld politisch mitbestimmen.«

Als Unternehmer ist Song ein unauffälliger Beobachter und unverdächtiger Gesprächspartner. Weil ihm elitäres Pathos nicht liegt, kann er durch die Reihen alter Nähmaschinen streunen, hinter denen meist junge Frauen das widerspenstige Plastikmaterial unter die Nadel treiben, ohne groß aufzufallen. Dabei schnappt er das eine oder andere Gespräch auf. Diesmal hört er, dass seit einigen Tagen in einem Nachbarviertel der Stadt wieder junge Arbeiter demonstrieren, weil sie keine Löhne mehr bekommen. Song kennt die taktischen Winkelzüge zwischen den Demonstranten und der Polizei schon: »Sie lernen miteinander umzugehen.« Weil die jungen, hitzigen Arbeiter von der Polizei immer auseinander gedrängt werden, haben sie inzwischen ihre Eltern und Großeltern mobilisiert. Die Polizisten schimpfen auf die Alten: »Geht nach Hause!« Die skandieren zurück: »Auch wir Alten müssen leiden« und feixen dabei die schwitzenden Polizisten an. Die wiederum zögern, die gebrechlichen Rentner körperlich anzugreifen. Song schmunzelt: »Die Demonstranten haben ein Kräftegleichgewicht geschaffen. Nun können sie verhandeln und den Stadteliten Beine machen.«

Später in einem kleinen Restaurant, Song und ich essen scharfes, doppelt gebratenes Rindfleisch, kommt er wieder auf Chinas Eliten zu sprechen. Großen Teilen der Elite sei vor lauter Erfolg jedes gesellschaftliche Maß verloren gegangen. »Gerade bei den Gewinnern der Reformen verschwimmen Recht und Unrecht zu einer großen Monade«, sinniert Song.

»Wir reden also über Korruption«, werfe ich ein.

»Es ist nicht einmal die Korruption selbst, die mir Sorgen macht. Im Gegenteil, das sind ja Netzwerke der spontanen Organisation, ein hochgradig verflochtenes Geben und Nehmen, das dieses Land zumindest in den ersten zehn Jahren des Aufschwungs zusammengehalten hat.«

»Aber was ist es dann?« frage ich verwundert.

»Was mich mehr beunruhigt, ist die Mentalität, die die Korruption erst hervorgebracht hat. Chinas wirtschaftliche und zum Teil auch seine politische Elite hat ein labiles Gewissen und ist gerade deshalb so erfolgreich«, erwidert Song, als sein Handy surrt. Seine Tonlage ändert sich. Er gibt Befehle und steckt das Mobiltelefon wieder weg.

»Woher kommt die Rücksichtslosigkeit? Die Tradition des Konfuzianismus weist doch in eine andere Richtung«, will ich wissen.

»Die Massenbewegungen von Mao Zedong haben solche Eliten geschaffen. Mao war überzeugt, dass eine straff organisierte, begeisterte Massenbewegung des selbstlosen Dienstes die Menschen schneller modernisieren würde als materielle Anreize und die persönliche Karriere des Einzelnen. Schon während des ›Großen Sprung nach vorn‹ wurde jede Individualität dem großen Projekt untergeordnet. Und in der Kulturrevolution sollte das Volk erst geistig erneuert werden und dann wirtschaftlich aufsteigen. Das Ergebnis war das genaue Gegenteil. Menschen, die ständig gedemütigt und herumgeschubst wurden, deren Besitz gestohlen, deren Eigeninitiative bestraft wird. Menschen, die in einer Welt leben mussten, wo gut und böse, richtig und falsch von heute auf morgen auf den Kopf gestellt werden konnten. Wie reagieren sie, wenn sie etwas Spielraum bekommen, wenn sie plötzlich unter Deng wieder die Möglichkeit haben, etwas aufzubauen?« Song nimmt einen tiefen Schluck Bier. »Die sagen nur noch ›ich‹, denken nur an ihren eigenen Vorteil. Was glaubst du, was da los war: Milch wurde mit Wasser verdünnt und verkauft, Sojaöl mit Motoröl gestreckt, Tonnen von Stahl wurden unter der Hand weiterverkauft, Beamte ließen sich bestechen. Wir waren wie im Rausch.« Song hat einen roten Kopf.

»Aber heiligt der Erfolg nicht in diesem Fall die Mittel?« frage ich ihn vorsichtig. »Wirtschaftlicher Aufschwung bringt gesellschaftliche Stabilität, jeder hat etwas zu tun. Das ist doch nicht wenig in einem Land mit über einer Milliarde Einwohnern.«

Song nickt und kaut an einer Teigtasche: »Eine Weile kann man mit einer solchen Elite überleben, doch irgendwann gerät die Gesellschaft in eine Schieflage. Das Land ist durch und durch davon infiziert. Ich nenne mal ein Beispiel: Wang, ein Kader und Unternehmer-Kollege aus der südlichen Provinz Kanton, wo auch ich Fabriken habe. Wang ist Ende dreißig. Er hat aus dem maroden staatlichen Transportunternehmen Shum Yip ein äußerst profitables Unternehmen gemacht, das inzwischen in Hongkong ansässig ist. Er ist auch ein sozial eingestellter Mensch. 130 000 Yuan hat er zum Beispiel privat für Flutopfer gespendet. Er hat einem halben Dutzend Studenten das Studium finanziert und in seiner Heimatprovinz Hunan drei Grundschulen bauen lassen. Freunde bezeichnen ihn als ehrenhaft, wahrheitsliebend und verlässlich. Doch Wang hat einen kleinen Fehler. Er hat dem Unternehmen fast zehn Millionen Hongkong-Dollar hinterzogen und rund zwei Millionen an Schmiergeldern eingesteckt. Das ist vor wenigen Monaten aufgeflogen, und Wang wurde zu dreieinhalb Jahren Gefängnis verurteilt ...«

Song nimmt einen kurzen Schluck Yanjing-Bier. Noch bevor ich einhaken kann, spricht er weiter: »Interessant ist die Reaktion seines Rechtsanwalts, Grossman. Der meinte in der Verhandlung, dass Wang grundsätzlich ein guter Mensch sei, der in einer Kultur der Korruption als

Manager eine große Karriere gemacht habe – einer Kultur, in der Schmiergelder und schwarze Kassen ganz normal seien. Er hat Recht.«

»Aber als Rechtsanwalt muss er doch eine Wirklichkeit konstruieren, die Wang mildernde Umstände verschafft«, meine ich skeptisch.

»Sicher, aber die Reaktion seiner Freunde ist ein Beweis für eine Mentalität, die zwischen richtig und falsch nicht unterscheiden kann. Da kommt niemand auf die Idee, dass es vielleicht gefährlich sein könnte, mit einem korrupten Kader öffentlich in Verbindung gebracht zu werden. Luo Guosheng, immerhin Mitglied des ständigen Ausschusses des Volkskongresses von Shenzhen (die Grenzstadt zu Hongkong), hat sogar öffentlich gesagt, dass Wang eine Person von hohem Verantwortungsgefühl sei. Selbst ein Mitglied der Pekinger Konsultativkonferenz setzte sich öffentlich für Wang ein. Die Eliten halten zusammen.«

»Aber ist das nicht ganz normal für Entwicklungsländer?«

»China ist nicht Ghana, Zambia oder Senegal, die eine ähnlich hohe Korruption haben, sondern eine rasch aufsteigende Weltmacht.«

»Ja und? Das macht die Eliten auch nicht besser.«

»China ist schon jetzt eine zu bedeutende Wirtschaftsmacht, um sich nicht an bestimmte Spielregeln halten zu müssen: 1978 war die Volksrepublik als Handelsnation auf Platz 32. Gut 20 Jahre später hat sie sich in einer beispiellosen Aufholjagd auf den neunten Platz vorgearbeitet. China hat nach den USA die zweithöchsten Direktinvestitionen, die je in ein Land geflossen sind. Und China hat mit über 140 Milliarden US-Dollar nach Japan die zweithöchsten Devisenreserven zusammengespart«, prahlt Song.

China, so führt er aus, benötige dringend ein modernes Staatswesen, moderne Banken, ein effizientes Steuersystem, eine verlässliche Justiz und einen Sozialstaat, aber vor allem moderne Unternehmen. »Das lässt sich jedoch nur mit Eliten durchsetzen, die über ein modernes Verantwortungsgefühl verfügen: Langsicht, verlässliche Regulierung der eigenen Affekte, Selbstkontrolle sind die Tugenden, die China jetzt braucht. Und genau das fehlt bei uns. Westliche Manager, die in China ein Gemeinschaftsunternehmen betreiben, können ein Lied davon singen«, ereifert sich Song und ruft nach dem Kellner.

Beim Hinausgehen frage ich ihn noch, ob nicht ein Mehrparteiensystem Kontrolle über die Eliten bringen könnte. Das hält Song auf lokaler Ebene durchaus für sinnvoll. »Es wäre auch für das wirtschaftliche Klima gut, wenn die eingefahrenen Kader mal Konkurrenz bekämen.« Selbst politisch aktiv werden möchte Song allerdings nicht: »Mir fehlt das Aufsässige.« Er beobachtet und analysiert lieber und denkt auf den langen Fahrten in seinem blauverspiegelten VW-Jetta bei einer Beatles-Kassette über die Zukunft Chinas nach.

Auch während der Studentenproteste 1989 war Song einer, der die Bewegung unterstützte, ohne sich von ihr vereinnahmen zu lassen. Aber er war immer nah am Geschehen. Deshalb ist ihm sein Zwitterleben als Unternehmer und politischer Beobachter heute lieber als eine wissenschaftliche Karriere im Ausland: »Ich kann China nur in China beurteilen.« Dabei wäre es für den Englisch sprechenden Wissenschaftler leicht gewesen, nach Europa zu gehen. 1987 hatte er bereits für ein Jahr an der Universität von Rotterdam geforscht. Doch Song blieb in der bleiernen Zeit nach 1989 in Peking, schlug sich mit einem kleinen Laden durch, verkaufte Schreibwaren und Visitenkarten in einer Gasse hinter dem Jian Guo Men, der Fifth Avenue Pekings. Der Laden lief gut. Song jedoch langweilte sich. Er begann politische Analysen für ausländische Korrespondenten zu schreiben, merkte aber schnell, dass diese ihre eigenen politischen Interessen haben: »Ich traue weder der chinesischen Propaganda noch den ausländischen Journalisten.« Er handelte mit Computern und recherchierte im Internet. Über seine Kontakte besorgte er knappe Güter wie Stahl und Autos. Auf der Höhe des Wirtschaftsbooms Mitte der neunziger Jahre eröffnete Song seine eigene Firma und spezialisierte sich auf Fototaschen. Bald konnte er sich einen VW in bar kaufen und auch die zahllosen Beulen reparieren lassen, die er sich anfangs einfing. Nun soll sein Frau, eine Ärztin, das Beulenauto bekommen, und er möchte sich einen »richtigen Wagen« kaufen. Die Trunkenheit des Erfolges hat er nie gespürt.

Aber beruht sein wirtschaftlicher Erfolg nicht auch auf dem harten politischen Kurs von Staatspräsident Jiang Zemin? Song grinst: »Das ist die Zwitterfalle.« Eine Weile könne man sicher den politischen Deckel draufhalten. »Doch irgendwann fährt sich die Gesellschaft fest.« Vor allem in Zeiten sinkenden Wirtschaftswachstums ist das ein riskantes Spiel. Zumal da auch die gegenwärtige junge Generation »politisch leicht entflammbar ist«, wie die Proteste nach der Bombardierung der chinesischen Botschaft in Belgrad gezeigt haben.

Weil er glaubt, dass die gegenwärtige Strategie der Führung nicht ewig aufgehen wird, will sich Song mit dem Geldverdienen etwas beeilen: In fünf bis sieben Jahren hat er genug, um sich zur Ruhe zu setzen. Ein Haus vor den Toren Pekings an einem See möchte er sich kaufen und dann seinen politischen Kopf wieder aus dem Sand ziehen. »Bis dahin muss das Land jedoch wirtschaftlich stabil bleiben«, räumt der Unternehmer wider Willen ein. Denn bei massenhaften Arbeiterprotesten ist auch sein Geschäft in Gefahr. Schon jetzt ist Song vorsichtig. Wie alle Eliten sichert er sich nach unten ab: »Was die Fototaschen in Deutschland kosten, erzähle ich meinen Arbeitern lieber nicht.«

Barbara Kerneck

Galja, Rada und Andrjuscha

MOSKAUER JEUNESSE DORÉE

Russland kannte in den letzten dreißig Jahren nur zwei weibliche Skandalnudeln von Format: die heute noch springlebendige Pop-Diva Alla Pugatschowa und Leonid Iljitsch Breschnews Tochter Galina. Beide zeichneten sich stets durch ein scharfes Mundwerk aus und waren dem Alkohol gegenüber nicht gleichgültig. Die Pugatschowa machte trotz ihres sorgsam gehätschelten Schlampen-Images diszipliniert Musikgeschichte und scheffelte Millionen. Dagegen hatte Galja – wie die Presse die Breschnewa bald zärtlich, bald verächtlich nannte – mit keiner der Rollen, die sie im wahren Leben spielte, zu ihren Lebzeiten gesellschaftlichen Erfolg. Doch jetzt, nach ihrem Tode, wird ihrer fast nur noch mit guten Worten gedacht.

Als sie im Sommer 1998 im Alter von 69 Jahren starb, schrieb die Moskauer Tageszeitung *Komsomolskaja Prawda*: »Von uns gegangen ist ein Symbol jener merkwürdigen Zeit, als sich die Politiker noch unmäßig küssten, als wir die BAM [Bajkal-Amur-Eisenbahn-Magistrale] bauten und Jahr für Jahr unsere eigenen Rekorde übertrafen. Galina Leonidowna weigerte sich kategorisch, sich in ihre eigene Zeit einzufügen. Vielleicht war sie der einzige lebendige Mensch unter lauter Mumien.«

»Mit dem einen Auge wache ich über das Land, mit dem anderen über Galina«, soll ihr Vater, der KPdSU-Generalsekretär, gesagt haben, als er noch bei Trost war. Seine vitale Tochter spuckte der puritanischen Partei-Ethik ins Gesicht, Legionen von Männern marschierten durch ihr Herz.

Eigentlich hatte Galina Schauspielerin werden wollen. Aber weil sie dies nicht durfte, jobbte sie lustlos mal in einer Nachrichtenagentur, mal in einer Ministeriumsbibliothek. »Eigentlich habe ich mein Leben lang nur Liebe gemacht«, gestand sie später. Sie ließ sich gern beeindrucken, beeindruckte aber auch selbst gern, und dabei verließ sie sich nicht nur auf den Charme ihres dichten dunklen Haares, der buschigen Augenbrauen und ihres gutgelaunten Wolfslächelns. Im Zuge ihrer Eskapaden steuerte sie Papas Dienst-Mercedes durch Moskau, reiste nach Jugoslawien und Kuba in die Sommerfrische und scheute sich auch sonst nicht, den von der

Nomenklatura normalerweise verschämt vor dem Volke verborgenen Luxus üppig zur Schau zu stellen. Um sie herum entstand eine Scheinwelt – von der ihre Männer sich regelmäßig blenden ließen, um dann selbst zu Hochstaplern zu werden.

Ihr erster Gatte heiratete sie mit 22, er trug den Familiennamen Milajew, war verdienter Künstler des Volkes und – ganz wörtlich zu nehmen – Untermann in einer Pyramide des sowjetischen Staatszirkus. Das Dasein, das er ihr bot, muss Galja gefallen haben. Immerhin zehn Jahre lang begleitete sie den Zirkus als Garderobiere durch das Land und die Welt.

Fast so weltbekannt wie der Zirkus wurde die traurige Geschichte ihres dritten Ehemannes. Den Miliz-Unteroffizier Juri Tschurbanow verurteilten die Gerichte 1982 wegen Unterschlagung im großen Stil zu vielen Jahren Haft. Vor seinem Sturz erwies die Breschnewa diesem Gatten keine besonderen Ehren. Vor aller Augen betrog sie ihn nach Strich und Faden.

Kaum aber war Tschurbanow hinter Gittern, begann Galina ihm nachzutrauern. So manche alten Bekannten wendeten sich von ihr ab, sie hatten sich – wie die Generalsekretärstochter dies interpretierte – »eingeschissen«. Außerdem wurde das Eigentum des Ehepaars konfisziert: »Die kamen wie eine Wolke über mich herab – zogen bald hierhin, bald dorthin –, und ich zockelte dabei immer mit der Pulle rum«, erinnerte sie sich später an die Haussuchung.

Zu den beschlagnahmten Gegenständen, die Galina 1990 gerichtlich zurückerstritt, sollen nach Angaben der Wochenzeitung *Argumetny i Fakty* ein Mercedes gehört haben, eine Waffenkollektion im Werte von einhundertachtzehntausend Rubeln, eine Sammlung ausgestopfter Tiere im Werte von achtzigtausend und eine Datscha für vierundsechzigtausend. Ein Rubel war damals 66 Cent wert. Der durchschnittliche Monatslohn im Lande betrug um die 200 Rubel. »Mit Sicherheit«, meint die Zeitung, habe man die Gegenstände »zu niedrig taxiert«.

Die Nachgeborenen schätzen Galina nicht zuletzt, weil sie sich ohne jegliche Heuchelei zu den materiellen Werten bekannte, die in ihrer Umgebung als Einzige zählten. Es war in den siebziger Jahren, als die Nomenklatura sich plötzlich aus »Berjoski« versorgen durfte, aus Läden, in denen es ausländische Waren von Stiefeln bis zum Designerkostüm zu kaufen gab, gegen sogenannte »Coupons«. Die konnte man keineswegs für Geld erwerben. Sie wurden den Dienern des Vaterlandes einfach so zugeteilt. Praktisch seit der Oktoberrevolution gab es außerdem die so genannten »geschlossenen Ateliers«.

Dazu gehörte das »Atelier des ZK der KPdSU«, wo sich die Crème de la Crème zeitweise umsonst, zeitweise für ein Butterbrot Mäntel, Kostüme und Pelzkleidung schneidern ließ. Hier wurde auch ein Hochzeitskleid für

Galina gefertigt. Wie die zuständige Schneiderin, Natalja Laschkewitsch, kürzlich verlauten ließ, wurde es aus einem luxuriösen ausländischen Stoff mit Glitzereffekten genäht – die Maschine »packte« ihn nicht, deshalb musste das Ganze von Hand gestichelt werden. Anders als heute – so klagte im Juni 1998 plötzlich laut der ehemalige ZK-Schneider Jaroschin – waren damals die Tuche aus reiner Wolle. Die Jacketts wurden auf der Brust mit Rosshaar ausgepolstert – weshalb sie ein Menschenleben lang alle Reinigungen überstanden.

Der Zugang zu dieser Welt der soliden und reichen Waren wurde damals strikt reguliert. Die Parteisekretäre und Werksdirektoren hielten ihre Kinder dazu an, in den eigenen Kreisen zu heiraten. Den Söhnen wurde hin und wieder eine schöne Tänzerin oder Schauspielerin als Lebenspartnerin gegönnt. Aber den Töchtern?

Noch war Breschnew nicht Generalsekretär, als Galina Breschnewa im Alter von 32 Jahren mit dem 18-jährigen Igor Kio durchbrannte. Dessen Reichtum bestand damals aus nicht viel mehr als der Hose, die sich über seinem schnuckeligen Hinterteil spannte. Kio wurde Galjas sehr kurzfristiger und heißgeliebter zweiter Ehemann. Die Miliz nahm die beiden noch während ihrer Hochzeitsreise auf der Krim fest und entführte Galja. Kio erhielt seinen Pass eine Woche später zurück – die Seite mit dem Stempel des Standesamtes war einfach herausgerissen.

»Nur allzu gut«, erinnert sich an diese Episode noch Galinas Altersgenossin Rada Adschubej, Tochter und mittleres von fünf Kindern des damals noch »Ersten« Parteisekretärs Nikita Sergejewitsch Chruschtschow. »Leonid Iljitsch rief mich persönlich an und fragte: könntet ihr nicht, du und dein Mann Aljoscha, mich nach Jugoslawien begleiten? Dann könnten wir auch Galja mitnehmen – dabei käme sie vielleicht auf andere Gedanken, und mit dir redet sie doch wenigstens noch.«

Die Chruschtschows und die Breschnews als Familien waren damals nicht befreundet, aber doch im Alltag miteinander verbunden. Mal brachte Galjas Mutter, Viktorija, Radas Mutter, Nina Chruschtschowa, ein Einmachglas mit marinierten Wassermelonenscheiben. Mal trafen sich Galja und Rada auf irgendeinem Festival oder in irgendeinem Kurort.

»An all diesen Geschichten über die ›Kinder hinter den Kremlmauern‹ ist etwas Verlogenes«, bedauert heute Rada Adschubej. »Dabei kann ich mich gar nicht beklagen. Was die Journalisten so über mich schrieben, hat ja im Großen und Ganzen immer gestimmt.« Rada verdient die wahrheitsgetreue Berichterstattung: sie selbst scheint zur Lüge unfähig zu sein.

Rada Nikitischna Adschubejs Dasein ist ein Beispiel für Kontinuität in chaotischen Zeiten. Als Redakteurin der Zeitschrift *Nauka i Schisn* (Wissenschaft und Leben) arbeitet die Frau mit den klugen, hellen Augen nun schon ein Leben lang. Nachdem sie Anfang der fünfziger Jahre die Fakultät für Journalistik hinter sich gebracht hatte, studierte sie auch noch Biologie. »Brauchst keine hundert Rubel, wenn du heiratest wie Adschubej«, spottete der russische Volksmund nach ihrer Eheschließung. Die Anspielungen darauf, dass der brillante Halb-Bohemien Alexej Adschubej sie vor allem als gute Partie betrachtet haben könnte, rührten sie damals wenig. »Ich wusste ja, wie es sich verhielt«, sagte sie später.

1964 musste Rada den Beweis für ihr untrügliches Gespür antreten. Nachdem Leonid Breschnew Nikita Chruschtschow gestürzt und auf das Altenteil verbannt hatte, verlor auch der Mann seiner Tochter über Nacht seinen Posten als Chefredakteur der *Iswestija*. Der begabte Journalist und Manager Adschubej beschränkte sich von da an auf die Mitarbeit bei einer kleinen Zeitschrift, die die Sowjeterrungenschaften in aller Welt propagierte. Niemals beklagte er öffentlich sein Los oder distanzierte sich gar von seiner Frau. Einträchtig und mit für russische Verhältnisse durchschnittlichen finanziellen Mitteln zogen die beiden ihre drei Söhne groß. Adschubej ist vor fünf Jahren gestorben.

Als kontemplatives kleines Mädchen war Rada von Kind an auf der Hut vor falschen Freunden und verspürte früh die Verpflichtungen, die ihre gesellschaftliche Stellung mit sich brachte: »Ich musste zum Beispiel immer gut lernen«, sagt sie, »aber das machte mir ja sowieso Spaß.«

Dass ihr kein Allerweltsschicksal beschieden war, empfand sie dank der großen Häuser und Räume, die sie umgaben. Als Kleinkind wuchs sie gegenüber dem Kreml im so genannten »Haus der Regierung« am Moskwa-Fluss auf. Später wurde darin das Variété der Hauptstadt untergebracht. »Ich erinnere mich noch an das Jahr 1934, als man Kirow ermordet hatte und in diesem Hause schon fast alle verhaftet worden waren«, erzählt sie: »Ich begriff das alles damals noch nicht und lebte überhaupt nicht in Sorge. Und doch fühlte ich mich plötzlich alarmiert, als der Wind die Asche der von den Bewohnern vorsorglich verbrannten Dokumente in Kreisen über den Hof wirbelte – in immer neuen Kreisen.«

Ihre vielbeschäftigten Eltern bekam die Kleine selten zu sehen. Gern denkt sie an die Fahrten mit dem Vater in das Freizeitheim für Parteifunktionäre nach Ogarjowo: »Im Winter wurde ich dabei in einem der gerade mal dreieinhalb Autos, die es damals in Moskau gab, in ein Bärenfell eingewickelt – als ob wir in einem Schlitten führen«, erzählt sie. »Dann sagten Vater und ich uns gegenseitig Verse auf. Danach sangen wir gemeinsam Lieder.«

1937 wurde Nikita Chruschtschow zum Ersten Parteisekretär der Ukraine ernannt. »In Kiew überraschten mich zwei Dinge«, berichtet heute Rada Adschubej: »erstens dass es noch Droschkenkutscher gab und zweitens die ungewöhnliche Stille in dem Haus, in dem wir wohnten.

Das war eine alte Villa mit großen Zimmern, hohen Decken und einem sehr schönen Garten. Sie hatte einstmals dem Verwalter eines berühmten ukrainischen Zuckerfabrikanten als Behausung gedient. Vor uns bewohnte sie der später zum Tod durch Erschießen verurteilte ukrainische Parteichef Kossior. Selbstverständlich wusste ich damals davon nichts.«

In diesem Haus bekam Rada ihr erstes eigenes Zimmer. Und erst sehr viel später, nach den Enthüllungen ihres Vaters auf dem 20. Parteitag 1956, begriff sie, dass dieses Zimmer vor ihr einem kleinen Jungen gehört hatte, der nach der Verhaftung seiner Eltern ins Straflager geschickt wurde und dort auch umkam. »Bei unserem ersten Besuch war dieses Haus mir ein wenig unheimlich«, erinnert sie sich heute. »Als wir es besichtigten, trug meine Mutter meine kleine Schwester auf dem Arm, und ich krallte mich an ihrem Rock fest. Wir wohnten dort bis zum Sommer 1941, bis der Krieg begann.«

Nach der Zeit der Evakuierung an der Wolga und einem erneuten Moskau-Aufenthalt kehrte Rada 1944 in das befreite Kiew zurück – nun schon in eine andere, inmitten eines großen Parkes gelegene Villa: »Ich sehe es noch vor mir wie heute, dort blühte der Flieder wie eine Mauer und dazu die Kastanien. Vater hatte Gäste. Ich begrüßte sie kurz und ging weiter. Damals war ich sechzehn. Diesen Sommer wohnten dort auch meine ältere Schwester und ihr Mann. Und ich verspürte ein ganz außerordentliches Glück und hatte viel Schwung – obwohl gerade damals eigentlich eine schreckliche Zeit war. Kurz darauf kam mein mir sehr vertrauter Cousin an der Front um. Trotzdem waren dies mit die lichtesten Momente meines Lebens. Das bewirkten einfach die Jugend und die freudige Hoffnung auf das bevorstehende Leben. Ja, und dann genoss ich da auch eine gewisse Freiheit. Meine Mutter, eine sehr strenge Frau, war in Moskau zurückgeblieben. Mit Vater hatte ich es leichter.«

Rada beschäftigte sich damals viel mit Musik und mit Fremdsprachen. Genau wie ihre Mutter, Nina, ließen Mode und Äußerlichkeiten sie relativ kalt. Sie teilte nicht die Begeisterung der benachbarten Generalstöchter für die Beutestücke aus Deutschland oder die ersten Nylonstrümpfe und Unterwäschegarnituren. Als sie 1947 zum Studium nach Moskau fuhr, nahm sie ein Köfferchen mit, in dem zwei Kostüme lagen. »Als ich in der Universität ein Mädchen in Hosen sah, beneidete ich sie glühend«, erzählt sie lachend. »Aber den Mut, selbst welche anzuziehen, brachte ich damals nicht auf.« Einmal war Rada schon mit ihrer Mutter in einem der Spezialateliers gewesen. Sie hatte damals aber nicht erfahren, was für ein Ort dies war: »weil Mutter solche Extrawürste nicht mochte«. Der Zufall wollte es, dass die Mutter Alexej Adschubejs in einem solchen Atelier als Schneiderin arbeitete. Später beschwatzte sie ihre Schwiegertochter Rada zu dem einen oder anderen Kostüm.

Im Nachkriegsmoskau, in dem eine durchschnittliche Familie froh sein musste, wenn sie ein einziges Zimmer in einer Gemeinschaftswohnung bewohnte, empfand Rada den Raum, der sie umgab, nach wie vor als ihr größtes Privileg. Sie wohnte mit einer Haushälterin in der Dienstwohnung, die ihr Vater – immer noch Erster Sekretär der Ukraine – nur für Konferenzen bezog.

»Natürlich bedeutete das für die damaligen Zeiten eine ungeahnte Freiheit. Und trotzdem war mir dort zu Beginn meines Studentendaseins sehr traurig zumute. Ich lud niemanden zu mir nach Hause ein, denn ich wusste schließlich, wie die andern lebten. Die Zahl der Verbote in meinem eigenen Kopf übertraf damals bei weitem die Kontrollen, die mir meine Eltern auferlegten.«

Es scheint, als fürchtete sich die Familie Chruschtschow, angesteckt zu werden von der Deformation der Parteielite und sich immer weiter von den alten kommunistischen Idealen zu entfernen. Auch fürchteten diese Leute offenbar – wenngleich sie Atheisten waren – den Zorn der Götter. Über die Erziehung ihrer Kinder sagt Rada: »Schon jene Privilegien, vor denen ich sie einfach nicht bewahren konnte, erschienen mir übergroß. Schließlich konnte ich sie nicht irgendwo gesondert in einer Einzimmerwohnung halten, während unsere Familie in einer Vierzimmerwohnung lebte. Ich konnte ihnen nicht verbieten, im Sommer zu ihrem Großvater auf die Regierungsdatscha ans Schwarze Meer zu fahren. Das schrieb ich ihnen also als ›Verwöhnungsbonus‹ gut und bemühte mich ansonsten, ihr Leben so bescheiden wie möglich zu gestalten.«

Der Zorn der Götter wurde mit Erfolg abgewendet: seit dem Sturz ihres Großvaters Mitte der sechziger Jahre blieben die Adschubej-Söhne ungeschoren, aber auch nichtprivilegiert. Was die siebziger Jahre angeht, so deutet Chruschtschows Tochter heute an, damals sei es der Parteibürokratie endgültig gelungen, die kommunistische Ideologie ihren eigenen Interessen zu assimilieren. »Ich glaube, dass gerade damals jene Grube gegraben wurde, in die wir jetzt hineingefallen sind«, sagt sie. »In den zwanzig Jahren nach Vaters Sturz zersetzte sich unsere Gesellschaft. Und das begann von oben, auf allen Gebieten. Da verloren die Leute einfach ihre Orientierung, verloren jegliches Ziel, Diebstähle und Bestechungen wurden nicht einmal mehr verheimlicht.«

Völlig anders sieht diese historische Periode Andrej Breschnew, der Enkel des Mannes, dem diese Ära ihren Namen verdankt. Andrej, 1961 geboren, ist der Sohn von Leonid Iljitschs Sohn Juri – Galinas einzigem Bruder. Auf die Frage, was eigentlich in seiner Jugend schön gewesen sei, antwortet er spontan: »Alles!« Weiter führt er aus: »Niemand brauchte sich beim Herumspazieren in unserer Stadt zu fürchten, es gab schöne Salute, bei den Paraden weinten die alten Leute vor Rührung. Nun ja, da wurden Panzer und Kanonen gezeigt, das war militärische Propaganda. Das ganze Land war ja militärisch, die Fabriken waren Rüstungsfabriken, aber dafür bekamen die Leute wenigstens ihre Gehälter pünktlich.«

Andrjuscha, wie ihn seine älteren Sympathisantinnen nennen, erinnert sich nicht einfach und theoriefrei drauflos. Aus jeder seiner Erinnerungen zieht er sogleich einen Schluss, klassifiziert oder rechtfertigt sie. Zur Rechtfertigung besteht ein gewisser Anlass. Er hat nämlich soeben eine Partei gegründet, die OKOPD. Die Abkürzung bedeutet: Allrussische Kommunistische Gesellschaftlich-Politische Bewegung. Deren Programm erklärt die siebziger Jahre zur Idealperiode, an der sich das russische Volk auf seinem geschichtlichen Wege orientieren solle. Allerdings betont der Breschnew-Enkel sogleich, er habe diese Einschätzung »keinesfalls unkritisch« vorgenommen.

Immerhin gibt Breschnew junior zu, dass er mit seinem Familiennamen aus der sich heute in Russland verbreitenden Siebziger-Jahre-Nostalgie politischen Profit zu schlagen hofft. Sein politischer Hauptfeind ist die KP Gennadij Sjuganows. Die prangert Andrej wegen ihres tumben Nationalismus an, wegen ihrer Feigheit angesichts der dräuenden Aufgaben des Klassenkampfes, hauptsächlich aber wegen mangelnder Spiritualität. »Duchownost«, »Geistigkeit«, das sei es, was man ihm persönlich noch in seiner Jugend vermittelt habe und was er selbst deshalb heute seinen Anhängern anzubieten vermöge.

Auch Breschnews Enkel verspürte in seiner Jugend die »hohe Verpflichtung«, die seine gesellschaftliche Lage mit sich brachte. Die Regeln umgaben ihn wie ein Skelett, er selbst bezeichnet sie als »hypertrophiert«, billigt sie aber doch zutiefst: »Man musste ein guter Schüler sein, man musste immer sauber angezogen, musste um neun oder zehn zu Hause sein und den Erwachsenen aufs erste Wort folgen, nicht aufs zwanzigste. Man musste Bücher lesen, weil es eine Schande ist, nicht zu wissen, was das ist: Gogol oder Dostojewski.« Der Verdacht drängt sich auf, dass Andrej Gogol und Dostojewski ziemlich langweilig fand. Jemandem, der im Herzen immer ein Junge bleibt, müssen diese Autoren eher fern stehen.

»Ich bin in eine ganz gewöhnliche Schule am Kutusowski-Prospekt gegangen, meine Klasse besuchte auch die Tochter des Schulhausmeisters«, erinnert sich Andrej. »Wir alle waren damals gleich gekleidet. Natürlich konnte es vorkommen, dass ich ein weißes Hemd anhatte und ein anderer Junge ein buntes, aber beide waren mit Sicherheit gebügelt. Niemand ging damals absichtlich in Fetzen.«

Es besteht kein Grund, an Andrejs Erzählungen zu zweifeln, denen zufolge er sich als Teenager völlig frei in Moskau bewegen konnte. Doch zeichnete ihn dabei offenbar eine kastenspezifische Blindheit aus. Und kam er damals überhaupt über die Grenzen der Hauptstadt hinaus? Da berichtet er von dem sorglosen Leben der Massen in den Siebzigern, von der Blüte der Wissenschaft und der kostenlosen Gesundheitsfürsorge für alle. Die nahezu leeren Leningrader Läden in den Wintern hat er offenbar nicht zu sehen bekommen und auch nicht die in den Häfen vor sich hin rostenden Schiffe. Und ganz gewiss musste er damals nicht die himmelschreienden sanitären Verhältnisse in den Krankenhäusern für das gemeine Volk am eigenen Leib erleben.

»In dieser kurzen Zeit vor der Perestroika haben die Leute meiner Generation ihr ›Gepäck‹ mitbekommen«, sagt Andrej. »Das war unsere Morgendämmerung, da haben wir unsere ersten Arbeitserfahrungen gesammelt. Und die nichterfüllten Hoffnungen der Perestroika, der Demokratie haben uns schwer getroffen. An dieses heutige Leben können sich nur Einzelne unter uns anpassen. Die Übrigen rutschen immer mehr ab. Deshalb ist das Interesse für meine Bewegung heute ziemlich groß. Den Leuten zu zerstören, was sie einmal umgeben hat, und ihnen dafür nichts als Ersatz zu geben – das ist der größte Verrat am Menschen.«

Die Biographie dieses Breschnew-Enkels und -Adepten weist nicht weniger Zick-Zack-Bewegungen auf als Russlands jüngste Geschichte. Sein Familienname, so schätzt er selbst, habe ihm dabei »manchmal genützt und manchmal geschadet«. 1983 machte er seinen Abschluss am Moskauer Staatlichen Institut für Internationale Beziehungen, der Kaderschmiede für Sowjetdiplomaten. Es folgten eine Reihe von Posten im Außenhandelsministerium, danach im Außenministerium und im Handelsministerium der UdSSR. Seit 1990 arbeitete er in verschiedenen gesellschaftlichen Vereinigungen und Privatfirmen mit, in den letzten beiden Jahren verdiente er sein Geld unter anderem als rechte Hand eines Duma-Deputierten aus Vladimir Schirinowskis hurrapatriotischer Partei LDPR. 1996 wurde er außerdem Präsident einer wohltätigen Stiftung mit dem Namen »Die Zukunft unseren Kindern«. Andrej Breschnjew ist geschieden und hat zwei Söhne im Teenager-Alter, die auf Wunsch seiner in England tätigen Ex-Frau dort zur Schule gehen. Andrej Jurjewitsch beteuert, ihre Ausbildung mitzufinanzieren: »Nicht hundertprozentig, aber so gut ich kann.« In seine Partei steckt er heute auch eigenes Geld. Er versichert aber, dass es sich dabei um Selbstgespartes handele – keineswegs um Mittel des Breschnew-Clans, von denen er nur meint: »Nach all den Wenden in unserem Land – was kann denn davon schon groß übrig geblieben sein?«

Andrej brilliert noch heute durch seine für Moskauer Verhältnisse keineswegs typischen guten Umgangsformen und setzt sich eher leise und dezent in Szene. Sein Wohlwollen für das leidende russische Volk wirkt aufrichtig, sein leicht gekränkter Blick verrät, dass er selbst auch ein wenig leidet – trotz oder wegen des übernommenen »Gepäcks«. Er hat die für die Breschnjews so typischen dichten Haare und buschigen Augenbrauen geerbt. Das Gesicht des wohlgenährten Mannes in den besten Jahren weist keine Falten auf. Als Knabe kann er nicht viel anders ausgesehen haben: ein wohlerzogener, gutwilliger Junge, bevormundet und beschützt, wie die ganze Nation. Oder fast die ganze ...

Was die Dissidenten seiner Jugendzeit betrifft, so tut Breschnew junior sie in seinem Parteiprogramm mit einer Handbewegung ab: eigentlich – heißt es da sinngemäß – müssten sie seinem Großvater dafür dankbar sein, dass er ihnen zu politischer Karriere und internationalem Ruhm verholfen habe. Und der Gulag? Eine unvermeidliche Institution! Dessen Insassen waren doch nur eine Zwangsarbeitstruppe, ohne sie wären die großen Industrialisierungsprojekte und die Erschließung des Landes durch Kanäle und Eisenbahnen nicht durchführbar gewesen.

Das Leben seiner Familie erscheint Andrej Breschnew im Rückblick nur mäßig luxuriös. Glanzpunkte waren da zum Beispiel die Feiern des Ersten Mai und des 7. November, ebenso die Geburtstage Leonid Iljitschs und seiner Ehefrau Viktoria Petrowna. Ausgerichtet worden seien sie von der Großmutter selbst und von Tante Galja – ohne Hilfe. Die beiden hätten eben keine Hausangestellten um sich herum ertragen. Hinterher wickelten die beiden Frauen dann sorgsam die Geschenkbändchen auf und verstauten sie in einer Schublade.

Von den sagenhaften Kollektionen des Breschnew-Clans will der Enkel nichts wissen. Und die Dinge, die man Galina zurückerstattete? Deren Wert habe die Presse um das Zehnfache übertrieben, meint Andrej. »Bei den Waffen zum Beispiel kann von einer ›Sammlung‹ nicht die Rede sein. Das waren ein paar Gewehre, die in Tschurbanows Garage herumkullerten«, sagt er. Und die ausgestopften Tiere? »Bloß drei Geweihe, eine lahme Ente und ein mottenzerfressenes Wildschwein«, seufzt Andrej. »Ich wünschte, die Gerichte hätten sie behalten, diese ewigen Staubfänger.«

Rada Adschubej dagegen glaubt, dass die Breschnews durchaus auf größerem Fuße gelebt hätten als die Chruschtschows: »einfach weil es ihnen wichtiger war«. Dennoch – so erinnert sie sich – verspürte Galina manchmal quälenden Bargeldmangel: »Galja war – ich würde nicht sagen: raffsüchtig. Das war bei ihr eher die Nebenerscheinung einer umfassenderen Lebensgier. Und solange der Vater sie noch mehr oder weniger fest am Zügel hielt, scheute sie sich nicht, mit Gegenständen zu handeln, die bis dahin ihren Eltern gehört hatten. Da konnte dann plötzlich irgendetwas aus dem persönlichen Besitz Leonid Iljitschs bei ihren Arbeitskollegen zu Hause auftauchen.«

Ansonsten denkt Rada Adschubej mit großer Sympathie an Galina

Breschnewa zurück und bezeichnet sie als »herzensgute und alles andere als dumme Frau«. Was ihre überschäumende Lebensfreude und die sich daraus ergebenden Ausschweifungen angeht, so glaubt die Wissenschaftsredakteurin Adschubej: »Das lag bei ihr einfach an den Genen – schließlich unterschied sie sich darin in keiner Weise von ihrem Vater.«

Andrej Breschnew interpretiert den Lebenswandel seiner Tante eher soziologisch. Bei diesem unpolitischen Thema wird er plötzlich lebendig und gesprächig und bezieht sich auf den spezifischen Nomenklatura-Materialismus der siebziger Jahren, den er sonst leugnet: »Mein Tantchen war niemals gegen das System, in dem sie lebte, und sie war nie gegen die Politik Leonid Iljitschs, weder in der Familie noch im Lande oder in der Welt. Als ältestes Kind eines solchen Menschen hatte sie zu jener Zeit bereits alles, was sie wollte. Und konnte sich im Großen und Ganzen auch alles erlauben, was sie wollte. Sie fuhr ins Ausland, besichtigte den Louvre und stieg auf den Eiffelturm. Sie hatte Kleider und eine gewisse Auswahl an Schmuck. Sie war immer mit Stil gekleidet, auch wenn ihr persönlicher Stil manchen Leuten lächerlich vorgekommen sein mag. Es gab schon nichts mehr, was sie sich hätte anschaffen müssen. Und da ist sie dann eines Tages auf die Idee gekommen, einfach so zu leben, wie es ihr gefiel. Dies machte sie damals zu einer einzigartigen Gestalt. Sie tat, was eigentlich alle normalen Menschen an ihrer Stelle getan hätten. Als später die Periode mit den Restaurants und mit den Zigeunern begann – ja, wenn sie Wodka trank, das war doch ihr Problem! Schließlich verstieß sie damit gegen keinerlei Gesetze. Sie war eine fröhliche, mitleidige Frau und half, wem immer sie helfen konnte.«

Noch vieles können Rada Adschubej und Andrej Breschnew über sich und ihre Geschwister erzählen. Die Kinder und Enkel der beiden KPdSU-Führer, die die Nachkriegs-Sowjetunion prägten, haben ihr Leben bis heute anders verbracht, als ihnen an der Wiege gesungen wurde. Ihre Herkunft hat sie nicht reich gemacht. Aber die eigene illustre Abstammung hat – wie tröstlich! – auch ihr Glück und Unglück wenig beeinflußt.

Galina Breschnewa verdankte ihrem Vater immerhin die Datscha, von deren Vermietung sie sich in ihren letzten Lebensjahren ernährte. Sie hielt sich fast ständig in irgendwelchen Heimen auf, zusammen mit ihrer Trunksucht, mit der sie dort angeblich kämpfte. Eine der letzten Journalistinnen, die sie in unserem Jahrzehnt besucht hat, traf sie unter der Obhut einer Mischung aus Irrenwärter und Bodyguard an. Bei diesem Interview zog Galina Leonidowna Bilanz: »Ich bin an jedem einzelnen Tag meines Lebens sowohl glücklich als auch unglücklich gewesen. Und deshalb frage ich mich nicht, wie ich den heutigen Tag einschätzen soll. Auf jeden Fall hat das Glück überwogen.«

Anmerkungen der Redaktion

Heinz Bude, geb. 1954, ist Leiter des Bereichs »Bundesrepublik« am Hamburger Institut für Sozialforschung.

Susanne Mayer ist Redakteurin der *Zeit* und lebt in Hamburg.

Bernd-A. Rusinek ist Professor für Geschichte an der Heinrich-Heine-Universität Düsseldorf.

Joachim Radkau, geb. 1943, ist Professor für Neuere Geschichte an der Universität Bielefeld. Zuletzt erschienen von ihm: *Das Zeitalter der Nervosität* (1998) und *Natur und Macht – Eine Weltgeschichte der Umwelt* (2000).

Manfred Schneider ist Professor für Neugermanistik, Ästhetik und Medien an der Ruhr-Universität Bochum. Zuletzt erschien von ihm: *Der Barbar. Endzeitstimmung und Kulturrecycling* (München 1997)-

Herfried Münkler, geb. 1951, ist Professor für die Theorie der Politik an der Humboldt-Universität Berlin und seit 1992 Mitglied der Berlin-Brandenburgischen Akademie der Wissenschaften. Zuletzt erschien von ihm: *Die Wiedergeburt des Krieges aus dem Geist der Revolution. Studien zum bellizistischen Diskurs des ausgehenden 18. und beginnenden 19. Jahrhunderts* (zus. mit Johannes Kunisch, Berlin 1999).

Sabine Sauer, geb. 1959, Fotografin, Bildredakteurin beim *Spiegel*, lebt in Berlin.

Michael Hartmann, geb. 1952, ist Professor für Soziologie an der Technischen Universität Darmstadt; lebt in Paderborn und Darmstadt.

Katharina Rutschky lebt als freie Autorin in Berlin; 1999 erhielt sie den Heinrich-Mann-Preis der Berliner Akademie der Künste. Letzte Buchveröffentlichung: *Emma und ihre Schwestern* (München 1999).

Stefan Hornbostel, geb. 1955, arbeitet am Institut für Soziologie der Friedrich-Schiller-Universität Jena.

Beate Krais, geb. 1944 in Leipzig, ist seit 1995 Professorin für Soziologie am Institut für Soziologie der Technischen Universität Darmstadt.

Claus Leggewie, geb. 1950, ist Professor für Politikwissenschaften an der Universität Gießen und zur Zeit Fellow am Wissenschaftskolleg zu Berlin. Demnächst erscheint von ihm: *Amerikas Welt. Die USA in unseren Köpfen* (Hamburg 2000).

Daghild Bartels, geb. 1942, Kunstkritikerin, lebt in Genf.

Eckart Britsch, geb. 1952, ist Soziologe und lebt in Berlin.

Frank Sieren, geb. 1967, ist Korrespondent der *Wirtschaftswoche* in Peking.

Barbara Kerneck, geb. 1947, ist Journalistin und lebt in Moskau.